BERNHARD DOPHEIDE

MUSIKHÖREN – HÖRERZIEHUNG

ERTRÄGE DER FORSCHUNG

Band 91

BERNHARD DOPHEIDE

MUSIKHÖREN HÖRERZIEHUNG

1978

WISSENSCHAFTLICHE BUCHGESELLSCHAFT

DARMSTADT

CIP-Kurztitelaufnahme der Deutschen Bibliothek

Dopheide, Bernhard:
Musikhören, Hörerziehung. — Darmstadt: Wissenschaftliche Buchgesellschaft, 1978.
(Erträge der Forschung; Bd. 91)
ISBN 3-534-06801-7

Bestellnummer 6801-7

Satz: Maschinensatz Gutowski, Weiterstadt
Druck und Einband: Wissenschaftliche Buchgesellschaft, Darmstadt
Printed in Germany
Schrift: Linotype Garamond, 9/11

ISBN 3-534-06801-7

INHALT

Musikhören

Hörerziehung

VORWORT

Um 1970/71 entstand der Plan, musikwissenschaftliche und musikpädagogische Forschungsergebnisse zum Thema *Musikhören – Hörerziehung* zusammenzutragen. Es war die Zeit, in der diese Thematik in den Mittelpunkt musikpädagogischer Überlegungen rückte. Eine gründliche Beschäftigung mit Hörerziehung schien mir undenkbar, wenn man nicht jene Erträge beachtete, die von den verschiedenen Seiten der Musikwissenschaft erbracht wurden. Verbindungen zwischen Musikwissenschaft und Musikpädagogik anzubahnen, wurde deshalb Anliegen dieser Schrift.

Dieses Anliegen begrenzt das Thema. Die mehr naturwissenschaftlich orientierten Untersuchungen von Einzelphänomenen bleiben außer Betracht: Der Pädagoge hat es in der Regel mit komplexer Musik zu tun, auf die der Schüler komplex reagiert. Im Teil *Musikhören* wird man einen Bericht über musikpsychologische Arbeiten vermissen. Obwohl das entsprechende Kapitel nahezu abgeschlossen war, zog ich es zurück, als 1975 die Schrift von G. Kleinen ›Zur Psychologie musikalischen Verhaltens‹ erschien, die einen entsprechenden Überblick gibt.

Die Gewichtung der einzelnen Kapitel ist recht unterschiedlich, zum Teil bedingt durch die Forschungslage, zum Teil aber auch durch meine Absicht, den Lesern, darunter besonders den Studierenden, eine Einarbeitung in Einzelthemen zu erleichtern.

Um Mißverständnissen vorzubeugen, werden zentrale Begriffe, Definitionen und Ähnliches möglichst im Wortlaut aufgenommen.

Zu den bibliographischen Hinweisen im Text und in den Anmerkungen ist zu erwähnen, daß die Titel jeweils in Kurzfassung angeführt sind. Die ausführlichen Angaben stehen im Literaturverzeichnis am Ende des Buches, wo auch die Kurzfassung wiederholt ist. Im Text beziehen sich die Kurztitel in Klammern auf den zuletzt genannten Autor, die Seitenangaben auf den zuletzt erwähnten Titel.

Im Frühjahr 1977 BERNHARD DOPHEIDE

MUSIKHÖREN

I DAS MUSIKHÖREN IM VERLAUFE DER EUROPÄISCHEN MUSIKGESCHICHTE

Erforschung der Musikgeschichte ist ein zentrales Anliegen der historischen Musikwissenschaft. Die Kompositionen bilden dafür die Grundlage; Aussagen von Komponisten, literarische Zeugnisse und ähnliches können einbezogen werden.

Stellt man im Rahmen solcher Forschung die Frage nach der Geschichte des Musikhörens, so liegt es nahe, sie durch Analogieschluß zu lösen: Auf der Basis musikalischer Analyse kommt man zur Epochengliederung der Musikgeschichte; die entsprechende Gliederung der Geschichte des Musikhörens ergibt sich dadurch, daß ein sehr enger Zusammenhang zwischen Musikstil und Hörweise angenommen wird.

In der Annahme dieses Zusammenhanges liegt auch der Grund für das Postulat eines *adäquaten* Musikhörens. Damit ist ein Musikhören gemeint, bei dem unter anderem weitgehend all das erfaßt wird, was eine musikalische Analyse eines Werkes aufdecken kann. Adäquates Musikhören wird mit adäquatem Musikverstehen nahezu gleichgesetzt.

Wenn man auch heute weiß, daß ein so enger Zusammenhang zwischen Musikwerk und Musikhören nicht besteht, so sind dennoch viele Ergebnisse aus diesem Bereich der Forschung von bleibender Bedeutung.

1 Grundmöglichkeiten des Verhaltens zur Musik

Musikstil und Hörweise wandeln sich ständig, denn Geschichte kennt keine Wiederholung. Dennoch hat es nach H. SCHERING den Anschein, „als ob zwei grundsätzlich verschiedene Einstellungsmöglichkeiten des Menschen zum Klangsinnlichen sich im Laufe der Zeiten beständig abgelöst und im Sinne von Aktion und Reaktion aufeinander eingewirkt haben. Obwohl [ihm] das Ungenügende der folgenden Terminologie wohl bewußt ist, will [er] die eine als die Hinneigung zum *Ideal der Klangverschmelzung*, die andere als die Hinneigung zum *Ideal des gespaltenen Klangs* bezeichnen" (SCHERING, Klangstile, S. 33). Den Eindruck der Klangverschmelzung erwecken zum Beispiel Mehrklänge, deren Einzeltöne „reibungslos zu einem Ganzen verschmelzen" (S. 33), deren Klangfarben also nicht extrem unterschiedlich und entsprechend unterscheidbar sind. Bei einem gespaltenen Klang dagegen stehen „diese Bestandteile mehr oder weniger auffällig nebeneinander" (S. 33), sie bleiben als Einzelkomponenten deutlich wahrnehmbar.

Dem Ideal der Klangverschmelzung ist eine „starke Subjektivierung" des Klanges, dem Ideal des Spaltklanges eine „starke Objektivierung" verbunden (S. 37, Anm. 1).

Die Beziehungen zwischen Musik und Hörer sind damit bestimmt. SCHERING findet, „daß Musik, die den gespaltenen Klang als Norm anerkennt und demgemäß scharf und durchdringend tönende Instrumente bevorzugt, in hohem Maße erregend, anreizend, beunruhigend wirkt . . . Sie hat etwas völlig Unsentimentales, Aggressives und schreckt selbst vor ästhetischen Bedenklichkeiten nicht zurück" (S. 38). Entsprechend der Objektivierung des Klanges erscheint diese Musik dem Hörer als Objekt, ein Gegenüber. Sein Verhalten zu ihr ist gespanntes, mittätiges und aufmerksames Hören.

Ein Komponist mit dem Ideal der Klangverschmelzung dagegen sucht „den Hörer dadurch gewissermaßen willenlos zu machen, daß er ihn unvermerkt gänzlich in das Tongeschehen einspinnt" (S. 39). Der Hörer wird „zu völligem Selbstvergessen geführt . . . und das Verlangen nach einem Nie-Endensollen entsteht" (S. 39). Die Musik erscheint dem Hörer nicht als Objekt; Subjektivierung des Klanges aber heißt Distanzlosigkeit. Hören ist eine kaum zureichende Bezeichnung für das Verhalten zu dieser Musik. Emotionales Mitgenommensein, ein Passiv-in-die-Musik-Verwobensein ist dieser Musik adäquat. Der Hörer soll sich der Verführungsabsicht der Musik überlassen.

Bei einem Überblick über die europäische Musikgeschichte findet SCHERING einen stetigen Wechsel des Klangideals:

Spaltklang	11.–14. Jh.
Klangverschmelzung	15.–16. Jh.
Spaltklang	17.– Mitte 18. Jh.
Klangverschmelzung	Mitte 18.–19. Jh.
Spaltklang	20. Jh.

Diese Übersicht ist wie jede derartige Zusammenstellung grob und schematisch.

Unter dem Gesichtspunkt des Klangideals untersucht SCHERING auch die Musik einiger Nationen Europas und kommt zu dem Schluß, daß England und Italien mehr dem Ideal der Klangverschmelzung, Deutschland und Frankreich dagegen mehr dem des Spaltklanges zuneigen.

Experimentelle Untersuchungen führen A. WELLEK zu Feststellungen (WELLEK, Typologie), die den Gedanken SCHERINGS verwandt sind. WELLEK erforscht das absolute und relative Gehör und kommt zu einer Schaffens- und Hörertypologie. Er unterscheidet nach dem unterschiedlichen „Tonähnlichkeits-Erleben" einen *linearen Typ,* der „vorwiegend an der ... linearen Dimension der Tonerscheinungen (Helligkeit, Höhe im Wortsinne, Masseeigenschaften) orientiert ist", von einem *polaren Typ,* der mehr „der ‚zyklischen' Dimension (der ‚Tonigkeit' nach v. *Hornbostel*)" zugewandt ist (WELLER, Sammelreferat, S. 80).

„Der lineare Typ ist stärker zu linear-kontrapunktischem Hören und Schaffen, der polare weit mehr zu harmonisch-klanglichem disponiert ... Das kontrapunktische Hören kann als vertikal analytisch und horizontal synthetisch, das harmonische Hören als vertikal synthetisch und horizontal analytisch verstanden werden. Für den Kontrapunkt ist die Verfolgung gleichzeitig nebeneinander herlaufender Melodieprofile und hierfür wiederum das Auseinanderhören der Distanzen im Zusammenklang, die Loslösung der Stimmen aus ihrer vertikalen Verschmelzung Voraussetzung; für die Harmonie die Verschmelzung des Zusammenklangs in eine distanzfreie ‚Akkordfarbe' " (S. 81).[1]

Auch im Hinblick auf historische und geographische Zuordnungen kommt WELLEK auf Grund seiner Untersuchungen zu Ergebnissen, die sich mit denen SCHERINGS teilweise decken: „Nun durchzieht bekanntlich unsere neuere abendländische Musikgeschichte, vom Mittelalter her, der Kampf zwischen kontrapunktischem und harmonischem Stilprinzip, und dieser ist ein Kampf Nord gegen Süd. Der Kontrapunkt hat im Norden, die Harmonie im Süden Europas eine ursprüngliche und bis heute bevorzugte Heimstätte“ (S. 81).

H. BESSELER unterscheidet in den ›Grundfragen des musikalischen Hörens‹ zwischen Gebrauchs- bzw. *Umgangsmusik* und *Darbietungsmusik*. Zu dieser Einteilung gelangt er, indem er fragt, „in welchen Weisen uns Musik im allgemeinen *zugänglich* wird oder werden kann“ (S. 49). Er findet zwei grundverschiedene Verhaltensweisen:

1. Bei Gebrauchsmusik – BESSELER versteht darunter zum Beispiel Arbeitslied, Tanzmusik, alle ursprünglich religiöse Musik, kurz: zweckgebundene Musik – spielt „das Hören ... entweder gar keine oder nur eine untergeordnete, mitgehende Rolle“ (S. 64). So, wie alle Gebrauchsmusik gebunden ist an das alltägliche menschliche Dasein, so wird sie auch „zugänglich als eine *Weise menschlichen Daseins*, und zwar eines umgangsmäßigen, tätig ausstrahlenden Daseins“ (S. 65 f.) [2], das heißt im „aktiven *Vollziehen* der Musik“ (S. 64). Es „wird zunächst vom ganzen leiblich-seelischen Menschen getragen. Das bloß innere Mitmachen bedeutet schon ein Verblassen, ein Zurücktreten von Energien, die ursprünglich nach sicht- und hörbarer Entladung drängen“ (S. 64). Die „umgangsmäßigen Hörformen“ sind folglich Spätstufen, die sich jedoch immer noch dadurch auszeichnen, daß sie – eingebettet in alltägliche Lebenszusammenhänge – ein Überwinden einer Distanz zwischen Hörer und Musik nicht kennen, daß sie keine ästhetische Einstellung des Hörers voraussetzen (S. 63).
2. Darbietungsmusik dagegen – nicht gleichzusetzen mit Kunstmusik, wenn auch in der Neuzeit die Begriffe sich weit-

gehend decken – „tritt dem Dasein . . . als in sich selbst gegründet, als eigenständig gegenüber“ (S. 63). Sie ist nicht dem alltäglichen Lebensvollzug des Menschen verbunden, ist zweckfrei. Dadurch erscheint sie in einem gewissen Abstand, als etwas „Eigenwilliges“ (S. 69). Nur durch Hingabe findet der Mensch einen Weg zu ihr: Zuhörend vermag er, sie *nachzuvollziehen.* Dem eigenständigen Dasein der Darbietungsmusik ist ein eigenständiges, das heißt aus dem alltäglichen Verhalten gelöstes, nur auf das Werk gerichtetes und von ihm ausgerichtetes Hören adäquat.

Z. LISSA untersucht in ihrer Arbeit ›Zur historischen Veränderlichkeit der musikalischen Apperzeption‹ [3] die Veränderlichkeit des Musikhörens im Ablauf der Musikgeschichte und fragt, ob „nicht irgendwelche allen Arten von Apperzeption, allen historischen Stadien gemeinsame Momente in Erscheinung treten“ (S. 219). Sie sieht ein solches Moment in der „Differenzierung des aufgenommenen Materials in hauptsächliche, zentrale Elemente und in andere, sekundäre, veränderliche Elemente“ (S. 219). „Die ersten sind etwas Ständiges“ innerhalb der Epoche; „der musikalische Sinn der anderen jedoch erschöpft sich darin, daß sie eine Abweichung von jenen zentralen bilden, daß sie die Modifikation und zugleich das Streben zum Zentrum einführen“ (S. 219). Die hauptsächlichen, zentralen Elemente werden also immer wieder zur Beziehungsachse für die sekundären, veränderlichen Elemente. Das Vertrautsein mit dem Prinzip der Zuordnung der veränderlichen Elemente, des *Integrationsprinzips,* ermöglicht es dem Hörer, Musik aufzunehmen. Das Hören in den musikgeschichtlichen Epochen unterscheidet sich dadurch, daß für den Hörer „in den verschiedenen Perioden die ‚hauptsächlichen‘ und die ‚nebensächlichen‘ Faktoren verschieden sind“ (S. 220).

2 *Das Musikhören bis zum Beginn der Neuzeit*

2.1 Der Wechsel von der Ein- zur Mehrstimmigkeit als Wandel des Integrationsprinzips beim Hören (Z. Lissa)

Um die spezifischen Probleme des Hörens von Musik beim Wechsel von der Ein- zur Mehrstimmigkeit zu erhellen, beschreibt Lissa zunächst das monodische Hören. Es vollzieht sich eindimensional und beruht auf einem Distanzgefühl für Intervalle. Zu fragen ist, was bildet bei „Hörern, die in ihrer Vorstellung nur *eine* klangliche Dimension empfinden, nämlich die horizontale Entwicklung, die Grundlage für die Verbindung des melodischen Ablaufs zu einem Ganzen" (Lissa, Veränderlichkeit, S. 213)? Nach welchem Maß werden Distanzen als solche bestimmt, nach welchem Prinzip wird die „Integration des melodischen Ablaufs vollzogen" (S. 213)?

Per analogiam versucht Lissa diese Frage zu beantworten. Bei Gesängen primitiver Völker beobachtet sie, „daß das Gefühl für die Distanzen der Intervallik ... durch die Stabilität eines zentralen Klanges verwirklicht wird, zu dem die Melodie immer wieder zurückkehrt" (S. 213). Dieser Zentralklang bildet eine Hörachse, ist Orientierungspunkt für den Hörer. Seine feste Verankerung im Bewußtsein macht den Hörer fähig, Höhendistanzen wahrzunehmen, das heißt nacheinander Erklingendes aufeinander zu beziehen. Der melodische Ablauf wird dadurch integriert.

In der mittelalterlichen Musik kommt der Skala die Funktion des Zentralklanges zu. Als „Ordnung des ganzen klanglichen Materials, dessen die Melodie sich bedient", wird sie zum Integrationsprinzip, wobei „die Finales und die Dominanten (die ihre Lage in den verschiedenen Skalen verändern)" die „Rolle der zentralisierenden Beziehungspunkte" (S. 214) übernehmen. Das Erklingende wird fortwährend durch Distanzbestimmung ihnen zugeordnet und dadurch zu einer Ganzheit innerhalb der horizontalen Hördimension zusammengeschlossen.

Das polyphone Hören charakterisiert Lissa als die „Möglichkeit, mehrere zusammenklingende Elemente als einzelne Töne und zugleich als eine Ganzheitsstruktur, die eine Einheit bildet, aufzufassen. Dazu kommt jedoch noch eine andere Fähigkeit, nämlich die Möglichkeit, die Aufeinanderfolge solcher vertikalen Ganzheiten in gegenseitigen Beziehungen zu apperzipieren" (S. 216). Es verläuft also zweidimensional und bedarf deshalb der Entwicklung des Gefühls für „klangliche, harmonische Werte" (S. 215), für das Vertikale.

Diese Entwicklung vollzieht sich zunächst doppelspurig und geht „sehr langsam, allmählich vor sich"; es entsteht:

1. a) „das unklare, unbewußte Gefühl für die Gleichzeitigkeit mehrerer Klänge";
   b) „das Gefühl für den Klangstreifen";
   c) „das Gefühl für die parallel, homo-rhythmisch verlaufenden Stimmen";
2. a) „das unklare, unbewußte Gefühl des klanglichen Hintergrundes für die Melodie";
   b) „das bewußte Gefühl des stabilen Hintergrundes und der sich über ihm bewegenden Melodie";
   c) „das Gefühl des klanglichen Hintergrundes als des Faktors, der den Verlauf der Melodie über ihm zentralisiert" (S. 215 f.).

Noch immer vollzieht sich die Integration horizontal. Hören nach dem „Prinzip des Klangstreifens", zum Beispiel beim Parallelorganum, ist lediglich eine „quantitative Ausdehnung des monodischen Hörens"; Hören nach dem „Prinzip des klanglichen Hintergrundes", zum Beispiel beim klassischen Organum Leonins, geht zwar darüber hinaus, heißt „Auffassung des Zwiefachen", jedoch immer noch im horizontalen Verlauf. Beide Hörweisen gehen erst nach und nach von einem „unbewußt erlebten Eindruck über in einen bewußt angewandten Klangeffekt" (S. 215).

In der Musik der Notre-Dame-Epoche vereinigen sich beide Prinzipien. Dieser Mehrstimmigkeit genügt nun nicht mehr die nur horizontale Integration beim Hören. Es gilt, gleichzeitig Zusammenklingendes als solches, „die ‚Einheit' der ‚Vielheit' im Mehrklang zu erfassen" (S. 216).

LISSA beschreibt verschiedene Entwicklungsstufen dieser Hörfähigkeit, die in einem dialektischen Verhältnis zu den Entwicklungsstufen der Polyphonie in den folgenden Jahrhunderten stehen:

1. „Das Aufnehmen der frühmittelalterlichen Polyphonie muß zu mehr oder weniger verschmelzbaren Mehrklängen Stellung nehmen, und das äußert sich in der Einteilung der zusammenklingenden Intervalle in Konsonanzen und Dissonanzen, in den ersten Regeln, wie man mit vertikalen Einheiten zu verfahren hat" (S. 217).
2. Mit Erscheinen der Faux-Bourdon-Technik verstärkt sich das Gefühl für den „Klangcharakter der vertikalen Einheit". Der Hörer erfaßt Klangsäulen als Ganze. Aber die „hörmäßige Strukturierung des Vertikalen besitzt noch keine eigenen Prinzipien. Sie vollzieht sich auf Umwegen, über die lineare Aufnahme, über das Erfassen der Stimmbewegung" (S. 217).
3. Erst das akkordische Hören und die Apperzeption von „Ordnung der Beziehung zwischen den Akkorden" integriert unmittelbar vertikal. Es wird von einem neuen Integrationsprinzip getragen: dem „Komplex der Hauptfunktionen" (S. 220) im Dur-Moll-System.

Damit stellt sich das für das 16. Jahrhundert charakteristische Gleichgewicht zwischen dem „stimmlichen, linearen" Hören und dem „harmonischen, vertikalen" her. Im Schaffen PALESTRINAS sieht LISSA „ein ideales Beispiel für die Auswägung dieser beiden Faktoren" (S. 217).

2.2 Das mittelalterliche Hören zwischen klangsinnlichem Erleben und Abstraktionsdrang (A. SCHERING)

Arnold SCHERING fragt auf dem Hintergrund der Überzeugung, „daß die künstlerischen Hervorbringungen eines Zeitalters jedesmal ganz seinem Kunstwollen entsprechen . . .: Bestehen zwischen der uns so fremd erscheinenden Musik des

Mittelalters und seinem Musikhören und Musikempfinden angebbare kausale Beziehungen?“ (SCHERING, Musikhören, S. 43). Entsprechend dieser Frage muß SCHERING versuchen, das uns Fremde der mittelalterlichen Musik zu deuten, mit diesem Fremden das Kunstwollen, das sich in der Musik repräsentiert, zu verbinden und von daher auf das Musikhören zu schließen. Er weiß, daß seine Ergebnisse angesichts dieser schwierigen Aufgabe nur hypothetisch sein können.

Im Anschluß an W. WORRINGERS Schrift ›Abstraktion und Einfühlung‹ bezeichnet SCHERING die uns vertraute Haltung gegenüber Kunst als Einfühlungsbedürfnis. Der Mensch des Mittelalters aber scheint sich anders zu verhalten. Ein Abstraktionsdrang lenkt ihn (S. 43). „Er besteht in einem eigentümlichen Zwange, das Organische, Lebendige, Naturhafte, Zufällige zu verneinen und dafür das Bleibende, Absolute, rein Gesetzmäßige nackt herauszustellen. Führt der Einfühlungsprozeß Beglückungswerte mit sich, so der Abstraktionsprozeß Beruhigungswerte, und es ist fein gedacht, den Abstraktionsdrang aller primitiven Kulturvölker mit der Sehnsucht des Menschen in Zusammenhang zu bringen, sich vor den geistig und sinnlich noch nicht unterworfenen Mächten der Lebenszusammenhänge in ein Reich beruhigender Absolutheit zu retten“ (S. 43 f.). Wenn SCHERING auch das mittelalterliche Musikhören nicht mit dem primitiver Kulturvölker gleichsetzt, so geht er doch davon aus, daß auch der Mensch des Mittelalters „der rein sinnlichen Wirkung der Töne noch in einer Weise ausgeliefert war, die uns heute rätselhaft dünkt“ (S. 47) und der er sich nur durch Akte der Vernunft widersetzen konnte. Mit dieser Grundeinstellung gegenüber der „sinnlichen Wirkung der Töne“ korrespondiert die scholastische Theologie und die an ihr ausgerichtete Musikanschauung des Mittelalters: Das real Erklingende ist nicht das wahre Wesen der Musik.

„Die Vernunft leiht den Tönen das rechte Maß, ordnet sie einem geistigen Urbild entsprechend an, das der Geist des Künstlers in sich trägt. Die ewigen Zahlen sind ein schlummernder Rest himmlischer Harmonie. Der Musikgenuß besteht darin, daß die Seele sich der ewigen Zahl bewußt wird, während der Körper die sinnlichen Eindrücke empfindet ... In dieser Harmonie zwischen Körperlichem und Geistigem liegt die Schönheit und der wahre Genuß. In falscher Kunst und verderbtem Kunstempfinden herrscht nur das Körperliche, Sinnliche, so in der weltlichen Instrumentalmusik der Gaukler und Schauspieler, der das geistige Urbild, der Inhalt fehlt. Der Zweck wahrer Musik liegt in der Erhebung vom Gemeinen zur ewigen Harmonie. Sie hat reinigenden Charakter, indem sie die Seele des Hörenden anregt, in sich die gleiche Harmonie zu wecken, welche zur Liebe Gottes führt. Sie ist ein Bild der göttlichen Vorsehung, die sich in der Einheit der Weltordnung offenbart, läßt die Herrlichkeit des Himmels ahnen, welche die Harmonie der Sphären durchdringt" (SCHÄFKE, Geschichte der Musikästhetik, S. 207).

Der Geist der Zeit und das darauf ruhende Musikempfinden des mittelalterlichen Menschen prägen das Kunstwollen: Abstraktion von jedem subjektiv gefärbten Ausdruck der Affekte im Klang.

In der Art, wie der Gregorianische Choral „sich gegen das Weltliche, mithin natürlich Gegebene verschließt und das heilige Wort in streng vorgeschriebene, uralte und unverletzliche Gesangsformeln bannt" (SCHERING, Musikhören, S. 48), zeigt sich nach SCHERING der Abstraktionsdrang. Die Affekte der Trauer, Freude, Zerknirschung, Angst usw. werden in eine überpersönliche, kühlere Sphäre gehoben, der Stachel wird ihnen genommen (S. 48). Die Ausbildung des Kirchentonartensystems sieht er im gleichen Zusammenhang; das verschiedene Ethos der Tonarten verweist auf Affekte, beugt dadurch „einer unheiligen, naturalistischen Affektäußerung im Vortrag der Kirchengesänge" (S. 49) vor. SCHERING nennt als Beweis des Abstraktionsdranges in dieser Zeit auch die GUIDOnische Hand, „mit der der erste ... Versuch einer Anschauungsorientierung im Tonreich gemacht wurde", und der das „beruhigende Bewußtsein zugrunde [liegt], sich Schritt für Schritt auf dem festen Boden der Vernunft zu bewegen" (S. 51). Sie stellt eine Hilfe dar für die Unterscheidung von Ganz- und Halbtönen und festigt die Kenntnis ihrer Aufeinanderfolge. Das Ideal eines tonbewußten, beziehenden Hörens läßt sich daraus ableiten.

Der Abstraktionsdrang wirkt sich am deutlichsten in der rationalen Durchdringung polyphoner Musik aus. Der Musikhörer des Mittelalters steht „plötzlich vor einer zuvor wohl kaum bewußt erfaßten Tiefenwirkung der Musik" (S. 50 f.). Das allgemeine Musikempfinden der Zeit läßt es aber nicht zu, sich ihr nur klangsinnlich-erlebend auszusetzen; einzig die Entwicklung einer *Tonraumvorstellung* als Ordnungsgefüge kann ihr gerecht werden. Es gilt, bewußt gleichzeitig horizontal und vertikal zu hören.

Als Beispiele dafür, wie man versucht, das Erklingende „unter das Joch des spekulativen Geistes" (S. 50) zu zwingen, und zwar durch „Hinwendung zu starren konstruktiven Gesetzen, zu ausgesprochener Abstraktion vom Begriff subjektiver Bewegungsfreiheit" (S. 51) im Tonraum, nennt Schering die Theorie des Organums, der Motette, die Konstruktion des Fauxbourdons.

Deutlich wird, daß Schering den Abstraktionsdrang immer als eine Gegenkraft, als einen Schutz gegenüber der Verführung zu reiner Klangsinnlichkeit interpretiert. Die strenge Verbindlichkeit der ordnenden Regeln läßt auf die außerordentlich starke „rein sinnliche Wirkung der Töne" schließen. Das rationale Element in mittelalterlicher Musik und ihrer Rezeption entspringt also nicht einem ursprünglichen Hang zum Konstruktiven, eher der Notwendigkeit, den Hang zum Naturalistischen zurückzudrängen; es hat Funktionscharakter.

2.3 Vom umgangsmäßigen zum eigenständigen Musikhören im Mittelalter (H. Besseler)

Besselers Äußerungen zum Musikhören im Mittelalter finden sich in verschiedenen Schriften.[4] Die von ihm unterschiedenen Verhaltensweisen zur Musik sind umgangsmäßiges und eigenständiges Hören. Beide Hörweisen sind an ganz bestimmte Merkmale der Musik gebunden. Wandelt sich die Musik, dann ändert sich auch die Zugangsweise. Aus den Wandlungen der Musik zwischen 1200 und 1350 schließt Besseler zweierlei:

1. Das umgangsmäßige Hören als angemessene Zugangsweise zu mehrstimmiger Kunstmusik geht mit der musikalischen Stilwandlung in der 2. Hälfte des 13. Jahrhunderts verloren.
2. Das eigenständige Hören entsteht zur Zeit der Ars antiqua. Es wird durch die Motette der Ars nova und die Balladenkunst MACHAULTS jeweils spezifisch differenziert.

2.3.1 Das umgangsmäßige Hören der Motette in der Notre-Dame-Epoche

In der Anonymität der alten Motette, in ihrer alle Stimmen umfassenden modalen Rhythmik, in ihrer „Einheit von Textmetrum und modalem Taktrhythmus" (BESSELER, Ars antiqua, Sp. 685), in ihrem Textgehalt, der „Erlebtes und Zuständliches ohne Reflexion" (Studien II, S. 163) darstellt, erblickt BESSELER Kriterien, durch die sie zur umgangsmäßigen Musik gehört. Diese Musik kennt wegen der metrisch-rhythmischen Einheit von Text und Musik keine Formprobleme. Der Hörer solcher Musik kann „den einmal angeschlagenen Rhythmus selbständig aufgreifen, sozusagen mitschwimmen" (S. 150); seine Aktivität besteht in unmittelbarem Mitvollziehen. Der Text wird sogar bewußt „auf einen engen, wohlbekannten Typenumkreis beschränkt . . ., damit die innere Aktivität der Zuhörer um so größeren Spielraum" (S. 163) gewinnt.

Ein weiteres Kennzeichen des gebrauchshaften Charakters und des umgangsmäßigen Hörens dieser Musik ist ihre innere Klangorganisation. „. . . auf der schweren Zeit des Taktes [muß] jede Stimme nur mit der unmittelbar benachbarten eine Konsonanz bilden . . ., mit der gegenüberstehenden dritten oder vierten [kann sie] jedoch beliebig zusammentreffen" (Musik des MA, S. 126). Es entsteht „für den Hörer ein eigenartig spröder, vielfach mit Reibungen und Durchgängen versetzter Klang, der den gleichförmigen Schwung modaler Rhythmik um so wuchtiger hervortreten" (S. 126) läßt. Das heißt: Die Klangorganisation der alten Motette ist an sich nicht auf eine Außenwirkung, auf einen Zuhörer hin angelegt. Für sich betrachtet ist sie nur sinnvoll „von der selbstgesungenen Stimme [her], deren ‚*Abstand*' von der Nachbarstimme als ein Distanzverhältnis beim Musizieren ‚mitgehört' " (Ars antiqua, Sp. 686) [5] wird.

2.3.2 Das kennerhaft eigenständige Hören der Ars antiqua

Nach BESSELER ändern sich die Verhältnisse in der zweiten Hälfte des 13. Jahrhunderts grundlegend; den Wendepunkt sieht er vor allem im Schaffen von PETRUS DE CRUCE. Auffällig ist „der Bruch mit dem alten Gleichgewicht der Stimmen und das führende Hervortreten des Triplums ... Die Oberstimme selbst zeigt einen ebenso tiefgreifenden Wandel ... im völligen Bruch mit der modalen Rhythmik" (BESSELER, Studien II, S. 148). Textmetrum und musikalische Rhythmik stimmen nicht mehr überein. „Die einzige Gliederung bilden die starken musikalischen Einschnitte ... Die hier einsetzende atektonische Melodiebehandlung läßt also ein Überwiegen musikalischer Kräfte bereits deutlich erkennen" (S. 151). So wird die musikalische Anlage zu einem Problem der Form.

Auch die Klangorganisation verändert sich. Indem sie nach Konkordanz strebt, erhält sie eine nach außen, auf einen Hörer gerichtete Perspektive. „Nicht nur je 2, sondern alle 3 oder 4 Stimmen zugleich sollen konkordieren . . . Der Begriff des Akkordes fehlt noch lange, doch wird in der 2. Hälfte des 13. Jahrhunderts eine von unten nach oben aufgebaute ‚Klangsäule' allenthalben benutzt" (Ars antiqua, Sp. 686).

Aus all dem folgert BESSELER: „Im Vergleich zur älteren gotischen Mehrstimmigkeit ... wirken diese Werke dünn und blutleer. Sie wollen mit anderen, delikateren Ohren belauscht werden als alles, was bis dahin an mehrstimmiger Musik geschaffen worden [ist]. Hier scheint eine neue Auffassung des Musizierens überhaupt zutage zu treten" (Musik des MA, S. 124). Der Hörer kann nicht mehr entsprechend der modalen Rhythmik „mitschwimmen", sondern er wird „von den neuen, ganz willkürlichen und regellosen Abschnitten jedesmal überrascht. Seine innere Aktivität wird in einem bestimmten Sinne stillgestellt, das bisherige Mitvollziehen verwandelt sich in das *Hinhören*" (Studien II, S. 150). Dem Hörer wird ein „wohlabgezirkeltes ‚Kunstwerk' vorgesetzt, zu dessen Aufnahme er sich zu sammeln, in eine besondere ästhetische Empfangsbereitschaft zu versetzen hat" (S. 182). Die Musik als ein von einem bestimmten Komponisten geschaffener ästhetischer Gegenstand ist für den Hörer nicht mehr sogleich mit-, sondern nur nachvollziehbar. Dem eigenständigen Dasein des ästhetischen Gegenstandes entspricht ein eigenständiges Hören.

Damit wird der Hörerkreis dieser Musik eingeschränkt. Dazu JOHANNES DE GROCHEO: „Die musica composita vel regularis ... das heißt die Motette und die weniger wichtigen anderen mehrstimmigen Gattungen, taugt nicht für den gemeinen Mann (non debet coram vulgaribus propinari), sondern nur für die *Kenner* (literati), die sich auf Qualität und Technik verstehen (qui subtilitates artium sunt querentes) und bei deren Zusammenkünften sie dem ästhetischen Genuß dient ..." Die Motette der Ars antiqua also „wird getragen von einem ausgewählten Kreis von Berufsmusikern und Kennern, die durch ein rein ästhetisches Ziel zusammengehalten werden" (S. 185). Es ist auffällig, daß sich mit der ersten Lösung europäischer Musik aus dem umgangsmäßigen Dasein sogleich eine Kluft auftut zwischen den der Umgangsmusik verhafteten Hörern einerseits und denjenigen, „qui subtilitates artium sunt querentes", andererseits. Eine erste musiksoziologische Gruppierung entsteht durch die Abhängigkeit des eigenständigen Hörens vom Wissen: „... die Kennerschaft fordert eine Niveaugleichheit zwischen Künstler und Hörer" (Grundfragen, S. 70).

2.3.3 Das „klassisch" eigenständige Hören der Ars nova

Die Motette der Ars nova ist eine Schöpfung Philippe de VITRYS. VITRY ist im Urteil BESSELERS „unverkennbar ein Künstler vom klassischen Typus ... Seine Grundintention ist die

Mitteilung bestimmter Gehalte in einer rational durchgebildeten, geschlossenen und gestalthaften Form" (Studien II, S. 196).

Die Motetten VITRYS sind gegenüber der Motette der Ars antiqua unter anderem durch folgende Merkmale gekennzeichnet:

1. Die Klanglichkeit entfaltet sich; die Melodik erscheint als echtes Melos.
2. „Die klangliche Anlage auf den Zuhörer hin ... verstärkt sich insofern, als Terzen und Sexten immer mehr zum wesentlichen Bestandteil der Hauptkonsonanzen werden" (S. 199).
3. Der Gesamtablauf wird durch die Isorhythmie geregelt.

BESSELER beschreibt VITRYS Melodik als „nicht mehr modal, punkthaft und gleichschwebend wie die der alten Motette ... Sie fließt zum erstenmal als echtes ‚Melos' dahin, füllt die zahlreich eingestreuten Dehnungen zu Longa- und Breviswerten gleichmäßig mit innerer Bewegung auf, ist allenthalben mit der typischen Ars nova-Melismatik durchsetzt und aus einheitlich durchströmten, in kleinem Umfang durchaus zielstrebigen, wenn auch nur locker aneinandergereihten Teilen zusammengefügt. Ihr Grundcharakter ist ein weiches Fließen" (S. 199).

Melodik und auch die neue Klangsättigung sind nicht mehr typisch, sondern persönlich geprägt: *charakteristisch*. Sie entsprechen darin der Grundintention VITRYS.

Die musikalischen Kräfte siegen endgültig über das Wort; zwischen der musikalischen und der Textform gibt es keine Beziehungen mehr.

„Als Gegengewicht gegen diese Musikalisierung" (S. 200) faßt BESSELER die Isorhythmie auf, durch die das Werk einheitlich gegliedert wird. Die Periodenfolge wird rational geregelt mit der Intention, auch dadurch „die Motette zu einem Werkzeug des Ausdrucksbedürfnisses, zur musikalischen Darstellung bestimmter Gehalte zu machen" (S. 198). Der Komponist der Ars nova-Motette tritt demnach „als der Gebende seinen empfangenden Hörern gegenüber" (S. 197). Er erwartet eine „widerstandslose Hingabe, ein seelisches Sich-Aufschließen und Hinnehmen des Klangsinnlichen und des übermittelten Gehalts" (S. 200). „Die Gefahr, sich im neuen Melos zu verlieren, wird durch Unterordnung unter [die] abstrakte Gesetzlichkeit" (S. 200) der Isorhythmie gebannt. Einer „sinnlich-musikalischen Hingabe" ist sie jedoch allein nicht zugänglich. Sie müßte erfahren und erkannt werden als Ordnungswille, „der das Gegenständliche in festumgrenzte Einheiten zerlegt und diese nicht erlebnishaft, sondern abstrakt-logisch miteinander verknüpft" (S. 201).

„Diese Musik wendet sich nicht mehr an die leib-seelische Aktivität des ... Menschen" (S. 200). Sie ist wie die der Ars antiqua nur nachvollziehbar. Da aber nicht mehr Typisches Gegenstand der Musik ist, sondern individueller Mitteilungswille sie gestaltet, ruht der Nachvollzug nicht nur auf Kennerschaft. Der „führenden Hand des Komponisten" gilt es, sich anzuvertrauen (S. 197). Die Niveaugleichheit zwischen Künstler und Hörer ist aufgehoben, damit auch die sehr enge Begrenzung des Zuhörerkreises.

BESSELERS Sicht der Ars nova ist dem Deutungsversuch des mittelalterlichen Hörens durch SCHERING verwandt. Wie dieser erkennt auch er die Gefahr, daß sich der Hörer im Klangsinnlichen verliert, und er setzt damit eine ähnliche Offenheit des Hörers gegenüber allem Klanglichen voraus wie SCHERING. Wenn er sich die Wiedergabe dieser Musik „bewußt stilisiert" vorstellt und in der strengen Einförmigkeit der isorhythmischen Perioden ein „Sinnbild der ewigen Wiederkehr des Gleichen" (Musik des MA, S. 133) sieht, oder wenn er vermutet, daß „als Leitidee hinter dem Motettenschaffen VITRYS und seines Kreises der Glaube an eine statische *Ordnung* der Dinge" (S. 133) steht, dann nennt auch er Gegenkräfte gegen die Verführungsgewalt des Klanglichen. Es offenbart sich die tiefe „Zwiespältigkeit des 14. Jahrhunderts" (Studien II, S. 201).

2.3.4 Das „romantisch" eigenständige Hören bei MACHAULT

Eine gegenüber VITRY erneut verwandelte Hörweise verlangen die Balladen MACHAULTS. Als Beispiel führt BESSELER die Ballade Nr. 31 [6] an und sagt: „Keine Ars nova-Motette zeigt eine derart nervöse Beweglichkeit und Ausdrucksintensität wie diese Balladenmelodik MACHAULTS. Das Espressivo der schweren Vorhalte Takt 4, das ausdrucksgeladene Anschwellen der Synkopendissonanzen Takt 5 und 10, die Freiheit und Labilität der Linien, die jede Schwerpunktsgrenze überfließen und das feste Akkordgefüge auflockern – das bedeutet Abkehr von klassisch-rationaler Durchsichtigkeit, Verzicht auf architektonische Großform, Umwertung des Konstruktiven zum Stimmungshaften, mit einem Wort: die *Romantik* des 14. Jahrhunderts! MACHAULT ist ihr Bahnbrecher und erster großer Vertreter" (BESSELER, Studien II, S. 227). Entsprechend seiner Stellung im „festen Gesellschaftsgefüge der Restauration des 14. Jahrhunderts" richtet er sich mit seiner Musik an eine bestimmte Gesellschaftsschicht, an einen Zuhörerkreis, der „weder eine Mitteilung von Gehalten noch den Ausdruck persönlicher Erlebnisse [erwartet]. Nicht auf das Was kommt es an – denn darin lebt ein jeder: in Ethos und Erotik der Feudalaristokratie –, sondern auf das Wie" (S. 227 f.). Das eigentlich Espressive findet BESSELER in der Oberstimme, während die „neue Erregtheit des Klanges . . . von den instrumentalen Begleitstimmen als unruhig zerbröckelnde Grundierung dargestellt oder durch gelegentliche Harmonierückungen zu romantischer Leuchtkraft gesteigert wird" (Musik des MA, S. 139). Diese Musik gleicht einer „Kunst der Verzauberung . . ., die den lauschenden Hörer aus der Wirklichkeit entführt und in ihre Traumwelt hinüberzulocken sucht" (S. 139).

BESSELERS Differenzierung des eigenständigen Hörens als *klassisch bei* VITRY und *romantisch* bei MACHAULT verweist in das 18./19. Jahrhundert; erst dann prägen sich die aufgewiesenen Tendenzen im Verhältnis zwischen Musik und Hörer voll aus.

2.4 Das Hören im 15./16. Jahrhundert

H. BESSELER und K. G. FELLERER charakterisieren das Hören dieser Epoche aus unterschiedlicher Sicht. BESSELER stellt es in eine Tradition; das Neue beruht auf Entwicklung, wird deshalb überwiegend in Zusammenhang mit Vorhergehendem interpretiert. FELLERER sieht im Hören dieser Zeit den Beginn einer neuen Tradition; Entwicklungen kündigen sich an, die die zukünftige Hörweise bestimmen werden.

2.4.1 Das Vernehmen der Vokalpolyphonie im Zeitalter der Reformation und Gegenreformation (H. BESSELER)

Die Vokalmusik des 15./16. Jahrhunderts entspringt nach BESSELER „aus einer Erneuerung der Kultmusik" (Singstil, S. 229). Stilistisch knüpft sie an den „Stimmstrom" der Gregorianik an, das „kontinuierliche ... Auf und Ab der Stimme, die wie ein Strom dahinflutet" (S. 225). Zwei, drei oder vier Stimmströme solcher Art verbinden sich in der Vokalpolyphonie. „Ihre Verknüpfung [ergibt] einen stetigen, in jedem Augenblick real hörbaren Dauerklang, der gleichartig dahinfließt. Dieser grundlegend neue Tatbestand sei hier als *Klangstrom* bezeichnet. In seinem Eindruck auf den Zuhörer wohlbekannt, bildet er ein Merkmal der Musik von etwa 1450 bis 1600. Nicht alle Gattungen zeigen ihn gleichmäßig. Er herrscht jedoch im Hochstil des Zeitalters: in Messe, Motette und Madrigal" (S. 227).[7]

Die Texte, die diesem Hochstil zugrunde liegen, sind Prosa. Ihr Zusammenhang mit der Musik gewinnt jetzt wieder – im Gegensatz zum 13./14. Jahrhundert – erhöhte Bedeutung, „denn die bewegende Kraft der Epoche [liegt] im Wort" (Musikal. Hören, S. 22). Prosa „vermeidet im allgemeinen das Regelhafte und Geordnete, vermeidet Wortwiederholung, Assonanz und Reim, vermeidet sogar beim Satzbau eine allzu große Ähnlichkeit" (Singstil, S. 224). Diese Merkmale zeigt auch die Melodik des Klangstroms; BESSELER bildet zu ihrer Bezeichnung den Begriff *Prosamelodik* (Musikal. Hören, S. 20). Er korrespondiert mit dem Begriff Varietas bei Tinctoris, wenn man darunter „‚freien Wechsel' in Rhythmus, Melodik, Mehrstimmigkeit und Formaufbau" (Singstil, S. 228) versteht. „Man darf den Begriff

Prosamelodik [jedoch auch] nicht zu eng fassen. Im Normalfalle bringt der Gesang, dem Ablauf der Textworte zugeordnet, stets Neues. Aber nichts hindert den Komponisten daran, solche Melodik in eine wohlgegliederte Form zu gießen und die Einzelteile miteinander zu verknüpfen" (S. 226). So bleibt der Klangstrom auch im durchimitierten Satz des 16. Jahrhunderts erhalten. Das Prosahafte im Sinne des Unregelmäßigen, immer wieder Neuen besteht nun vor allem in der Folge von Imitationsabschnitten, die jeweils eine textlich-musikalische Einheit bilden. Die enge Verknüpfung von Text und Musik sowie die zeilenhafte Anlage des durchimitierten Satzes unterstützen ein Anliegen dieser Zeit: die Wortverständlichkeit. Der Grund dafür liegt in der religiösen Erneuerung dieser Epoche. „Die Bibel als das Wort Gottes rückt wieder in den Mittelpunkt" (S. 229).

Besseler erscheint die Bezeichnung Hören für das Verhalten gegenüber der Vokalpolyphonie als unangemessen. Er wählt statt dessen die Bezeichnung *Vernehmen.* „Die Musik ist für den Hörer [entsprechend der Verknüpfung von Musik und Wort, Verf.] ein motivisch-begrifflicher Gehalt, den er sich Zug für Zug aneignet ... Der Zuhörer gibt sich ... dem Stimmstrom hin, der ununterbrochen real erklingt und sowohl textlich wie musikalisch stets Neues bringt" (Musikal. Hören, S. 22). Abschnitt für Abschnitt verfolgt er den Text und versteht von den Worten her die musikalischen Motive (S. 21).

Vernehmen ist also ein „lauschendes Aufmerken auf das Wort und seinen Sinn" (Singstil, S. 240); es „bedeutet nicht nur sinnenhaftes, sondern vor allem ein geistiges Erfassen und Sich-Aneignen" (Musikal. Hören, S. 22). Das Verhalten des vernehmenden Hörers entspricht der „Gehaltenheit und Würde", die diese Musik ausstrahlt.

Im Vernehmen mischen sich Züge des umgangsmäßigen und des eigenständigen Hörens. Die Vokalpolyphonie ist weitgehend religiöse, kirchliche Musik. Ihr wird eine umgangsmäßige Zugangsweise gerecht: Nicht eine ästhetische Einstellung, eine religiös-gläubige Haltung trägt das Hören. Der Gehalt der Musik wird nicht aus der Distanz erkannt, sondern in einem

Akt der Identifikation sich zu eigen gemacht. Das Mitvollziehen der Musik ist geistig-kontemplativer Art.

Daß dieses Mitvollziehen geführt ist, verweist auf eigenständiges Hören. „Prosamelodik bringt stets Neues" (Singstil, S. 239). Der Hörer wird immer wieder überrascht, die Musik ist für ihn unberechenbar; er muß sie hinnehmen in ihrer Objektivität.[8]

2.4.2 Das harmonisch-klangliche Hören im 16. Jahrhundert (K. G. Fellerer)

K. G. Fellerer versteht den „Wandel des musikalischen Hörens im 16. Jahrhundert" – so auch der Titel seines Aufsatzes – als Wandel vom horizontal-polyphonen zum vertikal-harmonischen Hören.

Zwei stilistische Eigenheiten belegen die zunehmende Bedeutung der Vertikalen:

1. das Hervortreten der Oberstimme, der die übrigen Stimmen untergeordnet werden (S. 8);
2. eine vertikale Schwerpunktbildung durch das Zusammenfallen mehrerer Wortakzente in zwei oder mehreren Stimmen (S. 8).

„Der vertikale Zusammenhang ist nicht mehr das Ergebnis der linearen Stimmführung; diese imitierende Stimmführung wird vielmehr vom Zusammenklang bestimmt und führt zu einer zunächst latenten Harmonik. In der tonalen Intervallbeantwortung an Stelle der alten realen ist bereits ein erster Schritt zu dieser Lösung gewonnen. Nunmehr aber entwickelt sich im 16. Jahrhundert der Kontrapunkt auf einer latenten harmonischen Ordnung, die sich ebenso in den Stimmführungsgesetzen der Kontrapunkt-Theorie des 16. Jahrhunderts wie in einer harmonischen Klangordnung unter Vermeidung von unaufgelösten Dissonanzreibungen zeigt" (S. 9). Die Entwicklung der Vertikalen mündet schließlich im Generalbaß.

Fellerer sieht die Entwicklung im Zusammenhang mit der

Gewichtigkeit des Wortes, aber „nicht allein die Wortzeichnung, die Wortbedeutung wird bestimmend und das, was im Affekt hinter ihr steht. Stimmungszeichnung und Stimmungsgegensätze, aus dem Wort abgeleitet, werden in der Musik erfaßt. Der Kontrast wird im großen und kleinen ein Ausdruckselement des Affekts und erfordert eine Steigerung der Ausdrucksmittel. Diese wird im Zusammenklang, wie am Klang an sich, erreicht. Nicht mehr abstrakte Satzstrukturen, sondern Klänge werden gehört, die Affekte zeichnen und im Kontrast sich steigern, die experimentell zur Klangneuheit, zur Einmaligkeit, zum Originalen drängen" (S. 9). Besonders in der venezianischen Mehrchörigkeit wird nach FELLERER Klangsteigerung und Klangdifferenzierung offenkundig, sowie ein „Interesse am Klanghören, das die Struktur mitbestimmt und in der Akzentzusammenfassung der Entwicklung des Satzes zu Homophonie und akkordischem Satz entgegenkommt" (S. 11).

Wenn FELLERER sagt: „War in der polyphonen Struktur die horizontale Melodik der Einzelstimmen und ihre vertikale Spannung bestimmend, so findet das Hören nunmehr seinen Reiz in der Gleichzeitigkeit des Zusammenklangs und der Weiterführung dieser Zusammenklänge" (S. 9 f.), dann zeigt sich eine Verwandtschaft seiner Ansichten mit denen LISSAS. Mit der Fähigkeit des Hörers, verschiedene Akkorde miteinander zu verknüpfen, ist die Schwelle zum neuzeitlichen Hören erreicht.

3 *Das Musikhören der Neuzeit* (H. BESSELER)

Das Musikhören des 17., 18. und 19. Jahrhunderts hat H. BESSELER ausführlich in seiner Monographie ›Das musikalische Hören der Neuzeit‹ beschrieben. Dieses Buch ist verhältnismäßig leicht zugänglich. Weil sich aber sonst niemand so ausführlich zum Musikhören dieser Jahrhunderte äußert und zudem diese Musik noch heute eine überragende Rolle spielt, sollen BESSELERS Anschauungen wenigstens in knapper Form dargelegt werden.

3.1 Das aktive Hören im 17. Jahrhundert

Dem Begriff Prosamelodik stellt BESSELER für das 17. Jahrhundert den Begriff *Korrespondenzmelodik* gegenüber. „Die Musik baut sich zellenhaft aus kleinen und kleinsten Gliedern auf" (BESSELER, Musikal. Hören, S. 38)[9], die miteinander korrespondieren, das heißt aufeinander bezogen sind. Die Korrespondenz wird vom Hörer hergestellt, aber durch folgende Kompositionsmittel ermöglicht:

1. Akzentstufentakt (S. 29). Durch ihn erhält das ganze Stück seinen Einheitsablauf (S. 27). Der Hörer stellt durch das Festhalten der Hauptakzente im Gedächtnis eine Beziehung zwischen diesen her.
2. Spielfiguren (vgl. Spielfiguren). Man versteht darunter prägnante rhythmische Figuren, die dem Akzentstufentakt und so dem Einheitsablauf eng verbunden sind. Durch Wiederholung einer Spielfigur werden Kompositionsabschnitte einander zugeordnet; sie setzen sich zugleich aber von solchen ab, denen entweder keine oder eine andere Spielfigur eigentümlich ist. Der Hörer bemerkt zunächst das Ähnliche, sodann das Andere. „Er vergleicht die Elemente untereinander, beobachtet Wechsel und Wiederkehr, verfolgt den Zusammenschluß der Glieder von Stufe zu Stufe und vollzieht so den Aufbau" (Musikal. Hören, S. 40 f.).
3. Motivwiederholungen. Die Vokalpolyphonie besteht aus Abschnitten, für die „wortgezeugte kurze Motiv[e]" (S. 34) charakteristisch sind. Sie werden nun – im Gegensatz zur Musik des 15./16. Jahrhunderts – sofort oder im Verlaufe des Abschnittes mindestens einmal wiederholt. „Nur wenn man das Motiv aufmerksam erfaßt, es gewissermaßen im Griff behält, kann man seine wechselnde Erscheinung verfolgen. Die Musik besteht aus Gliedern, deren Zusammengehörigkeit im zeitlichen Nacheinander vom Hörer festgestellt wird. In dieser ‚Korrespondenz' wird das Neue greifbar" (S. 35).
4. Sequenz und Wiederholung. BESSELER weist sie bei Lied und

Arie nach. Die Aufgabe des Hörers ist der bei Motivwiederholungen ähnlich.

5. Entsprechung. Sie geht zurück auf die „Paarigkeit“ der Tanzmusik, eine „Aufbauordnung mit grundsätzlich zwei Elementen“ (S. 35; vgl. Singstil, S. 233 f.). Wahrzunehmen ist sie auf Grund rhythmisch-metrischer Beziehungen zwischen den Gliedern.

Als theoretische Stütze dieser Feststellungen dient BESSELER das ›Compendium musicae‹ von R. DESCARTES. Er betont, daß DESCARTES „zum erstenmal in der Geschichte des Musikschrifttums nicht von der Musik selbst ausgeht, sondern vom Hörer“ (Musikal. Hören, S. 30): Dieser „ist es, der die korrespondierenden Glieder der Musik zueinander in Beziehung setzt, indem er sie hört“ (S. 41).

Im 17. Jahrhundert umspannt das Auffassungsvermögen der Hörer nur verhältnismäßig kurze Abschnitte. Es trägt noch nicht einen Satz im Sinne eines Ganzen. Deshalb hat das aktive Hören dieser Zeit noch additiven Charakter.

Das Aufkommen der auf den Zuhörer bezogenen Musik fällt zusammen mit der Entstehung des Publikums im neuzeitlichen Sinne: 1637 wird in Venedig das erste stehende Theater für die Öffentlichkeit errichtet. Jene soziologische Gruppierung, von der JOHANNES DE GROCHEO spricht, zerfällt endgültig. Immer mehr wird die Musik zur reinen Darbietungskunst für alle, die eine Eintrittskarte kaufen können, in den verschiedenen Kulturnationen Europas jedoch zeitlich unterschiedlich (S. 25 f.). Deutschland vollzieht die „Umstellung auf eigenständige Kunst“ – äußerlich gesehen – relativ spät, erst im 18. Jahrhundert. Das Musikleben ordnet sich „nach wie vor um die Religion als Mittelpunkt“ und die „Geselligkeit der Höfe und Städte gewährt dem umgangsmäßigen Musizieren größten Raum“ (S. 26). In der Musik selbst aber zeigen sich schon die neuen Tendenzen, vor allem durch die Übernahme der neuen Technik der italienischen Musik, so daß es berechtigt erscheint, das 17. Jahrhundert als „Epoche des Übergangs“ zu bezeichnen (S. 26).

3.2 Das aktiv-synthetische Hören im 18. Jahrhundert

An der zellenhaften, gliedhaften Organisation der Musik ändert sich im 18. Jahrhundert nichts. „Neu ist jedoch der Zusammenschluß der Glieder zu einer einheitlichen durchgestalteten Großform“ (BESSELER, Musikal. Hören, S. 44). Um die Musik als Großform erfassen zu können, muß der Hörer über das additive Hören hinausgelangen; es muß zu einer auf das Ganze gerichteten Synthese, zum *synthetischen* Hören kommen.

Die Voraussetzungen dieses Hörens liegen wiederum in der Musik selbst, sie liegen vor allem in der Gestalt des Themas, das als Grundlage, durch seine „Wiederkehr dem Satz Einheit gibt“ (S. 46). Das Thema ist Bezugspunkt und „Sinnbild des Ganzen“ (S. 46). BESSELER beobachtet zwei Entwicklungsstufen des Themas:

1. Das Halbsatzthema, bestehend aus 4 Takten, die sich aus 2 + 2 Takten zusammensetzen, entsteht um 1720. BESSELER findet es in der Musik VIVALDIS, J. S. BACHS und HÄNDELS.
2. Das Halbsatzthema mit 8 Takten wird um die Mitte des 18. Jahrhunderts zur Norm. „Die Synthesis beim Hören hat sich demnach zu solcher Kraft entwickelt, daß sie um 1780 acht Takte als Einheit umspannen und eine solche Achttaktperiode zu den übrigen in Beziehung setzen kann“ (S. 51).

Neben der Form wechselt im Verlaufe des 18. Jahrhunderts der Gehalt des Themas, und zwar „vom Typischen zum Individuellen“ (S. 53). Man hört und versteht den Gehalt nicht mehr als religiöse Offenbarung, „nicht mehr aus der Objektivität der Affekte, sondern als den Ausdruck eines persönlichen Seins“ (S. 56). Obwohl die Idee des Originalen im Sturm und Drang [10] diesen Umbruch bewirkt – er ist jedoch vorbereitet –, wird nur vorübergehend reine Subjektivität Sinngehalt des Themas; angestrebt wird schon bald die Darstellung des Charakters. Das persönliche Sein soll nicht so sehr „realistisch gemalt“ als vielmehr „zum Kunstwerk idealisiert“ (BESSELER, Musikal. Hören, S. 60) werden – ein Zug der Klassik.

Das Thema trägt also nicht nur als gleichsam technische

Grundlage und Beziehungsmitte die Komposition, es gibt ihr gleichzeitig als „Verkörperung eines Sinngehaltes“ (S. 53) Einheit. Der Hörer faßt die Musik deshalb „von vornherein als ‚gehaltvoll‘ und entsprechend nicht als Gegenstand, sondern als *Ausdruck*“ auf, und zwar in aufgeschlossener „*Hingabe* an das Werk. Es wird nicht als Ausdruck im Sinne des Ausgehens von einem bestimmten Schöpfer und aus bestimmtem Anlaß erlebt, sondern als lebendige *Wirkung* ... Diese Wirkung ist nur dadurch möglich, daß trotz der zuhörenden Hingabe die wesentliche musikalische Leistung des Hörers auch hier ... im inneren Nachvollziehen beruht“ (Grundfragen, S. 71 f.). Dieses Nachvollziehen ist zur Zeit der Klassik in höchstem Grade ein *aktives* Verhalten.

3.3 Das passive Hören im 19. Jahrhundert

Das aktiv-synthetische Hören, die angemessene Zugangsweise zur Musik der Klassik, wird im 19. Jahrhundert nicht aufgegeben; [11] es verliert aber die Vorherrschaft. Den eigentlichen Weg zur Musik findet man in *passiver Versunkenheit.* „Der Hörer faßt das Werk nicht mehr als einen Gegenstand, der sich vor ihm aufbaut, sondern erlebt es unmittelbar. Er wird gewissermaßen identisch mit der Musik“ (Besseler, Musikal. Hören, S. 62 f.). Die zusammenfassende Kraft des Hörers tritt zurück hinter der Bereitschaft zur Versenkung in das Werk.

Die Musik der Romantik führt, man kann auch sagen: verführt den Hörer zu dieser Haltung. Besseler spürt dem Neuen in Einzelwerken nach.

Webers ›Freischütz‹ steht am Beginn einer umfassenden Steigerung des Klanglichen: „... der Farbwert der Instrumente und ihrer Lagen [wird] entdeckt, ... die Harmonik als eine Elementarkraft ausgewertet“ (S. 68).

Mit der Spielfigur in der Klavierbegleitung seiner Lieder findet Schubert „das entscheidende technische Mittel“ (S. 64), den Hörer in Ablauf und Wesen der Musik hineinzuziehen. Besseler nennt die Lieder ›Gretchen am Spinnrad‹ und ›Die Vögel‹.

„Charakteristisch für diese Werke ist der einheitliche Rhythmus, der durch die ostinaten Begleitmotive und Figuren erzeugt wird" (S. 64 f.). Es ist eine ganz neue Art von Einheitsablauf, dessen Sinn es ist, ein rhythmisches Pulsieren, einen rhythmischen Strom hörbar zu machen, „von dem sich der Hörer nun tragen läßt" (S. 68). „Erst wenn ein Rhythmus immer wiederkehrt, kann man in derselben Art mitschwingen und das Gehörte zur eigenen ‚Stimmung' werden lassen" (S. 68).

Schubert selbst, aber auch Weber, überträgt das Verfahren auf die Orchestermusik: „... eine Spielfigur, meist im Streichkörper, [stellt] das rhythmisch gleichartige Pulsieren dar ..., während die Melodie von Bläsern gebracht wird" (S. 70).

Darin sieht Besseler eine weitere für die Romantik typische Neuerung. „Die Streicherthematik, wie sie noch bei Beethoven herrschte, war durch Akzentuierung, Strich- und Bogenwechsel zu gliedern, so daß ein reich differenziertes, persönlich geprägtes Bild entstand ... Der Bläserton aber ist normalerweise in jedem Augenblick da und wird in jedem Augenblick real gehört. Er hat den Charakter des Objektiv-Vorhandenen" (S. 70). Der Hörer gibt sich ihm als einem Tonstrom hin.

Für das Miteinander von Rhythmus- und Tonstrom bildet Besseler den Begriff *Musikstrom.*

In der Klaviermusik zum Beispiel Chopins und Schumanns wird der Bläsertonstrom „dadurch ersetzt, daß man ... den Rhythmus mit um so größerer Intensität vermittels der Figuren und Motive pulsieren läßt. Der Musikstrom erhält ... die Gestalt eines ‚Motivstroms' " (S. 71). Die Eigenarten dieses Motivstroms übernimmt Wagner um die Jahrhundertmitte in die Orchestermusik, überlagert sie mit einem neuen Tonstrom der Bläser und bildet dadurch den typischen Musikstrom seiner Werke aus.

Der Musikstrom ist „Mittel der ‚Verzauberung' ". „Der Hörer läßt sich von diesem Strom erfüllen und derart einstimmen, wie das Werk es verlangt" (S. 71). Besseler zitiert Wagners Tagestraumvision, nach der er das Orchestervorspiel zu Rheingold komponiert.

Am Nachmittage heimkehrend, streckte ich mich todmüde auf ein hartes Ruhebett aus, um die langersehnte Stunde des Schlafes zu erwarten. Sie erschien nicht; dafür versank ich in eine Art von somnambulem Zustand, in welchem ich plötzlich die Empfindung, als ob ich in ein stark fließendes Wasser versänke, erhielt. Das Rauschen desselben stellte sich mir bald im musikalischen Klange des Es-Dur-Akkordes dar, welcher unaufhaltsam in figurierter Brechung dahinwogte; diese Brechungen zeigten sich als melodische Figurationen von zunehmender Bewegung, nie aber veränderte sich der reine Dreiklang von *Es-Dur,* welcher durch seine Andauer dem Elemente, darin ich versank, eine unendliche Bedeutung geben zu wollen schien. Mit der Empfindung, als ob die Wogen jetzt hoch über mich dahinbrausten, erwachte ich in jähem Schreck aus meinem Halbschlaf. Sogleich erkannte ich, daß das Orchester-Vorspiel zum ‚*Rheingold*', wie ich es in mir herumtrug, doch aber nicht genau hatte finden können, mir aufgegangen war; und schnell begriff ich auch, welche Bewandtnis es durchaus mit mir habe: nicht von außen, sondern nur von innen sollte der Lebensstrom mir zufließen. Sogleich beschloß ich nach Zürich zurückzukehren, und die Komposition meines großen Gedichtes zu beginnen“ (Wagner, R.: Mein Leben. Dritter Teil: 1850–1861, Leipzig 1911 [= Sämtliche Schriften und Dichtungen, Bd. 15], S. 67 f.).

Ein adäquates Verhalten zu so komponierter Musik ist nach Besseler passives Hören, passiv im Sinne von Selbstvergessenheit und Hinnahme. Erfülltsein von Musik als Stimmungskunst, religiöses Symbol und Natursymbolik, also etwas Zuständliches ist Kernphänomen des Hörens romantischer Musik (vgl. Besseler, Musikal. Hören, S. 67).

4 Das Musikhören im 20. Jahrhundert

Aus der Sicht historischer Musikwissenschaft kann man in bezug auf das Hören neuer Musik nur noch bedingt von Forschungserträgen sprechen. Dafür gibt es vielfältige Gründe; sie liegen vorwiegend im Selbstverständnis des Faches und in der Musik selbst. So wird das Feld weitgehend den ganz anderen

Fragestellungen der Musiksoziologie überlassen (vgl. in dieser Schrift S. 70 ff.).

Um dennoch nicht vor der eigenen Gegenwart zu verstummen, soll exemplarisch für das 20. Jahrhundert das Hören von Zwölftonmusik, von serieller Musik und das Hören von Musik LIGETIS beschrieben werden. Hörprobleme von Zwölftonmusik behandelt ADORNO; für die serielle Musik mögen entsprechende Ausführungen STOCKHAUSENS stehen. LIGETI hat sich häufig zum Hören seiner Musik geäußert; einige, wesentlich scheinende Äußerungen werden zusammengefaßt.

Allen drei Beschreibungen ist eines gemeinsam: Nicht Wirklichkeit wird dargestellt, sondern Idealvorstellungen werden formuliert.

4.1 Zur Zwölftonmusik

ADORNOS Ansichten zum Hören neuer Musik müssen im Zusammenhang seiner soziologischen Forschungen gesehen werden (vgl. in dieser Schrift S. 89 ff.). Äußert er sich in ihnen vorwiegend kritisch zum gegenwärtigen Verhältnis zwischen Musik und Hörer, so versucht er in seinen ›Anweisungen zum Hören neuer Musik‹, positive Hilfen zu geben und sein Ideal eines adäquaten Hörens zu konkretisieren. Das setzt eine Interpretation neuer Musik – bei ihm fast ausschließlich Zwölftonmusik der Wiener Schule – voraus. Auch sie ist seinen musiksoziologischen Gedanken eng verbunden.

Daß ADORNO als Vertreter einer theoretischen Musiksoziologie (vgl. in dieser Schrift S. 70) dennoch nicht blind gegenüber der eigenen Gegenwart ist, zeigt schon die Großgliederung seines Aufsatzes: Im ersten, allerdings kleineren Teil, geht es ihm darum, falsche Erwartungen gegenüber neuer Musik abzubauen. Dieser Teil endet mit der Forderung von erhöhter Aufmerksamkeit und Konzentration des Hörers. Im zweiten Großteil versucht ADORNO, die „Aufgabe der Konzentration" an verschiedenen musikalischen Schichten aufzuzeigen. Sie gipfelt in der Synthesis, der zusammenfassenden Kraft des Hörers, die aber nicht nur auf diese verschiedenen Schichten, sondern letztlich auf das jeweilige Ganze des Musikwerkes gerichtet sein soll.[12]

Adorno sieht objektive, das heißt in der Musik selbst liegende, und subjektive, beim Hörer liegende Gründe für das Mißverhältnis zwischen neuer Musik und Hörer. Zu den objektiven Gründen zählt er „die Preisgabe stabiler Bezugssysteme“, den „Verlust sinnlich angenehmen, dem Hörer schmeichelnden und ihn zur Sache verführenden Klanges“ und „schließlich die Komplexität mindestens eines großen Teils der modernen Produktion, zumal der recht eigentlich neu entdeckten Kontrapunktik“ (Anweisungen, S. 189). Zu den subjektiven Gründen gehören gesellschaftliche Tatbestände wie die „Krisis jener Bildung, welche die Voraussetzung fürs Begreifen von Kunst nachdrücklichen Anspruchs insgesamt ausmacht“. Weiter zählen dazu „anthropologische Veränderungen: das Erlahmen des Konzentrationsvermögens...“ und schließlich „spezifisch musikgeschichtliche Momente ... Die musikalische Schulung hinkt hinter der aktuellen kompositorischen Praxis weiter wohl her als jemals“ (S. 189).

Für Adorno am schwerwiegendsten ist das Spannungsverhältnis zwischen der Komplexität neuer Musik einerseits und dem mangelnden Konzentrationsvermögen der Hörer andererseits. Die schon oben angedeutete Verschränkung von Gesellschaftlichem und Musikalischem wird offenbar: „... indem die komplexe Schreibweise aufmerksameres Hören als die traditionelle erheischt, setzt sie genau jene Kräfte im Empfangenden voraus, die unter den gegenwärtigen gesellschaftlichen Bedingungen zu verkümmern drohen“ (S. 189).[13]

Komplexität ist für Adorno nahezu ein Sammelbegriff; er umfaßt die Eigenarten der neuen Musik, die die oben genannten objektiven Gründe für das Mißverhältnis zwischen neuer Musik und Hörer bilden.

Der Wahrnehmung dieser Komplexität entgegen stehen jene Hörgewohnheiten, die sich an älterer Musik gebildet haben. Adorno nennt die musikalische Entsprechung (Korrespondenz) und erläutert sie – nicht ohne Ironie – an einem Vergleich zwischen den ersten Takten von ›Hänschen klein‹ und dem Anfang von SCHÖNBERGS erstem Klavierstück op. 19. Den ersten zwei Takten des Kinderliedes folgen die zwei nächsten automatisch, das heißt der Hörer erwartet die Takte 3 und 4 so sehr, daß er gar nicht mehr besonders gespannt darauf ist. Eine ähnliche Haltung gegenüber dem SCHÖNBERG-Beispiel ist undenkbar. Hier gibt es keine Analogieschlüsse, keine bestimmten Erwartungen auf Kommendes. Für den Hörer erwachsen daraus zwei Aufgaben zugleich: Er muß solche Erwartungen, die bisher notwendig das Musikhören leiteten, unterdrücken *und* versuchen, „dem gerecht zu werden, was konkret sich abspielt" (S. 194). Ähnliches sagt ADORNO über die Harmonik neuer Musik. Von Dissonanzen zu sprechen ist insofern unangebracht, als sich dieser Begriff an seinem Gegensatz orientiert. Fehlt der Gegensatz, werden in neuer Musik Konsonanzen weitgehend vermieden, dann schlägt „eine Quantität, die der Dissonanzen, in eine neue Qualität" (S. 194) um. Das bedeutet wiederum für den Hörer, daß er keine Auflösung von Dissonanzen in Konsonanzen erwarten darf. Wieder soll er sich dem konkret Hörbaren zuwenden und zum Beispiel „versuchen zu hören, wie zwei aufeinanderfolgende vieltönige Harmonien sich aufeinander beziehen, welches Gewicht sie relativ zueinander und im Ganzen haben" (S. 197).

Falsche Erwartungen eines an älterer Musik geschulten Hörens richten sich auch auf die „musikalische Form im engeren Sinn . . ., den Verlauf des Ganzen" (S. 197). Zum Formbegriff älterer Musik, vor allem seit der Wiener Klassik, gehört notwendig die Wiederholung. Die Reprise ist zum Beispiel im Sonatensatz – vor allem bei BEETHOVEN – Teil der „dynamischen Form" und entspricht ferner der „Organisation des Modulationsplans" (S. 198 f.). Neue Musik dagegen „ist allergisch gegen die Reprise alten Stils" (S. 199); sie hat „Prosacharakter" und ist „zu apperzipieren, wie man Prosa liest und nicht Gedichte: indem man sich dem Verlauf überantwortet, ohne auf sinnfällige Symmetrien zu lauern" (S. 157) [14]. Dieses Sich-dem-Verlauf-Überantworten verweist einerseits wiederum auf das Hören dessen, was tatsächlich erklingt; weil aber neue Musik an Stelle von Wiederholungen das „Kunstmittel ... der radikalen Variation“ (S. 200) bevorzugt, gilt es für den Hörer andererseits, Form zu gewahren, die auf radikaler Variation beruht.

Über das Wahrnehmen des augenblicklich Erklingenden hinaus ist die „Aufgabe richtigen Hörens ... die des Zusammenhörens, der Erinnerung, der Gegenwart eines Nichtgegenwärtigen“ (S. 201). Solches Hören nennt ADORNO „mehrdimensionales ..., ein das Vergangene und Zukünftige einbegreifendes“ (S. 201) [15] Hören.

ADORNOS Ideal der Apperzeption ist „eins ... mit der Rekonstitution des Komponierten“ (S. 203). Wegen der Komplexität neuer Musik einerseits und wegen der Suspendierung von an alter Musik orientierten Hörerwartungen andererseits ist eine Konzentration des Hörers erforderlich, wie sie kaum jemals vorher zum Akt des Musikhörens gehörte. Sie ist nötig, um „auszugleichen, was dem Hörer durch den Verlust des schematischen Rückhalts entzogen wird“ (S. 203). Worauf sie sich positiv richten soll, schlüsselt ADORNO für die verschiedenen musikalischen Schichten auf:

1. Harmonik. – Beim Hören der musikalischen Vertikale fordert er, daß man „vieltönige Klänge nicht einfach als chaotische Kleckse registriert, sondern sie präzis auffaßt, das heißt, die in ihnen enthaltenen Intervalle und Töne unterscheiden lernt“ (S. 204).[16] Die einzelnen Töne und Intervalle verschmelzen als Akkord nicht zu einem Ganzen wie die „alten Konsonanzen. Von diesen unterscheiden sie sich dadurch, daß ihre Einheit in sich gänzlich artikuliert ist; daß eben die einzelnen Akkordtöne zwar zur Akkordgestalt zusammentreten, aber innerhalb dieser Akkordgestalt zugleich als einzelne allesamt voneinander unterschieden werden“ (Philosophie, S. 84). Im Unterschied zur Dreiklangsharmonik ist die Vertikale innerhalb von Zwölftonmusik weitgehend polyphon aufzufassen. Das ist zugleich die Bedingung dafür, „daß man realisiert, wohin der Klang selbst, nämlich wohin ein jeder in ihm enthaltene Ton

will“ (Anweisungen, S. 204). Als „Gesetz der Vertikaldimension der Zwölftonmusik“ (Philosophie, S. 80) nennt ADORNO die komplementäre Harmonik. Das heißt: Akkordverbindungen werden dadurch bestimmt, „daß jeder einzelne dieser komplexen Klänge grundsätzlich zur sei's gleichzeitigen, sei's sukzessiven Ergänzung diejenigen Töne der chromatischen Skala verlangt, die in ihm selber nicht vorkommen“ (S. 80).[17]

In diesem Verlangen nach Ergänzung besteht die Spannung zwischen den Akkorden; der Hörer aber kann sie nur spüren, das heißt einen folgenden Akkord erwarten, wenn er „den einzelnen Klang durchartikuliert“ (Anweisungen, S. 205), die in ihm enthaltenen Töne und Intervalle genau auffaßt.

2. Kontrapunkt. – Obwohl ADORNO wiederholt die große Bedeutung der Zwölftonkontrapunktik hervorhebt (S. 189; Philosophie, S. 88 ff.), sind seine Ausführungen über das Hören der Kontrapunktik knapp.

Zunächst nennt er Forderungen, die für alle polyphon gedachte Musik, nicht also spezifisch für das Hören von Zwölftonmusik gelten, nämlich „das simultane Hören mehrerer voneinander unabhängig geführter, ganz oder relativ selbständiger Stimmen“ (Anweisungen, S. 205) sowie die Differenzierung eines solchen Stimmverbandes nach Haupt- und Nebenstimmen.

Eine derartige Differenzierung aber ist nur möglich, wenn man jeweils hört, was Haupt- und was Nebenstimme ist. Hier beginnen die besonderen Schwierigkeiten beim Hören von Zwölftonkontrapunktik. Um eine Hilfe zu geben, lenkt ADORNO die Aufmerksamkeit auf den „sogenannten roten Faden“, auf die „in der Schönbergschule . . . bereits optisch kenntliche[n] Hauptstimme“ (S. 209). Erst wenn der Hörer sie als solche heraushört, kann er die anderen nach wiederholtem Hören allmählich hinzuhören. Die Hauptstimme ist aber selten zugleich die Oberstimme; sie wird unter anderem entsprechend dem im Streichquartett der Klassik entwickelten Prinzip der „thematischen Arbeit, welche das motivische Hauptmaterial unablässig von einer Stimme in die andere springen läßt“ (S. 210), behandelt. Aufgabe des Hörers ist es daher, einen in dieser Form sich präsentierenden roten Faden, eine solche melodische Hauptstimme als Melodie wahrzunehmen. Das bedeutet, „daß man die Bestandteile, aus denen eine Linie sich bildet, selbst mit dem Ohr melodisch zusammenfaßt" (S. 211). Diese dem Hörer an sich nicht ungewohnte Aufgabe wird dadurch erschwert, daß die Melodik von Zwölftonmusik ganz anderer Art ist, als zum Beispiel die dur-moll-tonaler Musik.

3. Melodik. – Abgesehen von der thematischen Arbeit, der die Melodik unterworfen wird, nennt ADORNO verschiedene Eigenarten, die ihre Wahrnehmung erschweren. Er verweist auf den unsymmetrischen Bau der Melodien. Sie gliedern sich häufig in zahlreiche, verschieden lange Phrasen, die durch Pausen voneinander getrennt werden. Hinzu kommt ein „Vorwiegen übergebundener Noten, Einsätze[n] auf mehr oder minder schlechten Taktteilen, die über den guten weg verschleift werden, so daß die guten Taktteile verschleiert sind, und der Unvorbereitete nicht unmittelbar weiß, an welcher Stelle des Takts er sich befindet" (S. 213). Eine Desorientierung des Hörers ist die Folge, solange er sich bewußt oder unbewußt an dem ausrichtet, was Melodik bisher für ihn bedeutete: führendes, eindeutiges Hervortreten einer Oberstimme, die möglichst symmetrisch geordnet war und sich eindeutig an das gewählte Taktmetrum anlehnte. Abweichungen hiervon wurden vor dem Hintergrund des Normalen erkannt und als solche gehört, wie zum Beispiel die Stellvertreterfunktion eines Trugschlusses. Kann sich der Hörer von diesen Vorstellungen nicht freimachen, bleibt ihm Zwölftonmelodik unzugänglich.

Als weiteres Charakteristikum von Zwölftonmelodik nennt ADORNO das Vorherrschen großer Intervalle, „darunter scharf dissonierende wie die große Septime oder die kleine None. Sie haben gleiche Berechtigung mit den üblichen, mit Sekund, Terz, Quart und Quint erlangt. Das Verständnis der Phrasierung, der Linie als Melodie wird davon tangiert; sie stirbt ab, sobald die Synthesis an ihren Elementen, den Intervallen, scheitert. Man muß demzufolge Melodien, in denen große Intervalle entscheiden, sozusagen innerlich mitsingen, nicht als Sukzession disparater Töne stehen lassen" (S. 217). „Nur wenn der reinen Hörkraft keine Löcher zwischen den großen Intervallen klaffen; wenn man von einem Ton zu dem wie sehr auch entfernt liegenden Fortsetzungston in einem Bogen hinübergelangt, ist man vor dem Eindruck des Sinnlosen geschützt, der solchen Stellen so gern attestiert wird" (S. 219). Damit hebt ADORNO nochmals – wie schon beim Hören der Vertikalen – die Bedeutung des Intervallhörens hervor.

4. Variation. – ADORNO bezeichnet Variation als das „zentrale Kunstmittel" von Zwölftonmusik; auf Variation beruht häufig die Gesamtform eines Werkes. Variation in seinem Sinne meint nicht, daß zum Beispiel ein Thema, das heißt ein harmonisch-rhythmisch-melodisches Gerüst auf verschiedene Weise umspielt wird. Bei Zwölftonmusik heißt Variation, „aus einem musikalischen Gegebenen, Gesetzten Neues entwickeln. Das Neue muß, sei es auch verkappt, in dem Gegebenen bereits enthalten sein. Daher ist eine der vordringlichsten Verfahrensweisen . . ., das Ausgangsmaterial im Verlauf des variativen thematischen Fortgangs in kleinste Elemente aufzuspalten, die im Ausgangsmaterial vorhanden sind, und dann aus diesen kleinsten Bestandteilen das Neue zu bilden." Auch Zwölftonmusik also kennt das Formbildende von Wiederholungen; aber es handelt sich um Wiederholungen des Nicht-Identischen, dennoch Verwandten. Vom Hörer fordert ADORNO, daß er „den variativen Teilungsprozeß mitmacht, der in der Komposition sich zuträgt" (S. 237).

Den Gesamteindruck variativer Teilungsprozesse vergleicht ADORNO mit einem „Gewimmel und Gewusel" (S. 236). Das „organisch Wuchernde" (S. 242) in neuer Musik ist seine Grundlage. Als Moment des Inkommensurablen korrespondiert es mit dem Moment der Konstruktion; Konstruktion und das Wuchernde sind aufeinander bezogen wie These und Antithese, das heißt, daß sie „nicht schlichte und unvermittelte Gegensätze sind, sondern daß beide Momente ineinander entspringen. Je mehr die neue Musik triebhaft ungebundenen Regungen sich überläßt, um so mehr tendiert sie zu jenem ineinander Gewachsenen, gar

Chaotischen, das dann, soll es nicht aufs Vorkünstlerische herunterkommen, der organisierenden Gegenkräfte bedarf, die subtilsten Mittel der Konstruktion von sich aus beschwört. Umgekehrt aber haben die Mittel der Konstruktion, je subtiler sie werden, selbst ihren Anteil an der Auflösung der geschlossenen Oberflächenstrukturen und bewirken, als Organisation im kleinsten, von sich aus etwas von dem, was zunächst als chaotisch irritiert. Dem zeigt erst ein musikalisches Bewußtsein sich gewachsen, das der Wechselwirkung jener beiden Momente nachkommt; das des Dranges in der Konstruktion inne wird und der Konstruktion im Drang. Diese Einheit der Gegensätze definiert wohl gar das innerste Geheimnis legitimer neuer Musik und damit auch das eines sinngemäßen Verhältnisses zu ihr" (S. 242).

„Diese Einheit der Gegensätze" kennzeichnet aber nicht nur Konstruktion auf der einen Seite und organisch Wucherndes auf der anderen, sondern alle bisher genannten Schichten; in neuer Musik sind sie alle aufeinander bezogen, „alle sind, jedenfalls der Idee nach, integrale Bestandteile der Komposition, ihrer Einheit. Das ist der wahre Rechtsgrund des Postulats äußerster Konzentration beim Hören: weil virtuell alles gleich wichtig, gleich nahe zum Mittelpunkt ist, weil nichts für die Konstitution des musikalischen Sinns äußerlich und zufällig bleibt, muß auch alles ins Feld der Aufmerksamkeit gerissen werden, sofern nicht der musikalische Sinn versäumt werden soll. Die Anspannung des Hörens zu einer Art Synthesis der verschiedensten Momente und musikalischen Dimensionen entspricht der Integration des Komponierten selber" (S. 242 f.).[18]

Adorno betont, daß er solches Wahrnehmen als Ideal ansieht. „Es bezeichnet nur den Fluchtpunkt, dem angemessenes Hören zustrebt; kaum einer dürfte von sich sagen, daß er nun wirklich neue Musik – und freilich auch traditionelle – ganz und gar, daß er sie richtig hört" (S. 244 ff.).

4.2 Zur seriellen Musik

„Der Hörer aber, der Musik zu hören und nicht musikalische Zeitgeschichte zu studieren wünscht, hat das Recht, den Dokumentcharakter der Kompositionen zu ignorieren und sich an das Werkhafte zu halten. Es ist ihm ganz gleichgültig, ob alle diese seriellen Werke geschichtlich notwendig sind oder nicht; beweisen läßt sich in diesem Bereich sowieso gar nichts. Er will nur wissen, ob diese Musik, um mit KRENEK zu reden, des Anhörens wert ist. Gerade diese Frage aber läßt sich nicht generell beantworten" (STEPHAN, Hörprobleme, S. 39). In dem Vortrag, dem diese Sätze entnommen sind, betrachtet R. STEPHAN die serielle Musik aus musiktheoretischer Sicht und beurteilt sie weitgehend negativ. Er verweist unter anderem auf die Diskussion über zwei Takte im ›Klavierstück I‹ von STOCKHAUSEN.[19]

STOCKHAUSEN selbst hat in einem Text für ein Nachtprogramm des NDR eine „Anleitung zum Hören" dieses Stückes gegeben (STOCKHAUSEN, Gruppenkomposition, S. 62 ff.). Es ist angebracht, auf sie einzugehen, weil er sie weitgehend als Hilfe zu einer Hörbildung versteht und eine ähnliche Anleitung zum Hören unter seinen sonst recht zahlreichen Veröffentlichungen nicht zu finden ist.

Das ›Klavierstück I‹ ist eine Gruppenkomposition, das heißt es besteht aus Gruppen. Unter Gruppe versteht STOCKHAUSEN „eine bestimmte Anzahl von Tönen . . ., die durch verwandte Proportionen zu einer übergeordneten Erlebnisqualität verbunden sind" (S. 63).

STOCKHAUSEN gibt an, daß dem Stück sechs Gruppenformen zugrunde liegen; aus ihnen besteht der erste Gruppenverband (Gruppen 1–6), auf den sich der zweite Gruppenverband (Gruppen 7–12) bezieht. Er verwendet – in dieser Folge – die Gruppenformen:

1. verschiedene, nacheinander angeschlagene Töne, durch Pedal gehalten, gleichzeitig endend;
2. „Einzeltöne zum liegenden Klang" (S. 65);
3. liegender Zweiklang;

4. isolierte Einzeltöne;
5. tiefer, liegender Zweiklang mit „Tonschwarm" „in hoher Lage und weiter Lagenbreite" (S. 68) und großer Geschwindigkeit;
6. „liegender Ton [bzw. Zweiklang] und dazu Töne beziehungsweise Zweiklänge mit regelmäßigem Dauerabstand und vorwiegend gleichbleibender Intensität" (S. 69).

Die Aufmerksamkeit seiner Hörer möchte STOCKHAUSEN zunächst nicht so sehr auf diese Gruppenformen lenken, sondern auf die hörbaren Elemente, aus denen sie gebildet sind: Bewegungsrichtung, Lage der Töne, Größe der Intervalle, Anzahl der Anschläge, Lautstärkeverhältnisse, Geschwindigkeit. Er möchte damit der Aufmerksamkeit eine „Richtung" geben, „*wie* wir hören, worauf wir achten wollen. Wenn aber das Ganze, ungeteilt, auf unsere Empfindung wirken soll, darf sich das Hören nicht zu sehr an den jetzt vertrauten Einzelheiten aufhalten" (S. 65). Im Hörvorgang soll zweierlei gleichzeitig geschehen: einerseits Wahrnehmung des ungeteilten Ganzen und andererseits ein Auseinanderhalten der Einzelheiten, so „daß keine Verbindungen auftauchen, die wichtiger als andere werden ... Wir nennen das ‚strukturelles Komponieren und Hören': Die Art, *wie* die Töne zusammengefügt sind und in der Gruppe erscheinen, bleibt in Erinnerung, weniger das einzelne daran, das einzelne Intervall, das einzelne Zeitverhältnis ... Dafür prägt sich aber um so besser das Gesamtbild in unsere Empfindung ein, als ein Struktureindruck ... Die Konturen der Gruppen erleben wir sinnfällig: sie sind verschieden lang, haben verschiedene Bewegungsformen, verschiedene Dichten und Geschwindigkeitsgrade; verschiedene *Klangformen*" (S. 65 f.). So sehr STOCKHAUSEN auch die Ganzheit der einzelnen Gruppen hervorhebt, sie sollen im Hörvorgang nicht isolierte Ganzheiten bleiben: „Schon an den ... Eigenschaften jeder Gruppe für sich wird es deutlich, daß sie erst im Verhältnis zueinander und in der zeitlichen Aufeinanderfolge sinnvoll sein können" (S. 65). Die Folge der einzelnen Gruppenformen, zum Beispiel innerhalb des ersten Gruppenverbandes, ist nicht als Addition von Heterogenem aufzufassen; die einzelnen Gruppen sind vielmehr „zueinander komponiert", damit „sie sich durch die jeweils veränderten Formen gegenseitig deutlicher machen und zu einem ganzen Gefüge zusammenhören lassen, zu einer übergeordneten Struktur, bei der auch jetzt die Gruppen selbst als Teilformen nur im Verband Sinn bekommen . . ., wobei wir einen Gesamteindruck zu erleben versuchen" (S. 68).

Die Beziehungen zwischen den einzelnen Gruppen, dasjenige also, was der Gruppe selbst erst Sinn verleiht, sind vielfältiger Art. STOCKHAUSEN hebt zum Beispiel für die Beziehungen zwischen der ersten und zweiten Gruppe hervor: „. . . steigend-fallende Bewegungsform; die Töne nacheinander angeschlagen, aber durch Pedal ineinanderklingend und gemeinsam endigend [1. Gruppe]; dann liegender Klang und einzelne Töne dagegengesetzt . . . Der liegende Zweiklang der zweiten Gruppe kann sowohl als Zielklang der steigenden ersten Gruppe wie auch als erster der fallenden zweiten Gruppe gehört werden. So sind beide Gruppen zusammengewachsen" (S. 64).

Es zeigt sich: Die Beziehung zwischen den einzelnen Gruppen wird gestiftet durch die Elemente der Gruppenform. Dabei können verschiedene, gleiche oder ähnliche Elemente mehrfache Korrespondenzen herstellen, und zwar nicht nur zwischen benachbarten Gruppen; das führte zu einer Symmetrie, die STOCKHAUSEN unbedingt vermeiden möchte.

Der zweite Gruppenverband (Gruppen 7–12) bildet keine neuen Gruppenformen aus. Die einzelnen Gruppen korrespondieren vielmehr mit denen des ersten Verbandes. STOCKHAUSEN spricht sogar von Gruppenpaaren. Er nennt folgende Korrespondenzen:

Gruppe 7 mit Gruppe 6, 4, 1, 3
Gruppe 8 mit Gruppe 3
Gruppe 9 mit Gruppe 1
Gruppe 10 mit Gruppe 4
Gruppe 11 mit Gruppe 5
Gruppe 12 mit Gruppe 2

Fast exemplarisch zeigt er verschiedene Korrespondenzmöglichkeiten an der 7. Gruppe auf: Sie entspricht „der voraufgegangenen sechsten Gruppe in der Form ... Bewegungsrichtung und Lagenverteilung der Töne erinnern aber an die vierte Gruppe des ersten Verbandes ... Die Durchschnittslautstärke mf korrespondiert aber mit der ersten Gruppe und endlich die Gesamtdauer 3/4 mit der dritten Gruppe" (S. 69).

Solche Art der Korrespondenz nennt STOCKHAUSEN strukturelle Elementverbindung. Der Hörer kann sich nicht erwartend auf sie einstellen; das Hören verläuft also nicht zukunftsgerichtet, es wendet sich nach rückwärts, zum schon Verklungenen hin. Durch Erinnerung erlebt der Hörer „eine überraschend neue Form, obwohl die Proportionen ihrer Elemente mit einer früheren Gruppenstruktur verwandt sind. Wesentlich ist dabei, daß ... verschiedene Grade der strukturellen Transformation bewußt werden – einmal ist der Verwandtschaftsgrad sehr hoch, dann weniger hoch ... Das Verwandte im scheinbar noch so Verschiedenen aufzuspüren, oder anders gesagt: das Verschiedene in der strukturellen Verwandtschaft zu erleben, ist eines der Hauptanliegen der strukturellen Komposition" (S. 70 f.). Nur so gewahrt der Hörer das Aufgehen des Einzelnen „in einem Ganzen, in einer Struktur" (S. 72).

STOCKHAUSENS Anschauungen über das Hören seiner Musik wandeln sich mit seinen Kompositionsweisen. Sie reichen von der Vorstellung, „daß beim Hören alles bewußt und kritisch wahrgenommen wird, auch die Aufführungsdauer" (Momentform, S. 192) über das Zugeständnis, der Hörer könne „getrost einen Moment lang weghören, wenn [er] nicht mehr hören will oder kann" (Erfindung, S. 226), bis hin zu dem Bekenntnis: „Ich bin kein großer Freund von Forderungen an den Hörer; ich finde, jeder Mensch benutzt halt die Musik so, wie es ihm paßt" (Interview, S. 82).

Fragt man: Was ist beim Hören serieller Musik – jenseits der genannten Differenzierungen – ähnlich bzw. anders im Vergleich zum Hören von Zwölftonmusik, dann kann man antworten:

Ähnlich ist der Anspruch an die Konzentrationsfähigkeit und -bereitschaft des Hörers; verwandelt ist dasjenige, worauf sich die Konzentration im einzelnen richtet. War es bei Zwölftonmusik unter anderem das Intervall, und waren es ferner die variativen Teilungsprozesse, so sind es bei serieller Musik die klanglichen Grundelemente in ihrer strukturellen Verbindung. „Das Intervallhören wird immer mehr zurückgedrängt durch das Strukturhören, das sich nicht an die Relation von Element zu Element, sondern an die Wahrnehmung gleichberechtigter komplexer Strukturmomente, an die individuelle Charakteristik von ganzen, unauflösbaren Elementgruppen hält. Alle Vorstellungen von Intervall, Intervallspannung usw. kommen aus einer Musik, in der man tatsächlich die Intervalle als solche zu hören Zeit und Raum bekam. Wenn man aber ... an Werke wie die ‚Zeitmaße' oder die ‚Gruppen' denkt, so hört man nur noch selten in ganz langsamen, dünnen Strukturen enger Lage die Intervallbeziehungen. Das Intervall ist zur ‚Farbe', zu einer strukturellen ‚Gitter-Charakteristik' geworden, es wirkt in Komplexen; die Hierarchie der Intervalle ist durch die Komposition aufgelöst. Hört man aber Tonhöhen- oder Tondauern-Gruppen als komplexe gleichberechtigte ‚Momente', so bedeutet eine Folge sehr hoher und sehr tiefer Töne keine stärkere Veränderung als eine Folge eng benachbarter Töne" (Musik, S. 171).

STOCKHAUSENS Äußerungen zum Hören serieller Musik sind denen ADORNOS insofern verwandt, als beide das Hören aus dem Komponierten abzuleiten suchen. Die Zulänglichkeit dieses Verfahrens wird unter anderem von RUWET angezweifelt: „Mir scheint, jeder aufmerksame Hörer müßte über einen Widerspruch betroffen sein, der einem großen Teil der ... seriellen Musik innewohnt. Diese im Entwurf des Komponisten grundsätzlich sehr intrikate Musik erscheint simpel, sobald sie aufgeführt wird ... Man mag sie auch wieder und wieder hören ...: es fällt schwer, etwas anderes wahrzunehmen als eine Reihe klanglicher Eruptionen, eine Folge von Augenblicken, die Unerhörtes vermitteln wollen, sich aber nur gegenseitig zu annullieren vermögen" (RUWET, Widersprüche, S. 59).

Wenn sich ein Komponist wie LIGETI mit der gleichen Frage beschäftigt, so ist zwar auf Grund seiner Kenntnis der seriellen

Musik eine sachliche Stellungnahme zu erwarten; es kommen aber auch subjektive Momente ins Spiel, denn ein Komponist kann letztlich wohl doch nur von den mit seiner eigenen Musik verbundenen Intentionen ausgehen.

LIGETI sieht den Grund für die Differenz zwischen Komponiertem und Gehörtem bei serieller Musik in der seriellen Organisation selbst. „Sobald hierarchische Beziehungen abgeschafft, gleichmäßige metrische Pulsationen abgelöst, Dauernwerte, Lautstärkegrade und Klangfarben serieller Verteilung überliefert sind, wird es immer schwerer, Kontrastbildungen zu bewältigen; ein Nivellierungsprozeß beginnt die ganze musikalische Form zu durchsetzen. Je integraler die Vorformung serieller Beziehungen, um so größer die Entropie der resultierenden Struktur ... Je dichter das Netz der mit vorgeordnetem Material ausgeführten Operationen, um so höher der Nivellierungsgrad des Ergebnisses. Die totale Durchführung des seriellen Prinzips hebt das Serielle schließlich selbst auf. Grundsätzlich gibt es keinen Unterschied zwischen automatischen Ergebnissen und Zufallsprodukten: das total Determinierte wird dem total Indeterminierten gleich ... Das ist die Konsequenz aus dem Tatbestand, daß gesteigerte Unterschiedlichkeitsgrade von Einzelmomenten nur auf Kosten der Differenzierung des Ganzen möglich sind" (LIGETI, Wandlungen, S. 9 f.).

4.3 Zur Musik LIGETIS

Über das Hören der Musik LIGETIS gibt es meines Wissens noch keine besonderen Untersuchungen. LIGETI selbst hat auch nie Anleitungen zum Hören eines gesamten Werkes gegeben, die denen STOCKHAUSENS vergleichbar wären. Es finden sich aber zahlreiche Einzelhinweise, die sich miteinander verbinden lassen. Jedoch liegt es in der Natur dieser Hinweise bzw. in der Natur dessen, worauf sie sich beziehen, daß sie kaum die Schwelle zum Konkret-Faßbaren überwinden. Auch dieser Versuch einer Beschreibung kann nur eine Mitte einzugrenzen trachten.

Ligeti bezeichnet einmal einen Traum als „Grundschicht" einiger seiner Werke. Er sei hier vollständig zitiert:

„In meiner frühen Kindheit träumte ich einmal, daß es mir nicht gelinge, bis zu meinem Bettchen (das mit Gittern versehen war und als sicherer Zufluchtsort galt) vorzudringen; denn das ganze Zimmer war von einem dünnfaserigen, aber dichten und äußerst verwickelten Gewebe ausgefüllt, ähnlich dem Sekret von Seidenwürmern, die bei ihrem Einpuppen das ganze Innere der Schachtel, in der sie gezüchtet werden, bespinnen. Außer mir blieben auch andere Wesen und Gegenstände in dem riesigen Netzwerk hängen, Nachtfalter und Käfer aller Art, die den Lichtraum einiger spärlich leuchtender Kerzen erreichen wollten, große, feuchtschmutzige Kissen, deren faule Füllung durch Risse im Überzeug herausquoll. Jede Regung der steckengebliebenen Lebewesen verursachte ein Beben, das sich dem gesamten System mitteilte, so daß die schweren Kissen fortdauernd hin und her wackelten und ihrerseits wieder ein Wogen des Ganzen bewirkten. Ab und zu wurden die einander gegenseitig beeinflussenden Bewegungen so mächtig, daß das Netz mancherorts einriß und einige Käfer unerwarteterweise frei wurden, um sich bald darauf mit erstickendem Summen neuerlich im wogenden Geflecht zu verirren. Diese hier und da eintretenden plötzlichen Ereignisse veränderten allmählich die Struktur des Gewebes, das immer verschlungener wurde: an manchen Stellen bildeten sich unentwirrbare Verknotungen, an anderen Kavernen, in denen einige aus dem ursprünglich zusammenhängenden Geflecht stammende Fetzen wie Sommerfäden umherschwebten. Die Wandlungen des Systems waren unumkehrbar; keinen einmal vergangenen Zustand konnte es wieder geben. Etwas unaussprechlich Trauriges war an diesem Prozeß, die Hoffnungslosigkeit verrinnender Zeit und einer nicht wiedergutzumachenden Vergangenheit" (Ligeti, Zustände, S. 165).

Einige Formulierungen aus diesem Traum tauchen in Ligetis Musikbeschreibungen und den Äußerungen zum Hören seiner Musik immer wieder auf: Gewebe, Netzwerk, Regung, Beben, Wogen, Bewegungen, Geflecht, plötzliche Ereignisse, Verknotungen, Wandlungen, Zustand.

Gemeinsam ist all diesen Worten, daß sie Wahrnehmbares bezeichnen; sie verweisen nicht, wie zum Beispiel bei Stockhausen, auf kompositionstechnische Vorgänge. Das entspricht einem Grundzug des musikalischen Denkens LIGETIS; er bekennt, für ihn sei es das „Entscheidende bei einer kompositorisch-gedanklichen Konstruktion . . ., inwieweit sie sich unmittelbar auf der sinnlich-musikalischen Ebene manifestieren kann" (Fragen, S. 513). Noch vor der Notation eines Werkes stellt er sich „die Musik in der Form, wie sie später erklingen wird, vor, ich höre das Stück von Anfang bis zu Ende mit dem inneren Gehör" (S. 509). Komponieren ist für LIGETI also ein Akt der Abstimmung auf vorangegangene innere Wahrnehmungen.

Seine Ansicht, daß Musik primär etwas Sinnlich-Wahrnehmbares ist, leitet seine Kritik an serieller Musik. Die verschiedenen Elementarbereiche werden „innerhalb des Kontextes unserer Wahrnehmung und unseres Verstehens musikalischer Vorgänge" unterschiedlich wahrgenommen, sie führen also zu „grundverschiedenen Wirkungen" (Wandlungen, S. 13). Dem widerspricht die „Einheitlichkeit der Organisation" in serieller Musik, die serielle Behandlung jener Elementarbereiche. LIGETI lehnt wegen dieser „unifizierten Handhabung der Bereiche" (Fragen, S. 512) das serielle „Dogma" ab.

Einen weiteren Grundzug seiner Anschauungen, der gleichermaßen seine Musik und ihre Wahrnehmung betrifft, spricht er in dem Bekenntnis aus: „Alles, was direkt und eindeutig ist, ist mir fremd. Ich liebe Anspielungen, Doppeldeutigkeiten, Mehrdeutigkeiten, Doppelbödigkeiten, Hintergründigkeiten" (NORDWALL, Ligeti, S. 138). LIGETIS Musik ist fast immer mehrdimensional; ein Zugleich und wechselseitiges Durchdringen von Heterogenem, das auch vordergründiger Wahrnehmung häufig einander entgegengesetzt erscheint, zeichnet sie aus. Auffälliges sei genannt:

1. Notiertes – Wahrnehmbares. – Zu ›Lontano‹ äußert LIGETI: „Technisch ist ‚Lontano' ein total und streng durchgestaltetes polyphones Stück, das heißt es gibt eine bestimmte Stimmführung, es gibt vertikale Zusammenhänge zwischen den Stimmen, die einzelnen Instrumentalisten spielen ihre Stimmen als selbständige Gestalten. Durch die komplexe Stimmüberlagerung und Stimmverflechtung verschwinden die Stimmen aber für den

Hörer, wenn auch nicht ganz; das heißt: die Spuren dieser Kontrapunktik sind hörbar. Die Kontrapunktik an sich ist nicht hörbar ... Ich würde sagen, die Kontrapunktik ist soweit aufgelöst – ähnlich wie die Harmonik und die Klangfarben –, daß sie sich nicht manifestiert und dennoch unterschwellig da ist" (S. 134 f.).

Vom gleichen Werk heißt es an anderer Stelle: „Das Stück ist notiert in der Zwölftontemperatur, es klingt aber nicht so" (S. 130 f.).

In ›Atmosphéres‹ notiert LIGETI einen vielstimmigen Kanon; man hört aber nicht nur keinen Kanon, man soll ihn auch gar nicht hören.

Insgesamt bezeichnet er seine Notationsweise als „unökonomisch, ... etwas verschwenderisch. Ich bestimme viele Details, die an sich nicht hörbar sind. Aber die Tatsache, daß diese Details bestimmt worden sind, ist wesentlich für das Gesamtergebnis" (S. 136). Hiermit bestätigt sich: Notiertes und Wahrnehmbares sind nicht identisch. Vielmehr steht das Notierte im Dienste des Wahrnehmbaren.

2. Reine Musik – Assoziationen. – Von der Musik MAHLERS und DEBUSSYS, die LIGETI besonders schätzt, sagt er, sie ziehe „wie ein Komet seinen Schweif, einen ganz breiten Bereich aus Assoziationen aus allen Ebenen der menschlichen Erlebnisse, nach sich. Auf diese Weise ist für mich Musik ... tatsächlich mit allen Ebenen der Vorstellung, auch des realen Lebens, verbunden. Aber alles wird in Musik umgesetzt! Ich würde also sagen: Programmusik ohne Programm, eine stark assoziativ durchwirkte Musik, aber reine Musik" (S. 138).

All die Assoziationen also, die LIGETI selbst beim Beschreiben seiner Musik andeutet, sind sowohl gemeint, als auch nicht gemeint.

Für ihn „spielen ... die Zusammenhänge von verschiedenen Sinneseindrücken, taktilen, olfaktilen, visuellen, akustischen, eine große Rolle" (S. 137). Als Gesamtheit gehen sie in die „musikalische Vision" als dem Ursprünglichen, vor der Notation Bestehenden ein. „Bei der Aufführung gibt es aber eine Zurückversetzung in die ursprüngliche Vision. Ich bekomme also das zu hören, was mir vorgeschwebt hat" (S. 137).

3. Kontinuum – Statik. – Eine Reihe von Stücken zwischen ›Apperitions‹ und ›Lontano‹ erläutert LIGETI durch den Hinweis: „Das ist eine Musik, die den Eindruck erweckt, als ob sie kontinuierlich dahinströmen würde, ... es gibt kaum Zäsuren, die Musik fließt also wirklich weiter. Das formale Charakteristikum dieser Musik ist die Statik" (S. 115). Obwohl also diese Musik den Eindruck des Kontinuums erweckt, wirkt sie statisch. Man könnte auch umgekehrt sagen: Die Statik „ist nur ein Schein; innerhalb dieses Stehens, dieser Statik, gibt es allmähliche Veränderungen" (S. 115).

4. Gegenwart – Tradition. – LIGETI beschreibt sein Verhältnis zur Tradition: „... die Tradition negieren, indem ich etwas Neues mache, aber irgendwo indirekt die Tradition doch durch Allusionen durchscheinen lassen: das ist für mich ganz wesentlich ... Ich weiß nicht, wie das psychologisch zu begründen ist. Vielleicht habe ich irgendwo das Bedürfnis, wenn ich mich von der Tradition so weit loslöse, doch im Geheimen eine Nabelschnur zu behalten, so wie ein Weltraumfahrer, der doch durch eine Schnur mit dem Satelliten verbunden ist, obwohl er sich frei im Raum bewegt" (S. 143).

Seine Musik evoziert so eine Art geschichtliche Dimension. Die Anspielungen auf Vergangenes beleuchten das Vergangene *und* die gegenwärtig erklingende Musik in eigentümlicher Weise. Ein geschichtlicher Raum scheint auf, in den der Hörer selbst mit einbezogen wird. Auf diese Perspektive anspielend meint LIGETI, sie werde von Menschen bemerkt, „die eine große künstlerische und allgemeine Kultur haben. Meine Musik ist eine elitäre Kunst, aber jeder kann daran teilhaben. Das ist eine Bildungsfrage" (LIGETI, Meine Musik, S. 40).[20]

5. Geschichtlicher Raum – musikalischer Raum. – LIGETI sagt: „Raum zu suggerieren, oder Raum assoziativ hervorzubringen, das war etwas, was ich in meinen Stücken angestrebt habe" (NORDWALL, Ligeti, S. 125). Auf der einen Seite ist es der geschichtliche Raum, der sich durch die Traditionsgebundenheit

öffnet, auf der anderen Seite strebt LIGETI rein innermusikalische Raumwirkungen an. Er beruft sich auf Vorbilder: MAHLER und IVES sind es, deren Musik er genau kennt (vgl. LIGETI, Gustav Mahler).

LIGETI arbeitet nicht mit den klassischen Mitteln, Raumwirkungen hervorzurufen: Weder wird ein einzelner Instrumentalist wie bei BEETHOVEN, noch ein Fernorchester abseits – für den Zuhörer unsichtbar – wie bei MAHLER postiert; auch den realen Raum zieht er nicht in die Musik ein, wie etwa STOCKHAUSEN durch die Anordnung von Lautsprechern. Wesentlichstes Mittel für ihn, Raum zu suggerieren, ist die Klangfarbe: „Und diese verschiedenen Perspektiven der Verräumlichung, diese neue Art des Komponierens war nur möglich durch die Entdeckung der Klangfarbe als selbständige musikalische Dimension" (S. 8).

Es ließen sich noch weitere Beispiele für LIGETIS „Mehrdeutigkeiten, Doppelbödigkeiten, Hintergründigkeiten" anführen; sie sind seiner Musik so eigentümlich, daß sie sich selbst bei dem Versuch einer Beschreibung bemerkbar machen: Musik- und Hörbeschreibung sind nicht trennbar. ADORNOS Aussage über das Verhältnis zwischen Analyse und Hören könnte man hier umkehren: Ohne die Arbeit und Anstrengung des Hörens wird nicht richtig analysiert.

Das Mehrdeutige bestimmt auch das allgemeine Verhältnis dieser Musik zum Hörer: Sie erscheint einerseits unmittelbar, faßlich, distanzlos, andererseits auch fremd, entfernt, distanzerzeugend. Dem entspricht eine gewisse Haltung des Hörers: Eine passiv-meditative Grundeinstellung scheint verbunden mit einem Höchstmaß wacher Wahrnehmungsbereitschaft. Die Balance „zwischen nicht wahrnehmbaren und gestalthaft wahrnehmbaren musikalischen Momenten" (Fragen, S. 516) setzt solches Verhalten voraus. Der Hörer ist einerseits auf die Musik als Objekt gerichtet, andererseits aber auch auf die in ihm selbst auftauchenden Assoziationen.

Das Wahrnehmen der Musik LIGETIS ist in einer Weise sehr verschieden von dem Hören der Zwölftonmusik und der streng seriellen Musik: kein Hören, das sich im Sinne ADORNOS in das Wahrnehmbare „verbeißt", diese Musik ist nicht „auf dem Sprung gleichsam" zu hören. In der wachen Wahrnehmungsbereitschaft sind jedoch die Apperzeptionsweisen miteinander verknüpft. Die Erfahrungen mit jenen Musikarten sind in sie eingegangen.

Zum synthetisch-aktiven Hören im 18. Jahrhundert gibt es keine Beziehung; denn es ist kaum Korrespondierendes zu verknüpfen, Konkretes aufmerksam zu verfolgen.

LIGETIS Musik scheint eher verbunden dem Stimmstrom der Gregorianik, dem Klangstrom der Vokalpolyphonie des 15./16. Jahrhunderts und dem Musikstrom im 19. Jahrhundert. Sieht man sein Schaffen vornehmlich in diesem Traditionszusammenhang, dann stellt man den „statisch-zustandsartigen" Formtypus seiner Musik in den Mittelpunkt. Das ist insofern möglich, als er selbst auf die Verwandtschaft zwischen diesem und dem „zerklüftet-verzahnten" Formtypus hinweist (S. 514), die zusammen einen Großteil seiner Musik ausmachen.

BESSELER prägt für das Hören der Vokalpolyphonie des 15./16. Jahrhunderts den Begriff Vernehmen (vgl. in dieser Schrift S. 20 ff.). Lauschendes Aufmerken kennzeichnet es. In der Grundhaltung des hingebenden Aufmerkens berühren sich die Hörweisen der Vokalpolyphonie und der Musik LIGETIS. Die Art des Aufmerkens ist jedoch verschieden: Im 15./16. Jahrhundert ist es hörendes Aufmerken; LIGETIS Musik dagegen fordert die Wachsamkeit aller Sinne. Deshalb trifft die Bezeichnung Wahrnehmen diese Art der Apperzeption am ehesten.

Vernehmen ist „lauschendes Aufmerken auf das Wort und seinen Sinn", und zwar auf das religiöse Wort und seinen geistigen Gehalt. Ähnliches klingt auch in einigen Werken LIGETIS an. Das Hinnehmen der Musik in ihrer religiös motivierten Objektivität im 15./16. Jahrhundert ist verwandelt in ein Wahrnehmen von Gesten eines unaussprechlich Traurigen, von Spiegelungen einer „Hoffnungslosigkeit verrinnender Zeit und einer nicht wiedergutzumachenden Vergangenheit" (Zustände, S. 165). Das verleiht auch seiner Musik eine gewisse Objektivität, die aber, mit der Musik der Zeit der Reformation und Gegenreformation verglichen, ganz anders motiviert ist. Es verleiht ihr aber darüber hinaus eine Distanz zum Hörer, die der Vokalpolyphonie in dieser Art fremd ist.

Die eigentümliche Distanz begründet auch die Andersartigkeit des passiven Verhaltens, das an sich dem Hören romantischer Musik und dem Wahrnehmen der Musik LIGETIS gemeinsam ist. Romantische Musik sucht gerade jene Distanz aufzuheben, den Hörer in den Musikstrom zu ziehen, ihn das Auf und Ab von Stimmungen selbstvergessen mit-leben zu lassen.

Musik dagegen, der die „forttreibenden Kräfte ... entzogen wurden" (Wandlungen, S. 15), in der das Zeitphänomen in anderem Licht erscheint (vgl. in dieser Schrift S. 60 ff.), wird weniger emotional-prozeßhaft wahrgenommen. Der Hörer hat Teil an dem je Erklingenden; in sich selbst konturlos, löst es in ihm nichts Bestimmtes aus, öffnet einen Raum, assoziativ „Gewebe", „Geflecht", „Netzwerk" der Musik wahrzunehmen. Man ist geneigt, die Haltung des Wahrnehmenden meditativ zu nennen; im Nur-hin-Hören wird er bereit, den An-„Regungen" der Musik nachzugeben und in schweifendem Assoziieren nachzugehen.

Trotz der im Vergleich zur älteren Musik völlig veränderten Kompositionsweise, findet man also Spuren von Hörmöglichkeiten, die ursprünglich an älterer Musik entwickelt sind; sie erleichtern einen ersten Zugang zur Musik LIGETIS. Hierin mag ein Grund dafür liegen, daß sie nicht auf jenes Maß von Ablehnung stößt, wie zum Beispiel streng serielle Musik. Wieder erfährt man die oben beschriebene Mehrdimensionalität: Eine ganz und gar neue Musik, die gleichsam den Aufsatztitel ›Zustände, Ereignisse, Wandlungen‹ ständig variiert – Variationen am äußersten Rande von Musik –, ist für die Wahrnehmung zugleich traditionsverbundene Musik: ein Gegensatz, der bisher unaufhebbar schien.

Anmerkungen

[1] Für eine Gegenüberstellung mit Scherings Forschungen vgl. besonders Wellek, Typologie, S. 258 ff.

[2] Vgl. zum Beispiel das umgangsmäßige Verhalten einer Hörergruppe im Karpatenland, von der V. Karbusicky berichtet (Verstehen, S. 142).

[3] Vgl. auch Z. Lissas spätere Abhandlung ›Prolegomena zur Theorie der Tradition in der Musik‹.

[4] Studien zur Musik des Mittelalters II; Die Musik des Mittelalters und der Renaissance; Ars antiqua; Ars nova.

[5] Entgegengesetzt verhält es sich zum Beispiel bei Beethoven (vgl. Forchert, A.: Rhythmische Probleme in Beethovens späten Streichquartetten, in: Kongreßbericht Bonn 1970, Kassel 1972, S. 394 f.); zum Gesamtproblem vgl. auch Blaukopf, Historische Typen des musikalischen Hörens.

[6] Guillaume de Machault: Musikalische Werke, Bd. I, hrsg. v. F. Ludwig, Leipzig 1926 (= Publikationen älterer Musik, Bd. I), S. 35 f.

[7] In seiner späteren Schrift ›Das musikalische Hören der Neuzeit‹ nimmt Besseler die Bezeichnung „Klangstrom" nicht wieder auf. Er spricht weiterhin vom „Stimmstrom". Dieser ist charakteristisch für jede Einzelstimme. „Vier, fünf oder sechs solcher Stimmen ergeben einen prächtig dahinströmenden *Vollklang* [kurs. v. Verf.], der als Merkmal dieser Epoche unverkennbar ins Ohr fällt" (S. 18).

[8] Vgl. Besseler, Musikal. Hören, S. 22; vgl. auch ders., Umgangsmusik und Darbietungsmusik im 16. Jahrhundert.

[9] Vgl. Besseler, Singstil und Instrumentalstil.

[10] Vgl. Eggebrecht, Das Ausdrucks-Prinzip im musikalischen Sturm und Drang.

[11] Daß zum Beispiel die Musik Beethovens noch heute als persönlich geprägte Musik gehört wird, weist H. H. Eggebrecht nach: Zur Geschichte der Beethoven-Rezeption.

[12] Adorno selbst ist gegenüber seinen eigenen Anweisungen skeptisch. Denn nach seiner Ansicht „ist alle neue Musik gegen den Strich gebürstet ... Bringt man das Neue ... dem Bewußtsein der Menschen näher, so steht man auf dem Sprung, es ins Harmlose zu verbiegen und zu dem ohnehin allgemeinen Verhängnis beizutragen: auch aus dem noch ein Bildungsgut zu machen, was durch die Schroffheit seines Gebarens gerade davor einstweilen behütet war" (Anweisungen, S. 247 f.). Er rechtfertigt seine Anweisungen damit, daß jedes „Kunst-

werk ... zu Lebendigen zu sprechen" begehrt. Das Kunstwerk verliert ohne sein Gegenüber, zu dem es sprechen könnte, seine Existenzgrundlage. Damit korrespondiert Adornos Anliegen, den Werken zu „Dauer" zu verhelfen. Denn jenes „gegen den Strich" Gebürstete, das Schokkierende, das also für den Zeitgenossen Auffälligste geht verloren. (Vgl. Kneif, Bedeutung, Struktur, Gegenfigur) „Anstelle des Schocks ... tritt in den Kunstwerken das Eingedenken der Konstellation, die in jedem einmal sich kristallisierte. Kunstwerke verständlich machen heißt eigentlich, solchem Eingedenken beistehen, einer Schicht des Lebens der Werke, die anders ist als ihre reine Unmittelbarkeit. Sie darf die ihres Nachlebens heißen" (Adorno, Anweisungen, S. 248).

[13] Adornos Anschauung trifft sich – abgesehen von der soziologischen Komponente – mit der Fortners: „Der Hörer des Webernschen Werkes ist gehalten, in den ersten Takten die Ganzheit des musikalischen ‚Formmoleküls' zu erfassen, eine Tonfolge, einen Klang, eine rhythmische Anordnung in ihrer Beziehung blitzschnell aufzunehmen und das meist deutlich abgesetzte nächste Ganze als Konsequenz des bereits Aufgenommenen richtig zu erfassen. In der alten Musik ‚genoß' der Hörer dahintreibend im großen metrischen Strom eines durchlaufenden Rhythmus melodische Bögen, langsame motivische Entwicklungen bei prinzipiell gleichbleibender harmonischer Organisation, bei Webern bedeutet das Erfassen der molekularen Strukturorganisation im ersten Bruchteil einer Sekunde die Voraussetzung, alles weitere als notwendig und sinngemäß begreifen zu können" (Fortner, W.: Anton Webern und unsere Zeit, in: Kontrapunkte, Bd. 4, Rodenkirchen 1960, S. 142). – Im Gegensatz zu beiden steht Krenek, der, klassische und serielle Musik vergleichend, sagt: „Es mag paradox klingen, ist aber dennoch zutreffend, wenn ich sage, daß das teilhaftige Hören einer scheinbar anspruchslosen Sonate von Haydn mehr intellektuelle Anstrengung erfordert, als das Hören einer noch so rigoros durchkonstruierten seriellen Komposition" (Krenek, Komponist, S. 21).

[14] Vgl. damit Besselers Begriff der Prosamelodik, in dieser Schrift S. 20.

[15] Sosehr dieses Hörideal sich am konkret Hörbaren orientiert, geht es doch über den eigentlichen Hörakt selbst hinaus. Denn das Prinzip der radikalen Variation, dem ein mehrdimensionales Hören entspricht, läßt nicht eine dynamische Form im Sinne Beethovens mit anderen Mitteln wiedererstehen. Der Hörer erlebt nicht „den Verlauf des Ganzen" im Sinne eines zeitlichen, dynamischen Kontinuums. Viel-

mehr werden „die Momente des musikalischen Verlaufs ... gleich psychologischen Regungen ungebunden aneinandergereiht ... Nicht länger wird dem Kontinuum der subjektiven Erlebniszeit die Kraft zugetraut, musikalische Ereignisse zusammenzufassen und als ihre Einheit ihnen Sinn zu verleihen. Solche Diskontinuität aber tötet die musikalische Dynamik ... Noch einmal bewältigt Musik die Zeit: aber nicht mehr, indem sie sie erfüllt einstehen läßt, sondern indem sie sie durch Sistierung aller musikalischen Momente durch die allgegenwärtige Konstruktion verneint" (Adorno, Philosophie, S. 62). Vgl. dazu auch in dieser Schrift S. 66.

16 Verwandt damit sind auch Vorstellungen von Stuckenschmidt. Er bezeichnet die Intervalle Quint und Quart als „Archetypen der Musik". „An ihnen orientiert sich alle bekannte Musik; sie bilden intervallische Pfeiler jeder melodischen, polyphonen und harmonischen Gestalt. Neben der Quart und Quint aber gibt es den Halbtonnachbarn, zu dem jeder Ton in einem Verhältnis magnetischer Affinität steht. In dem Hinstreben zu den Klang-Archetypen von Quint und Quart, in dem gleichzeitig wirksamen Wegstreben dieser Grundpfeiler zu ihrem chromatischen Nachbarn liegt der Schlüssel zum Gesetz der frei-atonalen ... Musik" (Stuckenschmidt, Das neue Hören, S. 346 f.). Ein solches an Intervallen und ihren Strebungen orientiertes Hören, das gleichzeitig jede Grundtonbezogenheit aufgibt, ist für Stuckenschmidt Bedingung für das Hören der entsprechenden Werke Schönbergs, Bergs und Weberns, und es ist erlernbar.

17 Hierauf läßt sich auch Weberns Aussage beziehen, in der er sagt, „daß in unserer Zeit ein weiterer Grad des Zusammenhangs gefunden worden ist, und zwar in der viel befehdeten Kompositionsmethode, die Schönberg ‚Komposition mit zwölf aufeinander bezogenen Tönen' genannt hat" (Webern, A.: Der Weg zur neuen Musik, Wien 1960, S. 18).

18 Vgl. die verwandte Auffassung über den Experten bei der Beschreibung der ›Typen musikalischen Verhaltens‹ (Adorno, Einleitung, S. 178 ff.).

19 Ruwet, N.: Widersprüche, S. 59; Pousseur, H.: Musik, Form, Praxis. Zur Aufhebung einiger Widersprüche, ebd., S. 71 ff.

20 Vgl. zu diesem Problem auch: Kropfinger, K.: Ligeti und die Tradition, in: Stephan, R. (Hrsg.): Zwischen Tradition und Fortschritt. Über das musikalische Geschichtsbewußtsein, Mainz 1973 (= Veröffentlichungen des Instituts für neue Musik und Musikerziehung Darmstadt, Bd. 13), S. 131 ff.

II GESCHICHTLICHKEIT UND TRADITION

Hier ist weniger von Forschungserträgen zu berichten, mehr von Fragen und Hypothesen zum Problem des Hörens historischer Musik.

Für RIEMANN steht noch fest, daß „wir alle Ursache haben, uns den Unterschied zwischen der Art zu hören vor Jahrtausenden und der heutigen möglichst klein vorzustellen und allem mit ernstem Mißtrauen zu begegnen, was geeignet scheint, dieses Fundament zu erschüttern".[1] Dieses Fundament *ist* aber heute erschüttert.

Die Konstellation beim Musikhören sieht Z. LISSA als „ein In-Beziehung-Treten eines Subjekts zu einem Objekt" (LISSA, Relativität, S. 152). Das Objekt Musikwerk ist entstanden in einer ganz bestimmten historischen Situation: allgemein- und musikhistorische Situation, historische Situation des Komponisten. Es ist ein Objekt mit Geschichte. LISSA schreibt: „. . . die Arten seiner Auslegung lagern sich auf dem Werk selbst ab, sie haften ihm an und gewinnen Einfluß auf die späteren Neuinterpretationen" (Prolegomena, S. 162). ADORNO spricht von geschichtlicher Entfaltung der Musik (ADORNO, Tradition, S. 142),[2] KARBUSICKY von der aktiven Existenzform des historischen Werkes (KARBUSICKY, Musikforschung, S. 293). Dieses Musikwerk tritt nun in Beziehung zu einem Subjekt, einem Hörer, der ebenfalls eingebunden ist in eine umfassende historische Situation.[3] Es stellt sich die Frage: Kann er das Werk überhaupt als ein historisches hören?

T. KNEIF weist in seiner Arbeit zu ›Bedeutung, Struktur, Gegenfigur‹ darauf hin, daß dem Hörer häufig zumindest dasjenige entgeht, was er als Gegenfigur bezeichnet. Man kann darunter den bewußten Kontrast einer Kompositionsweise zu einer anderen, meist unmittelbar vorhergehenden, verstehen. „Gewisse

Werke Schönbergs [zum Beispiel], in denen Tritonus, große und kleine Sept überwiegen, lassen sich gar nicht anders denn als ein Gestus wider die Terzen-, Quarten- und Quintenmusik begreifen. Nicht zuletzt die Musik von Cage ist in dieser dialektischen Weise abhängig von der vorgefundenen Kompositionspraxis" (S. 222).[4] Hören von Musik soweit sie Gegenfigur ist, setzt das Mithören der Figur als Hintergrund voraus. Das ist nur dem Kenner möglich.

Z. Lissa behauptet, daß das Werk in jeder Epoche anders gehört wird. Die jeweilige Neuinterpretation nennt sie eine „geschichtliche Notwendigkeit, sie ist eine Folge der andersartigen musikalischen geschichtlichen Erfahrung, vor allem der Hörerfahrung, jeder Epoche, jeder Generation ... Daraus folgt, daß jede Generation die Kunst der Vergangenheit anders aufnehmen muß, sie das Sieb der eigenen Vorstellungen und Gedankenwelt, der eigenen emotionalen und wertmäßigen Kategorien passieren läßt" (Lissa, Prolegomena, S. 160). „Wenn wir [zum Beispiel] einstimmiger Musik lauschen, so hören wir sie auf eine völlig andere Art, als sie den Hörern der Epoche eigen war, in der diese Monodie entstand und dominierte. Wir können uns heute von ihrem – für den modernen Hörer – harmonischen Inhalt nicht losreißen; die melodischen Ganzheiten strukturieren wir unter dem Aspekt ihrer (für unser Hören) immanenten harmonischen Inhalte. Die Loslösung von dieser Art der Perzeption ist einfach unmöglich, denn für unsere musikalische Vorstellung sind die harmonischen Kategorien etwas Grundlegendes" (Veränderlichkeit, S. 200). Es gibt also keine Übereinstimmung „jenes Systems, das die strukturellen Eigenschaften des Werkes einst bestimmte, und des Bezugssystems, in dem der heutige Hörer musikalisch denkt" (Prolegomena, S. 162).

Eine Annäherung aber ist möglich. Sie ist begründet in der Tradition, in der Hörer und Werk stehen.

Lissa definiert: „Tradition ist ... ein dicht geflochtenes Netz vielfältiger Relikte der Vergangenheit, die in ihrer historischen Genese und in ihrer qualitativen Struktur differenziert sind und sehr verschiedenartige Ursprünge haben; dieses Netz erneuert sich mit jeder Generation" (S. 156). Der Hörer historischer Musik, eingefangen in das Netz seiner Generation, steht im „System verschiedener Aufnahmekategorien" (S. 161). Indem sich die Tradition im Hören vergegenwärtigt, „kommen die Jahrhunderte und die Einstellungen vieler Generationen zu Worte" (S. 161).

Lange vor LISSA äußert sich H. BESSELER ähnlich zur Funktion der Tradition beim Hören historischer Musik: „Jede Epoche verarbeitet in verschiedener Intensität die Tradition, aus der sie herauswächst, um sie im Hegelschen Doppelsinn ‚aufzuheben'. So lassen sich in der Gegenwart, trägt man sie Schicht für Schicht begrifflich ab, alle entscheidenden Situationen und Neuansätze der abendländischen Musikgeschichte in irgendwelchen Weisen noch als nachwirkend aufspüren" (BESSELER, Grundfragen, S. 66). „Wir können Geschichte nur soweit deuten [und wohl auch Musik historisch hören, Verfasser], als wir gegenwärtig noch in ihren Nachwirkungen oder in verwandten Situationen leben" (S. 51).

Weit größere Bedeutung als für LISSA hat für BESSELER im Gefüge der Tradition die Gegenwart. In ihr ist Tradition aufgehoben, das heißt sie lebt *und* verliert sich in ihr. Nur in ihr ist sie folglich auffindbar; jeder Weg zurück – „Schritt für Schritt" – hat hier seinen Ausgangspunkt. Aber jeder Weg zurück wird auch durch die Gegenwart geprägt, da sie sich das Vergangene angeglichen hat (S. 48), es auf sich bezogen hat (vgl. Musikästhetik, S. 66).

Angemessenes Hören historischer Musik setzt nach BESSELER einen Hörer voraus, der in einer Tradition steht, die in der Gegenwart erfahrbar ist.

Th. W. ADORNO definiert – über LISSA und BESSELER hinausgehend – Tradition nicht nur im Sinne des Aufgehobenseins von Vergangenem im Gegenwärtigen. „Tradition überlebt statt dessen [auch] unmittelbar in ihrer eigenen Antithese; gegenwärtig ist sie, wo von ihr abgestoßen wird ... Ohne dies dialektische Moment bliebe Tradition nichtig" (ADORNO, Tradition, S. 138).

Für ADORNO steht fest, daß das „gegenwärtige Bewußtsein"

einerseits auf Tradition ruht, andererseits die „Erfahrung des Vergangenen", also auch das Hören historischer Musik konstituiert: „... nur der kann Schönberg verstehen, der Bach versteht, nur der auch Bach, der Schönberg versteht" (S. 140).[5]

Ein „gegenwärtiges Bewußtsein" aber, das das dialektische Moment in der Tradition miterfaßt, muß anders beschaffen sein als eines, das den Begriff Tradition mit einer Vorstellung von Kontinuum verbindet. ADORNO fordert bewußte Distanz des Hörers zum Vergangenen.[6] „Nicht kann es die Aufgabe einer der Wahrheit verpflichteten musikalischen Historie sein, das Vergangene durch das fragwürdige Mittel der Einfühlung nahezubringen und mit dem Gegenwärtigen trüb zu vermischen. Vielmehr hat sie es gerade in seiner Distanz zu bestimmen. Wenn irgend etwas am Vergangenen beredt sein kann, dann nur durch die Distanz hindurch, nicht durch deren Verschleierung" (S. 140).

Jeder Versuch, aus dem Geist des eigenen Zeitalters herauszuspringen, das Werk außerhalb des Gefüges der Tradition *als solches* lebendig zu erfassen, ist nach LISSA, BESSELER und ADORNO vergeblich und verhängnisvoll, denn:

1. genügt man damit nicht dem Anspruch des Werkes selbst. „Die Würde des Vergangenen haftet an seiner Vergangenheit; zäumt man es als unmittelbar lebendig auf, so frevelt man, wo man Pietät zu üben wähnt" (S. 142);
2. wird man mit jedem scheinbaren Schritt in die Vergangenheit „sich selbst hineinrelativieren und damit aus der absoluten Stellung des Lebenden auslöschen" (BESSELER, Musikästhetik, S. 66);
3. bewirkt man dadurch den Abbruch der Tradition, da die notwendige Erneuerung des Netzes „vielfältiger Relikte der Vergangenheit" in der gegenwärtigen Generation nicht geleistet wird (vgl. LISSA, Prolegomena, S. 156). Folgen sind die Verzögerung, wenn nicht Unterbrechung des Evolutionsprozesses der Kunst (S. 157) und die Verschüttung des Tores zum Hören historischer Musik.

Das Verhängnis steigert sich mit jedem neuen Versuch, sich

aus der Tradition zu lösen. „Nur ein Zeitalter, dessen traditionell verwurzeltes Musikempfinden sich bereits tiefgehend zersetzt hat, vermag die Historie derart lebendig zu ergreifen – und die Historie wiederum muß notwendig die Zersetzung weiter steigern" (BESSELER, Grundfragen, S. 49).

Die Annahme der Geschichtlichkeit eines Werkes, aber auch schon die Annahme, daß der Hörer eines Werkes in einer Tradition steht, die ihm eine Annäherung an dieses Werk ermöglicht, geht von einem bestimmten Werkbegriff aus:

1. Das Werk ist als Objekt. Es hat seine Existenz nicht im Subjekt Hörer, in seinem Erlebnis, wie man heute auch annimmt,[7] sondern es kann nur „eine mögliche Ursache von Erlebnissen" (WELLEK/WARREN, Theorie, S. 157) sein.
2. Das Werk ist kein unwandelbares, gleichsam statisches Objekt. Dem widerspräche sein Aufgehobensein in der Tradition, die jeweilig notwendige Neuinterpretation vom Standort der Gegenwart aus, die einerseits Züge des Werkes nicht mehr erkennnen kann, da sie nicht tradiert wurden, andererseits Züge neu entdeckt.

Es liegt unter diesen Umständen nahe, Äußerungen R. WELLEKS zur Seinsweise des literarischen Kunstwerkes auf die Seinsweise des Musikwerkes zu übertragen. WELLEK versteht das „wirkliche" Kunstwerk „als eine Struktur von Normen" (S. 157). „Diese Struktur ist ... dynamisch. Sie wandelt sich im Laufe des historischen Prozesses, in dem sie durch den Geist ihrer Leser [WELLEK spricht vom literarischen Kunstwerk, Verfasser], Kritiker und anderer Künstler geht. Auf diese Weise wächst und wandelt sich das Normsystem und wird in gewissem Sinne immer unvollständig und unvollkommen realisiert bleiben. Diese dynamische Auffassung bedeutet jedoch keinen bloßen Subjektivismus und Relativismus" (S. 163). Denn auch in jeder unvollständigen und unvollkommenen Realisation wird immer irgendeine „Bestimmungsstruktur" erfaßt, die „von der Wirklichkeit auferlegt" ist (S. 159). Das Absolute ist nach WELLEK, der sich auf Ernst TROELTSCH bezieht, „ ‚im Relativen, obschon nicht letztlich und völlig, enthalten' " (S. 164).

Anmerkungen

1 Zit. nach: Gurlitt, W.: Hugo Riemann, in: Akademie der Wiss. u. d. Literatur. Abhandlungen der geistes- u. sozialwiss. Kl., Jg. 1950, Nr. 25, S. 1883; Riemann selbst hat diesen Standpunkt erst spät in gewisser Weise revidiert; vgl. Riemann, Neue Beiträge zu einer Lehre von den Tonvorstellungen.

2 Stellungnahmen zu diesem Aufsatz von W.-E. v. Lewinski, H. J. Moser, N. Linke, P. Benary und eine Erwiderung Adornos in: Musica 15, 1961, S. 178 ff.

3 Vgl. zum Begriff der Geschichtlichkeit: Kohn, Untersuchungen; Brunner, Geschichtlichkeit; Bauer, „Geschichtlichkeit". Wege und Irrwege eines Begriffs; Faber, Theorie der Geschichtswissenschaft; Baumgartner, Kontinuität und Geschichte.

4 Diese Anschauungen Kneifs sind Gedanken Adornos verwandt (vgl. in dieser Schrift S. 90); widersprochen wird ihnen von G. Albersheim: Zusätzliches zum Begriff des musikalischen Sinnes, in: Int. Rev. of the Aesthetics and Sociology of Music 3, 1972, S. 97 ff.

5 Vgl. Bimberg, Entwurf, S. 76.

6 Es scheint, daß Adorno mit dieser Forderung der Distanz nicht streng die Ausklammerung der eigenen Geschichtlichkeit meint, die darin bestünde, „in der Erfassung fremdgeschichtlicher Gebilde reflektierend die Leistung der individuell eigenen und intersubjektiv eigenen Geschichtlichkeit sichtbar zu machen, um sie ... so außer Geltung zu setzen ...", wonach sich dann erst „das Phänomen historischer Fremdgeschichtlichkeit in ... der ihr eigenen individuellen und intersubjektiven Geschichtlichkeit" zeigte (vgl. Kohn, Untersuchungen, S. 103 f.). Adorno postuliert mit seiner Forderung wohl mehr eine allgemeine kritische Reflexion der jeweiligen historischen Konstellation von Werk und Hörer.

7 Zur Diskussion dieses Problems vgl. Wellek/Warren, Theorie, bes. S. 147 ff.; zum musikalischen Werkbegriff vgl. zum Beispiel: Reinecke, Vom musikalischen Hören zur musikalischen Kommunikation; Lissa, Die Relativität ästhetischer Kategorien; dies., Einige kritische Bemerkungen zur Ingardenschen Theorie des musikalischen Werkes.

III DAS PHÄNOMEN DER ZEIT

„Musik ist gestaltete Zeit und daher als zeitliches Erlebnis erfahrbar" (FISCHER, Zeitproblem, S. 296).

Gehen wir auf diese Definition K. v. FISCHERS näher ein; sie sagt:

1. Musik ist Zeit. Dieser Auffassung, die nicht nur von FISCHER vertreten wird, steht die Auffassung gegenüber: „Musik verläuft in der Dimension der Zeit" (ROTHÄRMEL, Zeitbegriff, S. 5).[1] Auf eine Theorie des Musikhörens wirkt sich diese unterschiedliche Interpretation des Wesens der Musik in bezug auf die Zeit nicht aus.

2. Musik ist gestaltete Zeit. Entsprechend den Gegensätzen in der Wesensbestimmung wäre dieser Behauptung FISCHERS gegenüberzustellen: Musik ist eine Gestaltung in der Zeit. Beiden Ansichten gemeinsam ist die Abhebung der *Musik-Zeit* von der *objektiven Zeit*.[2] Konstitutiv für die Musik-Zeit ist die Ordnung und Anordnung des Tonmaterials, die Komposition. Musikhören als Gestaltwahrnehmung ist also Wahrnehmung der „gestalthaften Organisation", der „Strukturierung" (HOFSTÄTTER, Psychologie, S. 163) von Zeit bzw. von etwas in der Zeit.[3] Ob nun diese Gestalten vom Hörer „auf aktivem Wege (etwa durch die Betätigung der Aufmerksamkeit [[4]] oder durch Vergleichsoperationen) . . . gebildet werden" oder ob sie „primär und unmittelbar gegeben" (S. 156) sind, war und ist noch heute in der Gestalt- und Ganzheitspsychologie eine offene Frage.[5]

3. Gestaltete Zeit wird als zeitliches Erleben erfahren. Musikhören vollzieht sich also nicht in der Dimension eines objektiven Zeitverlaufs, eines reinen Flusses „des Vor und Nach . . . in einsinniger Richtung", in dem es nur „punktuelle *Jetztmomente*" gibt, „und die Begriffe Vergangenheit und Zukunft . . . nur uneigentlich" gelten (KELLER, Zeit, S. 54).[6] Musikhören vollzieht

sich vielmehr in der Dimension der erlebten Zeit, für die eine Gliederung nach Gegenwart, Vergangenheit und Zukunft „geradezu konstitutiv" (S. 55) ist. „Ständig fällt bei der erlebten Zeit, was eben jetzt war, in die *Vergangenheit* ab und macht in einem neuen Jetzt seinerseits Neuem Platz. Es nimmt in seinem Absinken die Qualität des Vorbei an, das dennoch nachwirkt" (S. 56).

„Gleichursprünglich wie eine erfüllte Vergangenheit gehört zur erlebten Zeit auch eine inhaltlich antizipierte *Zukunft*. Immer steht in der Gegenwart das Künftige bevor ... als das Werdende im Gegensatz zum Vergehenden und als Horizont, in den hinein unsere Gegenwart vorschreitet" (S. 57). Die *Gegenwart* selbst ist in der erlebten Zeit demnach „Mitte, Kern, Höhe, Ursprung und Klammer in eins. Durch sie geht die Zeit nicht einfach hindurch. [Sie] hat die ... Vergangenheit hinter sich und die Zukunft vor sich wie eine Paßhöhe ihre zwei Abhänge. – Sie selbst strömt, weil selber vergehend, in die Vergangenheit ab; sie selber läuft, weil selber werdend, in die Zukunft hinaus. Zugleich übergreift sie beides, indem sie Vergangenheit in sich bewahrt und Zukunft aus sich erzeugt ... Die erlebte Gegenwart ist der Ort, in dem zugleich die Vergangenheit und die Zukunft als solche erlebt werden" (S. 57).

Auf das Phänomen der erlebten Zeit und der Gestaltbildung beim Hören von Musik weist schon HUSSERL hin, und zwar zunächst bei der Wahrnehmung des Einzeltones: „Jeder Ton hat selbst eine zeitliche Extension, beim Anschlagen höre ich ihn als jetzt, beim Forttönen hat er aber ein immer neues Jetzt, und das jeweilig vorangehende wandelt sich in ein Vergangen. Also höre ich jeweils nur die aktuelle Phase des Tones, und die Objektität des ganzen dauernden Tones konstituiert sich in einem Aktkontinuum, das zu einem Teil Erinnerung, zu einem kleinsten, punktuellen Teil Wahrnehmung und zu einem weiteren Teil Erwartung ist" (HUSSERL, Vorlesungen, S. 385).[7] Er überträgt diese Anschauung vom Zusammenfallen des Sukzessiven in einen „Auffassungszusammenhang" (S. 398) auf Takt und

Melodie, so daß man verallgemeinernd – und insofern nicht nur auf das Hören historischer Musik bezogen – vielleicht sagen kann: Im Hören ordnen sich in der Zeit verlaufende musikalische Elemente in einer erlebten Gleichzeitigkeit [8] zu Einheiten, unter Umständen zur Einheit eines Werkes.[9] Da Musik durch Komposition bewußt gestaltete Zeit ist, bzw. als bewußt komponierte Gestalt in der Zeit verläuft, geben ihre Gestaltgesetze dem Wahrnehmen eine Richtung.[10] Verschiedenheit der Komposition begründet Verschiedenheit des Zeiterlebens beim Hören von Musik.

1 Historische Musik

Mit dem Hören historischer Musik als Zeiterleben befaßt sich vor allem Zofia Lissa. Für sie ist Musik „ein zeitlicher Ablauf, sie entwickelt sich in der Zeit; ihr Erlebnis beruht darauf, daß sich in einem gewissen Augenblick der klangliche Ablauf auf die Zeit unseres subjektiven Lebens schichtet und dieses in einem anderen Augenblick wieder verläßt; die Musik ist in der Perzeption nur als zeitlich ausgedehnt faßbar" (Lissa, Zeitstruktur, S. 55).[11] Musik und ihre Perzeption haben nach Lissa Prozeßcharakter.

Ein Musikwerk ist aber „eine bestimmte Gestaltung des zeitlichen Ablaufs . . ., ein Klanggebilde . . . mit einem bestimmten Nacheinander und Charakter . . . zeitliche[r] Phasen" (Wesen, S. 12). Es ist also ein Ordnungsgefüge, es hat nach Lissa eine jeweils typische Form. Der Prozeß der Rezeption geht entsprechend „immer in Gestalt des Ablaufs von Phasen vor sich, von denen jede eine *Gegenwart* repräsentiert, die im betreffenden Augenblick als Präsens im Mittelpunkt des Bewußtseins des Hörers steht" (Zeitstruktur, S. 62). Der Hörer beschränkt sich also nicht auf ein „sich scheinbar wesenloses Ergehen in Tönen" (Hegel) [12], sondern er faßt einzelnes zusammen, bildet Gestalten. „Das Musikwerk dringt aufgrund einer Reihe subjektiver Akte als eine Ganzheit von prozessualem Charakter zum Hörer vor" (Lissa, Prozessualität, S. 41).

Strenggenommen ist zum Beispiel in einem einstimmigen Musikwerk immer nur ein Einzelton musikalische Gegenwart. Im Hören aber schließen sich im Sinne Lissas mehrere Einzeltöne zu einer Phase zusammen, die nun als ein Ganzes, als Präsens, im Bewußtsein des Hörers erscheint. Jede solche Gegenwartsphase wird durch eine neue Gegenwartsphase abgelöst, indem diese sich gleichsam auf die erste Gegenwartsphase schichtet und sie dadurch in die musikalische Vergangenheit drängt. Wie auch immer das Verhältnis dieser beiden Phasen zueinander sein mag – ob sie sich zum Beispiel ähnlich oder unähnlich sind –, immer wird im Hören eine Beziehung hergestellt. Das heißt, das jeweilige Präsens – mit Ausnahme des Anfangs eines Werkes – wird von der vergangenen Phase getragen. Je enger die musikalische Verknüpfung solcher Phasen ist, desto mehr ist die musikalische Gegenwart Folge der musikalischen Vergangenheit, oder anders gesehen: bedingt die Vergangenheit die Gegenwart. In einer so verstandenen Abfolge ist die Gegenwart nicht nur der Vergangenheit verbunden, sondern auch zur Zukunft hin geöffnet: Der Hörer erwartet auf Grund einer bestimmten musikalischen Gegenwart eine mehr oder weniger bestimmte musikalische Zukunft. Das Erleben der musikalischen Gegenwart ist also niemals absolut rein, sondern gefärbt durch Verflechtungen in die Vergangenheit und durch Geöffnetsein zur Zukunft.

Vergangenheit ⟷ Gegenwart ⟷ Zukunft

Solches Erleben ist Voraussetzung für Gestaltbildungen größerer Ordnung, das Erleben der Gleichzeitigkeit „ausgedehnterer Formen" (S. 43) bis hin zur Form des Werkes, insofern jedes Erleben einer Phase immer über sich hinausweist, zu einer Integration in übergeordnete Gebilde größerer zeitlicher Erstreckung herausfordert.

Gestaltbildung dieser Art vollzieht sich nach Lissa nun nicht mehr ausschließlich im Zusammenfassen des unmittelbar aufeinander Folgenden, wodurch Vergangenes und Zukünftiges nur in ihren Auswirkungen auf Gegenwärtiges miterfaßt werden; sie vollzieht sich auch in aktiven „Rückkoppelungen und [im] Voraussehen" (S. 45), was voraussetzt, „daß die Perzeption der werdenden musikalischen Form *nicht* einschichtig ist, daß die Vorstellung des den klanglichen Verlauf als kontinuierlich und ganzheitlich perzipierenden Hörers auf *mehreren* Ebenen zugleich wirken muß: Er muß die aktuellen Phasen wahrnehmen und sie dauernd mit den Phasen vergleichen, die nur in seiner Erinnerung gegeben sind. Und darin besteht die aktive Gestaltung der Form durch das Subjekt. Er muß [aber auch] zugleich vorgreifen in der Erwartung des Kommenden" (S. 41).

Lissa nennt als vergleichende Akte, durch die „Beziehungen zwischen den einzelnen Phasen der Form" (S. 41) hergestellt werden:

1. „Erfassung der *Gleichheit* der Erscheinungen" (S. 41). Im Wahrnehmen einer Wiederholung durch den Hörer wird Gegenwärtiges auf Erinnertes bezogen.
2. Erfassung der *Permutation* bzw. Variation der Ausgangsstruktur. Sie setzt die Fähigkeit zu zweischichtigem Hören voraus; denn die Variation kann als solche nur durch den Vergleich mit der Ausgangsstruktur, die vergegenwärtigt wird, erfaßt werden. „Die Form wird hier zur Einheit aufgrund anderer Denkakte als bei dem Wiederholungsprinzip. Der Grad der subjektiven Aktivität muß dabei größer sein" (S. 42).
3. Erfassung von *Kontrasten*. Um zwei musikalische Phasen als Kontrast aufeinander zu beziehen, muß die erste Phase „als Infrastruktur" (S. 43) beim Erklingen der zweiten Phase lebendig werden. „Dem *Nacheinander* der Kontrastphasen im Werk entspricht eine spezifische *Gleichzeitigkeit* in der Vorstellung des Hörers. Daraus entsteht das Gefühl der Einheit der Gegensätze, die höhere dialektische Integration des klanglichen Verlaufs" (S. 43).

Das integrierende, mehrschichtige Hören ist gebunden an den „Plan der Reihenfolge der Phasen und ihrer Wechselbeziehungen" (Wesen, S. 12), da er das Wesen jedes Einzelwerkes ausmacht. Der Plan entfaltet sich vom Beginn des klanglichen Ablaufs an, er erfüllt sich erst mit seinem Ende. Der Hörer bleibt also für die Dauer des Musikerlebens eingespannt in ein vorstrukturiertes Werden, das er aktiv ordnend durch vergleichendes Verknüpfen mitvollzieht. Er erfährt, daß jede in erlebter Gleichzeitigkeit erfaßte Einheit aus schon Vergangenem sich bildet, in noch Kommendem sich aber erst vollendet. „Die Form als Ganzes wird [ihm] erst gegeben, wenn alle ihre Phasen vergangen sind, wenn [er] also das Verhältnis aller dieser Phasen zueinander erfassen“ (Prozessualität, S. 45) kann.[13]

2 *Zeitgenössische Musik*

Das Hören zeitgenössischer Musik ist so vielfältig wie diese Musik selbst. Die Frage nach dem Phänomen der Zeit im Hören drängt sich für jede Kompositionstechnik, ja für jede Komposition neu auf. Es sei darauf verwiesen, daß R. Heinemann sie speziell für die serielle Musik stellt (Heinemann, Untersuchungen), M. Rothärmel sie, wenn auch kurz, für verschiedene Richtungen innerhalb der neuen Musik streift (Rothärmel, Zeitbegriff). Hier soll versucht werden, durch Interpretation weniger Einzelaussagen den grundlegenden Wandel des Zeiterlebens zu erschließen. Das eigentlich Neue beim Hören zeitgenössischer Musik ist, daß das Erleben der musikalischen Gegenwart nicht mehr eingespannt ist in unmittelbare, lineare Beziehungen zur musikalischen Vergangenheit und Zukunft. Sukzessivität im Sinne „einer einzigen zeitlichen Bewegungsrichtung“ (Ligeti, Wandlungen, S. 15), eines gestalteten Ablaufs von einem Anfang zu einem Ende, ist nicht mehr erfahrbar.

Ernst Krenek weist auf dieses Phänomen innerhalb der seriellen Musik hin: „Dadurch, daß in der seriellen Musik die Zeitspannen zwischen den Eintritten der einzelnen Klangelemente nach seriellen Leitsätzen berechnet und die so erhaltenen Zeitreihen wie alle anderen Reihen auch retrograd verwendet werden, löst sich der Begriff der Gerichtetheit von Musik bis zu einem hohen Grad auf“ (Krenek, Komponist, S. 14). Krenek spricht im gleichen Zusammenhang sogar von der „Zerstäubung der Zeit durch die serielle Behandlung“. „Es gibt aber auch [innerhalb der neuen Musik, Verfasser] andere Tendenzen der Zeitgestaltung, und zwar solche, die den Zeitverlauf selbst nicht lahmlegen, jedoch seinen Fluß dissoziieren" (Ligeti, Wandlungen, S. 15). Diese Musik erweckt beim Hören den Eindruck, „als ob sie kontinuierlich dahinströmen würde, als ob sie keinen Anfang hätte, auch kein Ende; was wir hören, ist eigentlich ein Ausschnitt von etwas, das schon immer angefangen hat und noch immer weiterklingen wird. Typisch für alle diese Stücke ist: es gibt kaum Zäsuren, die Musik fließt also wirklich weiter. Das formale Charakteristikum dieser Musik ist [dennoch] die Statik. Die Musik scheint zu stehen" (Nordwall, S. 115).

„Dann gibt es noch einen damit kontrastierenden Typ: das vollkommen Zerhackte, Zersplitterte ... Auch hier keine Entwicklung, auch hier Zustände, die aber sehr kurz sind" (S. 144). Sukzessivität als „einsinnige Richtung" (Krenek, Komponist, S. 13) wird in der zeitgenössischen Musik also abgelöst durch ein Wechseln von Zuständen (vgl. Ligeti, Wandlungen, S. 14). So stellt Adorno schon für die Musik Debussys fest, daß sie nicht wahrzunehmen ist als ein „Prozeß mit Stauung und Auslösung, sondern als ein Nebeneinander von Farben und Flächen, wie auf einem Bild. Die Sukzession exponiert bloß, was dem Sinne nach simultan ist: so wandert der Blick über die Leinwand" (Adorno, Philosophie, S. 172). Und in seinen ›Anweisungen zum Hören neuer Musik‹ ergänzt er: Man soll „neue Musik so hören, wie man ein Bild als ganzes betrachtet, alle ihre Momente in eins setzen, eine Art Gleichzeitigkeit des Sukzessiven sich erwerben, anstatt bei jener Diskontinuität es zu belassen, zu welcher das Medium der Musik, die zeitliche Aufeinanderfolge, verlockt" (Anweisungen, S. 246).[14]

„... alle ihre Momente in eins setzen", fordert vom Hörer zweierlei: Konzentration auf die Momente, Konzentration der Momente. Wenn die Bindung des gegenwärtig Erklingenden an das Vergangene und Künftige gelockert oder gar aufgehoben ist, Zeit als Ablauf durch Dauer zurückgedrängt wird,[15] dann erhält das Präsens, das Erfassen der Momente eine um so größere Bedeutung. Ihm ist der Hörer zugewandt; es gilt „‚Zeitmasse' im

Sinne von bestimmten Ordnungen von Tondauern, Tempi und Klangdichten hören zu wollen" (FISCHER, Zeitproblem, S. 314).

Das Präsens fordert den Hörer so stark, daß sein Zeiterleben gleichsam zur Nur-Wahrnehmung von Zeitpunkten – jedoch nicht im Sinne von „punktuellen Jetztmomenten" der objektiven Zeit – gerinnt. Ihr Wechsel dringt nicht als Abfolge ins Bewußtsein, sie werden deshalb auch nicht während des Ablaufs linear verknüpft. Verknüpfen, In-eins-setzen vollzieht sich eher in einem nachträglichen assoziativen Schweifen zwischen den Momenten, im meditativen Spiel mit den Zeitpunkten. Ein Netz von Beziehungen wird vom Hörer gewoben, in dem die Zeitdimensionen *vorher* und *nachher* aufgehen. Zeitflächen, Zeitfelder [16] fügen sich so zu erlebten Einheiten, autonom in ihrer Gegenwärtigkeit.

Nach ADORNO entwickelt sich diese Hörweise mit der Musik DEBUSSYS und RAVELS, Ansätze finden sich schon bei WAGNER (ADORNO, Philosophie, S. 174 ff.).[17] Spätestens aber der „Anbruch der integral-seriellen Komposition steht im Zeichen totaler Statik ... Weil die den Formverlauf forttreibenden Kräfte dieser Musik entzogen wurden, gleichen [solche Werke] in der Luft hängenden Teppichen von orientalisch-mächtiger Ruhe" (LIGETI, Wandlungen S. 15).[18]

Anmerkungen

1 Vgl. auch Rothärmel, Zeitbegriff, S. 105 und 119 ff.; Wiora, Musik, S. 19 ff.

2 Vgl. Keller, Zeit, S. 47; Hofstätter führt unter Punkt 3 seiner „deskriptiven Theorie des Wahrnehmens und Erlebens" aus: „Gestalten heben sich als abgesonderte, umgrenzte, gegliederte, möglichst einheitliche und geschlossene Bereiche ... jeweils von einem unstrukturierten ‚*Grund*' ab ..." (Psychologie, S. 163).

3 In bezug auf Musik hat als erster Chr. v. Ehrenfels „von ‚*Gestaltqualitäten*' gesprochen, die gegenüber den in sie eingegangenen Elementen eine gewisse Unabhängigkeit besitzen" (Hofstätter, Psychologie, S. 156); vgl. deshalb Ehrenfels, Über „Gestaltqualitäten"; ders.,

Über Gestaltqualitäten (1932); Liechtenstein, Probleme; Rothärmel, Zeitbegriff, S. 119 ff.; Crickmore, The musical *gestalt.*

[4] Diese Art der Gestaltwahrnehmung beschreibt unter anderem Wiora, Musik, S. 24; auch H. Besselers *aktives Hören* hat zu ihr eine Beziehung.

[5] Vgl. hierzu die Ausführungen Hofstätters unter den Stichwörtern ›Gestalt- und Ganzheitspsychologie‹ und ›Wahrnehmungstheorie‹ (Psychologie, S. 155 ff. und 347 ff.).

[6] Vgl. zu diesem Fragenkomplex: Bieri, Zeit und Zeiterfahrung.

[7] Vgl. Hartmann, Ästhetik, S. 119.

[8] Vgl. Keller, Zeit, S. 59; Klugmann, Kategorie, S. 64 ff.

[9] Zu den Abhängigkeiten solchen Hörens vgl. Wiora, Musik, S. 24; es ist aber zu beachten, daß Wiora von einem ganz bestimmten Ideal des Hörens traditioneller Musik ausgeht.

[10] Gestaltwahrnehmung wird nicht nur durch die Gestaltungsgesetze geprägt. Sie ist Erleben eines Menschen in einer bestimmten Situation, das heißt die Zuständlichkeit des erlebenden Ich wirkt sich im Erleben aus, macht es zu einem einmaligen individuellen Akt; vgl. in dieser Schrift S. 89.

[11] Vgl. auch Wellek, Sammelreferat, S. 77: „Zur konkreten Musik als ‚Zeitgestalt' gehört wesentlich die Zeit-Dimension, und diese ist geradezu definiert durch ihre Einrichtigkeit".

[12] Hegel, G. W. F.: Ästhetik, Teil III, Berlin 1955, S. 863; zit. nach Lissa, Prozessualität, S. 41; vgl. dies., The temporal nature of a musical work.

[13] Lissas Beschreibung des integrierenden, mehrschichtigen Hörens erinnert an die Darstellung des aktiven Hörens von Besseler (vgl. in dieser Schrift S. 24 ff.); Besseler findet diese Art des Hörens jedoch nur in bestimmten Epochen, so zum Beispiel im 17./18. Jahrhundert. Typisch für andere Zeiten ist das mehr passive Hören. Besonders im 19. Jahrhundert überläßt sich der Hörer der Musik, ihrem Strom. Versucht man das Gemeinsame der beiden Hörweisen traditioneller Musik herauszufinden, so stößt man auf das Erleben der Musik als Kontinuum, als Zeitverlauf. Beim aktiven Hören greift der Hörer ordnend – unter Umständen entsprechend den Integrationsprinzipien Lissas – in das Kontinuum ein. Durch Gestaltbildung werden Gegenkräfte zu dem einrichtigen Ablaufcharakter der Musik wirksam: Mit dem Hineinziehen von Vergangenem und Zukünftigem in eine erlebte Gegenwart staut der Hörer gewissermaßen in einer zweiten Ebene den

Zeitfluß auf. Dieses fortwährende Sich-Wenden gegen das Strömen hebt es in das Bewußtsein, macht es als etwas erfahrbar. Das aktive Hören ist so Bedingung des bewußten Erlebens des Zeitverlaufes.

Anders beim passiven Hören. Hingegeben an den Verlauf der Musik in der Zeit, lebt der Hörer im Strömen. Er erfährt es nicht als etwas, sondern nur in seiner Wirkung, im Mitgerissensein in den Zeitverlauf. Nicht mehr von einem bewußten Erleben des Zeitverlaufes kann die Rede sein, eher von einem bewußten Erleben des eigenen Seins in der Musikzeit.

Sofern die Musik des 19. Jahrhunderts noch weitgehend finalen Charakter hat, wird also auch beim passiven Hören das Kontinuum in einer Einrichtigkeit, gleichsam linear verlaufend erlebt; sofern sich aber schon in der Romantik Tendenzen zeigen, den finalen Charakter der Musik aufzugeben, Musik entsprechend nicht mehr als zeitlichen Ablauf von einem Anfang zu einem Ende zu hören, sondern nur noch als erfüllte Zeit, wird Kontinuum erlebt als kreisend, als unendliches Sein im Strömen der Musik.

14 Vgl. auch Adorno, Philosophie, S. 61; auf die Widersprüche in den Äußerungen Adornos zur Frage der Rezeption des Ganzen und der Details weist R. Heinemann, Untersuchungen, S. 26, hin.

15 Eimert, Grundlagen, S. 28: „Es dauert etwas. Das ist ein Phänomen der Dauer. Und nicht der Zeit. In der Dauer erscheint nicht Zeit, sondern ein dauerndes Etwas. Zwar ist die Dauer ‚in' der Zeit, aber gerade deshalb nicht selbst Zeit." Eine andere Interpretation gibt Rochberg, Der Begriff der Dauer in der Musik.

16 Begriffe dieser Art tauchen in Äußerungen zeitgenössischer Komponisten zu ihren Werken immer wieder auf; vgl. zum Beispiel das Skizzenmaterial zu Ligetis Kompositionen, veröffentlicht in Salmenhaara, Das musikalische Material und seine Behandlung, S. 177 ff.

17 Vgl. die ähnliche Darstellung von Fischer, Zeitproblem, S. 306.

18 Vgl. dazu: „Beobachtet man Fahrzeuge auf einer verkehrsarmen Straße, so kann man ihre Geschwindigkeiten und Bewegungsrichtungen als gesonderte apperzepieren. Wächst der Verkehr beträchtlich an, so nimmt die Fähigkeit, einzelne Vorgänge zu registrieren, in gleichem Maße ab. Was sich in den Details ameisenhaft regt, scheint in der Totalität still zu stehen" (Ligeti, Wandlungen, S. 16, Anm. 41).

IV MUSIKHÖREN IN SOZIOLOGISCHER SICHT

Musiksoziologische Forschung im Bereich des Musikhörens ist vorwiegend Verhaltensforschung. Zwei Grundrichtungen lassen sich gegenwärtig unterscheiden:

1. Das Verhalten der Hörer wird in seinen Formen und Bedingungen (SILBERMANN, Wovon lebt die Musik, S. 67) empirisch festgestellt und wertfrei interpretiert.
2. Orientiert am Objekt Musik wird ein ideales Hörverhalten postuliert, an ihm reales Hörverhalten – empirisch erfaßtes oder theoretisch erschlossenes – wertend gemessen.[1]

Empirische Musiksoziologie, die sich an die allgemeine Soziologie anlehnt, und *theoretische* Musiksoziologie, die der historischen Musikwissenschaft verbunden ist, stehen so einander – häufig in offener Kontroverse [2] – gegenüber.

Die Auswahl der Forschungsergebnisse, die hier dargestellt werden soll, spiegelt diese Gegebenheiten.

Alphons SILBERMANNS Überlegungen zu einer systematischen empirischen Musiksoziologie bieten auch für die Erforschung des Musikhörens einen möglichen Horizont; deshalb werden sie skizziert.

Der Datenermittlung im Bereich des Musikhörens wird für die empirische Musiksoziologie große Bedeutung beigemessen; sie soll deshalb zusammen mit der vielfach an ihr geübten Kritik beschrieben werden.

Ein Überblick über Vladimir KARBUSICKYS umfassende Forschungen zum Thema Musikhören offenbart die von ihm angestrebte „Einheit von Theorie und Empirie" (KARBUSICKY, Musikforschung, S. 219). Für den rein theoretischen Ansatzpunkt in der Musiksoziologie sollen die Erkenntnisse und „Erwägungen" (SILBERMANN, Anmerkungen, S. 541) ADORNOS stehen.

1 A. Silbermanns *Prinzipien einer systematischen empirischen Musiksoziologie*

A. Silbermann legt in seinem Buch ›Wovon lebt die Musik. Prinzipien der Musiksoziologie‹ Grundlagen, Methoden und Ziele der Musiksoziologie als eigenständiger Wissenschaft dar.[3] Das Buch gründet auf mehreren empirischen Forschungen.[4]

Für den Musiksoziologen stehen nicht Fragen nach der „Natur und Essenz der Musik" (Silbermann, Wovon lebt die Musik, S. 70), nicht Formulierungen „musikalischer Normen und Werte" (S. 70) im Mittelpunkt des Interesses, sondern die „soziale Praxis ‚Musik'" (S. 71). Musik ist Gegenstand der Forschung als „soziales Phänomen". Sie ist ein „soziales Phänomen, . . . weil sie menschlich ist, weil sie eine Kommunikation zwischen Komponist, Interpret und Hörer ist" (S. 41); sie kann als „soziales Phänomen" folglich auch nur erfaßt werden in dem Augenblick, „wo sich die Beziehung zwischen Künstler und Hörer darstellt, wo das Musikwerk nach außen hin appelliert, . . . wo es einen bedeutsamen Augenblick hervorbringt. Dieser Augenblick ist das Musikerlebnis" (S. 80).[5]

Als Phänomenologe beschreibt Silbermann das Musikerlebnis nicht als psychischen Akt, er bewertet es nicht nach ästhetischen Kriterien und Normen; er beobachtet es vielmehr als „Tatsache" im Feld seiner sozialen Determinanten: „Natur, Veränderlichkeit, . . . Abhängigkeit" (Pole, S. 444) und in seinen Wirkungen. Diese beruhen vor allem auf seiner Soziabilität, das heißt seiner gesellschafts- und gruppenbildenden Kraft. „In der Mitte steht als soziale Tatsache das Musikerlebnis. Um es herum, von ihm beeinflußt und es beeinflussend, es erschöpfend und es verbrauchend stehen Individuen und Gruppen von Einzelwesen in mehr oder weniger beständiger Assoziation" (Wovon lebt die Musik, S. 94).

Struktur, Funktion und Verhalten der produzierenden und konsumierenden [6] sozio-musikalischen Gruppen [7] erschließt Silbermann mit der soziologischen Methode der strukturell-funktionellen Analyse.

Hinsichtlich der *Struktur* gliedert sich die Großgruppe der Konsumenten nach technologischen, mentalen und organisatorischen Komponenten. Diese drei Komponenten sind voneinander abhängig, ihr Verhältnis ist geprägt von Interdependenz. Technologisch nennt SILBERMANN „diejenige Komponente . . ., die aus all den Elementen der werkzeugmäßigen Ausrüstung der sozio-musikalischen Gruppen zur Konsumtion des Musikerlebnisses besteht“ (S. 119). Zum Beispiel wird die große Gruppe der Hörer durch die ihnen von Natur verliehene Stimmlage strukturiert. SILBERMANN stößt auf dieses Phänomen, als er untersucht, ob Vorliebe für eine bestimmte Tonhöhe „als zentrales Erscheinungsmerkmal dienen kann, das genügend Stärke besitzt, um gruppenformierend zu wirken“ (Musik, S. 170).

Das Ergebnis seiner Untersuchungen, deren Rohmaterial er durch Beobachtung in 42 Pariser Tanzlokalen gewinnt, faßt er so zusammen: „Mit einzigartiger Gleichmäßigkeit standen wir immer wieder der gleichen Erscheinung gegenüber: die primäre Vorliebe in der Tonhöhe gilt der vokalen oder instrumentalen Tonhöhe, die der von der Natur gegebenen Stimme ihres Besitzers gleichkommt“ (S. 172). Die auf Grund dieser technologischen Komponente sich bildenden sozio-musikalischen Gruppen nennt SILBERMANN „Sonoritätsgruppen“ (S. 173).

Unter mentalen Komponenten versteht SILBERMANN „Elemente der geistigen und ideologischen Ausrüstung der sozio-musikalischen Gruppen zur Konsumtion des Musikerlebnisses“ (Wovon lebt die Musik, S. 128). Das Publikum strukturiert sich zum Beispiel danach, inwiefern es die Gabe besitzt, „in Hörempfindungen zu schwelgen“ (S. 132), inwiefern es „intellektuelle Kräfte zur Erkenntnis von in der Komposition enthaltenen musikalischen Ideen“ (S. 132) einsetzen kann; es strukturiert sich nach seinen Intentionen wie „Informations-suchend, Erholungs-suchend und Veränderungs-suchend“ (S. 133) usw.

Gruppenbildende organisatorische Komponenten sind die Elemente „der zweckmäßig-unternehmenden Ausrüstung der sozio-musikalischen Gruppen zur Konsumtion des Musikerlebnisses“ (S. 137). Nach den organisatorischen Mitteln, „durch welche die Konsumentengruppen dem Musikerlebnis zur wirksamen Unternehmung verhelfen“ (S. 137), unterscheidet SILBERMANN unter anderem die Musikkaufleute, Urheberrechtsorganisationen, Institutionen wie zum Beispiel die Rundfunkorganisationen.

Die Analyse der *Funktionen* der sozio-musikalischen Gruppen geht von der strukturellen Analyse aus, denn die Funktionen zeigen sich in bestimmten, der jeweiligen Gruppenstruktur entsprechenden Aktionstypen. „Die Aktion verdeutlicht sich als sozio-kulturelle Interaktion durch jeden beliebigen Prozeß, bei dem die Aktion einer Wesenheit, eine Aktion oder Veränderung einer anderen Wesenheit verursacht“ (S. 143). Es geht also bei der funktionellen Analyse darum, „den Zustand der Interaktion, das Gefüge der Normen der Interaktion“ (S. 144) zu erschließen.

SILBERMANN unterscheidet zwei Hauptkategorien von Stimuli zu Interaktionen und damit von Funktionen sozio-musikalischer Gruppen: Auf basalen oder ursprünglichen Stimuli, „die so gut wie universal sind“ (S. 157), beruhen die sozialen Funktionen; [8] auf hergeleiteten oder nicht-ursprünglichen Stimuli, deren Existenz zum „großen Teil von spezifischen Kulturwirkekreisen“ (S. 157) herrührt, die ästhetischen Funktionen. Zu den ursprünglichen Stimuli zählen zum Beispiel „das Gesellschaftsbedürfnis und andere Gefühlsregungen, die mit den sozialen Beziehungen der Menschen verbunden sind, wie Tanz und Ritus“ (S. 157); zu den nicht-ursprünglichen Stimuli „die ästhetischen Bedürfnisse des Menschen“, „das Bedürfnis, Ideale in Gefühls- und Verstandesformen auszudrücken“ (S. 157) usw.

Interaktionen sind möglich zwischen Mensch und Mensch, Mensch und Gruppe, Gruppe und Gruppe. Sie vollziehen sich weitgehend im Rahmen allgemeiner Gruppennormen.

Spezifische Beobachtungsfelder für Funktionen sozio-musikalischer Gruppen sind für SILBERMANN unter anderem der musikalische Geschmack,[9] die Musikwirtschaft, die Kulturpolitik.

Die Analyse des *Verhaltens* sozio-musikalischer Gruppen erfolgt nach den Prinzipien des Behaviorismus: Gewisse „Beobachtungsdaten [werden] als Symptome der Existenz von Menschen an gewissen Stellen in der Gegenwart solcher Prozesse wie dem des Musikerlebnisses interpretiert" (Wovon lebt die Musik, S. 182). Im Vordergrund des musiksoziologischen Interesses steht dabei nicht so sehr das Verhalten des Individuums als Individuum, sondern seine Stellung und sein Verhalten innerhalb der Gruppe (S. 184 f.). Es geht auch weniger um „Wertschätzung des Verhaltens" (S. 184), als vielmehr um die Feststellung von Verhaltensmustern und die Beantwortung der „Frage, wie sie zustande gekommen sind, wodurch sie bedingt worden sind und wozu sie führen" (S. 185).[10] SILBERMANN beobachtet und deutet das Verhalten bei Produktion und Konsumtion von Musik, bei der Konsumtion sowohl das Einzel- als auch das Kollektivverhalten. Einzelverhalten scheint sich besonders nach der Zugehörigkeit zur Gruppe der Amateure, der Spezialisten, der Snobs (musikalische Mode) zu differenzieren, Kollektivverhalten nach dem Zusammenschluß von Individuen zu Publikum oder Masse. Obwohl die strukturell-funktionelle Analyse sozio-musikalischer Gruppen, die sich um das soziale Phänomen Musikerlebnis scharen, Ausgangspunkt und Mittelpunkt der Untersuchungen SILBERMANNS ist (Pole, S. 443), erschöpft sich Musiksoziologie nicht in ihr. Die „Zustände des sozio-musikalischen Lebens zu erkennen" (Wovon lebt die Musik, S. 51) ist nur Voraussetzung für das „nächste Ziel der Musiksoziologie: einen allgemein verständlichen, überzeugenden und gültigen Annäherungsweg an die Musik" aufzuweisen, und für ihr letztes Ziel: „Gesetze der Vorhersage zu entwickeln, die es uns ermöglichen zu sagen, daß, wenn dieses oder jenes geschieht, wahrscheinlich dies oder das folgen wird" (S. 71). Soziomusikalische Planung also gehört nach SILBERMANN zur Musiksoziologie.[11]

2 *Datenermittlung im Bereich des Musikhörens*

Empirisch ermittelte Daten sind für die Soziologie, auch für soziologische Fragestellungen im Bereich des Musikhörens, „Rohmaterial . . ., sind . . . in sich selbst nicht Musiksoziologie" (S. 71) [12]. Erst ihre Auswertung gibt ihnen ihren Stellenwert innerhalb der Soziologie als Wissenschaft, und zwar indem sie entweder die Entwicklung theoretischer Konstruktionen stützen oder der Überprüfung der Adäquatheit theoretischer Konstruktionen dienen.[13]

Das Musikhören wurde bisher empirisch untersucht:

1. unmittelbar durch Befragung. Andere Methoden der empirischen Sozialforschung (SCHEUCH, Methoden, S. 194 ff.) [14] wie Experiment,[15] Beobachtung,[16] Inhaltsanalyse [17] sowie Verbindungen verschiedener Methoden wurden bisher nur selten systemtisch angewandt; [18]
2. mittelbar durch Interpretation allgemeiner Daten des Musiklebens für das Musikhören; diese Daten beruhen wieder in den meisten Fällen auf Befragung.[19]

Die *Befragung* [20] ist die „gegenwärtig am häufigsten angewandte ... Technik der empirischen Sozialforschung" (SCHEUCH, Methoden, S. 205). Sie wird nach der neueren Literatur aufgefaßt als „sozialer Prozeß in einer sozial-kulturellen Situation" (S. 209).[21] Durch „eine Reihe gezielter Fragen oder mitgeteilter Stimuli" (Interview, S. 70 f.) [22] wird eine Auswahl von Personen veranlaßt, Kenntnisse (objektive Tatbestände auf Faktfragen) und Einstellungen (subjektive Tatbestände auf Meinungsfragen) zu äußern.[23] Befragungen werden mündlich oder schriftlich durchgeführt. Mündliche Befragungen können so angelegt sein, daß Interviewer und Befragter bzw. Befragte von einem Frage-Leitfaden ausgehend relativ frei miteinander diskutieren (Tiefeninterview); vielfach jedoch ist der Interviewer an ein Gerüst (halbstandardisiertes Interview), wenn nicht gar an einen genau in Wortlaut und Reihenfolge vorgegebenen Kanon von Fragen (Frageliste) gebunden (standardisiertes Interview). Hierauf soll der Befragte entweder selbständig antworten (bei sogenannten offenen Fragen) oder nur zwischen vorgegebenen Antworten wählend eingehen (bei sogenannten geschlossenen Fragen). Schriftliche Befragungen sind fast immer standardisiert (Fragebogen).

Befragungen im Bereich des Musikhörens wurden bisher vorwiegend durchgeführt, um Daten für die Analyse des Verhaltens Jugendlicher zur Musik zu sammeln. Sie werden in diesem Band im Teil *Hörerziehung* dargestellt (vgl. in dieser Schrift S. 105 ff.). Das allgemeine Musikhören ist, zumindest in der Bundesrepublik,[24] nur wenig erschlossen. Neben einigen nach bewußt gewählten wissenschaftlichen Methoden durchgeführten Befragungen der Institute für Demoskopie[25] gibt es solche, die naiv Hörerverhalten erkunden.[26] Vielfach wurden sie von bestimmten Institutionen wie Theatern, Konzertagenturen usw. durchgeführt, um die Einstellung speziell ihres Publikums kennenzulernen.[27]

Die genauesten Daten liegen über das Hören von Musik am Radio vor. Sie wurden im Auftrage der Rundfunkanstalten von den Instituten für Demoskopie ermittelt, um aus ihnen das Verhalten der Hörer und ihre Einstellung zum angebotenen Musikprogramm zu erschließen.[28]

An der Datenermittlung durch Befragung wird vielfach Kritik geübt.[29] Im Vordergrund stehen gegenwärtig kritische Überlegungen zur Gültigkeit der Ergebnisse (vgl. SCHEUCH, Interview, S. 134 ff.). Sie beziehen sich vorwiegend auf die Befragung als Kommunikationsakt: Menschen, die sich in ihrer Disposition und in ihrer Einstellung – im Sinne von englisch *attitude* und *set* – voneinander unterscheiden, kommen in einer bestimmten Situation miteinander in ein Gespräch besonderer Art. Der Gesprächsinhalt, im Falle der Befragung das Befragungsergebnis, ist deshalb abhängig vom Befrager, vom Befragten, von der Befragungssituation (dazu besonders: KREUTZ, Soziologie), vom Phänomen Sprache, von der „künstlichen Vorgehensweise" beim Gespräch (vgl. SCHEUCH, Interview, S. 67 ff.). Dennoch werden in Befragungen ermittelte Werte häufig absolut gesetzt.

Eine Kritik grundsätzlicher Art an der Bedeutsamkeit (Methoden, S. 205) von ermittelten Daten übt unter anderem ADORNO: „Die empirischen Methoden, deren Attraktionskraft im Anspruch ihrer Objektivität entspringt, bevorzugen paradoxerweise ... Subjektives, nämlich ... Meinungen, Einstellungen, allenfalls Verhaltensweisen von Subjekten“ (ADORNO, Soziologie, S. 199). Diese subjektiven Gegebenheiten sind nun „kein letztes, sondern ein Bedingtes“, etwas durch die Gesellschaft Vermitteltes (S. 214), „weil die Subjekte heute Objekte der Gesellschaft sind, nicht ihre Substanz“ (Einleitung, S. 389 f.; vgl. in dieser Schrift S. 91). Gesellschaftliche Objektivität, der „Inbegriff all der Verhältnisse, Institutionen, Kräfte ..., innerhalb deren die Menschen agieren“ (Soziologie, S. 199), wird also nicht erfaßt, erweckt es auch den Anschein. ADORNO verdeutlicht das an einem Beispiel aus der Hörerforschung.

„Erkundigt sich ein Fragebogen nach musikalischem Geschmack und stellt dabei die Kategorien 'classical' und 'popular' zur Auswahl, so hält er – mit Recht – dessen sich versichert, daß das erforschte Publikum nach diesen Kategorien hört, so wie man beim Einschalten des Radioapparates jeweils ohne Besinnung, automatisch wahrnimmt, ob man an ein Schlagerprogramm, an angeblich ernste Musik, an die Untermalung eines religiösen Aktes geraten ist. Aber solange nicht die gesellschaftlichen Bedingungen derartiger Reaktionsformen mitgetroffen werden, bleibt der richtige Befund zugleich irreführend; er suggeriert, daß die Spaltung musikalischer Erfahrung in 'classical' und 'popular' ein Letztes, gleichsam natürlich wäre. Die gesellschaftlich relevante Frage indessen hebt genau bei jener Spaltung, bei deren Verewigung zum Selbstverständlichen erst an und führt notwendig die mit sich, ob nicht die Wahrnehmung von Musik unterm Apriori von Sparten die spontane Erfahrung des Wahrgenommenen aufs empfindlichste tangiert. Bloß die Einsicht in die Genese der vorfindlichen Reaktionsformen und ihr Verhältnis zum Sinn des Erfahrenen würde es erlauben, das registrierte Phänomen zu entschlüsseln. Die herrschende empirische Gewohnheit aber würde die Frage nach dem objektiven Sinn des erscheinenden Kunstwerks verwerfen, jenen Sinn als bloß subjektive Projektion der Hörer abfertigen und das Gebilde zum bloßen ‚Reiz‘ einer psychologischen Versuchsanordnung entqualifizieren. Dadurch würde sie vorweg die Möglichkeit abschneiden, das Verhältnis der Massen zu den ihnen von der Kulturindustrie oktroyierten Gütern thematisch zu machen; jene Güter selbst wären ihr schließlich durch die Massenreaktion definiert, deren Beziehung zu den Gütern zur Diskussion stünde“ (S. 203 f.).

Speziell die Umfragen zum Musikhören kritisiert KARBUSICKY. Er nimmt Stellung zur Fragetechnik und zur Interpretation von Äußerungen der Befragten über Musik.

Gewöhnlich wird in den Fragebögen mit Begriffen gearbeitet, die zum Teil in sich schon nicht eindeutig definiert sind (zum Beispiel Lied), die aber vor allem im Verständnis der Befragten sehr Verschiedenes bezeichnen können. Unter klassischer Musik etwa verstehen viele Menschen jede Musik, „die man auch ‚ernst' nennt". Eine solche Frage wie „Lieben Sie Jazz?" wird nicht eindeutig beantwortet, da ein großer „Teil des Publikums ... Jazz mit moderner Tanzmusik" verwechselt. Unter „Populäre Musik" fallen für den einen Menschen Schlager, „für den anderen Wiener Walzer von Johann Strauß" (KARBUSICKY, Musikforschung, S. 283).

Ein Ergebnis aus der Umfrage für den Süddeutschen Rundfunk kann KARBUSICKYS Beobachtungen bestätigen. 1957 wurde nach dem Verständnis des Begriffes Opus-Musik gefragt. 52 % der Befragten hatten „keine Vorstellung", 39 % sehr unterschiedliche Vorstellungen im Feld „klassische, schwere, ernste Musik" – von „geistlicher Musik" über „Kammerkonzert" bis „Meisterwerke" –, 6 % verbanden den Begriff mit Oper und Operette, 3 % machten andere Angaben (EBERHARD, Rundfunkhörer, S. 132). Es wird deutlich, wie eingeschränkt die Gültigkeit von Umfrageergebnissen sein muß, die auf der Basis solch allgemeiner Musikbegriffe gewonnen wurden. KARBUSICKY entwickelte deshalb in Zusammenarbeit mit KASAN den klingenden Fragebogen, der auf verbale Stimuli zu Äußerungen über Musik verzichtet (vgl. in dieser Schrift S. 79).

Kritik äußert KARBUSICKY auch daran, daß die Fragen vielfach auf die Ermittlung eines „*rationalen* Bericht[es] eines Kunsterlebnisses" ausgerichtet sind und „mit den so ermittelten Wortsymbolen weitergearbeitet wird, ohne diese genügend zu dechiffrieren. Wortsymbole werden für das Ding an sich gehalten. Die Meinungsforschung kann noch so arbeiten, weil Meinung im Sprachkode formuliert und ausgedrückt wird, weil sie der Befragte selbst in seinem Bewußtsein in Wortsymbolen fixiert. Die Kunst hingegen wird nicht vermittels der Wortsymbole apperzipiert, sie dringt ins Bewußtsein in Ausdrucksgesten, in ‚Bildern', in einer nicht verbalisierbaren ‚Semantik' der Töne, der Farben und Gestalten ... Der Hörer macht sich weder seine Zuneigung noch seine Abneigung in Wörtern bewußt" (KARBUSICKY, Musikforschung, S. 282 f.). Selbst bei völliger Identität verbaler Äußerungen sind die ihnen zugrundeliegenden Einstellungen und Meinungen der Hörer nicht unbedingt identisch.

Angesichts der vielfältigen Unsicherheiten zieht KARBUSICKY die Konsequenz: „Daher betrachten wir nie unsere Prozentzahlen als etwas absolut Maßgebendes; es ist nur etwas, das uns über die *Tendenzen* informiert" (Musikerziehung, S. 60).

3 V. KARBUSICKYS *musiksoziologische Forschungen zum Musikhören*

Die verschiedenen musiksoziologischen Forschungen V. KARBUSICKYS stützen sich weitgehend auf zwei Erhebungen, die er zusammen mit Jaroslav KASAN in der Zeit zwischen 1963 und 1967 in der Tschechoslowakei durchführte.[30] Eine repräsentative Auswahl von 2308 Personen wurde anhand eines Fragebogens interviewt.[31] Ergänzt wurde diese direkte Befragung durch „eine speziell veranstaltete, vom Rundfunk ausgestrahlte Rundfrage, in der die Teilnehmer schriftlich auf ausgewählte Fragen der Grundforschung zu antworten hatten" (KARBUSICKY/KASAN I, S. 179). 399 gültige Fragebogen gingen ein.

KARBUSICKYS „methodisches Hauptmittel der empirisch-soziologischen Musikforschung ist ein *klingender Fragebogen*" (KARBUSICKY, Musikforschung, S. 286). Er besteht aus einer Anzahl verschiedenster Musikbeispiele, mit denen der Hörer während der Befragung unmittelbar konfrontiert wird. Zum Teil auf Grund von Erfahrungen aus Vorversuchen, zum Teil auf Grund theoretischer Überlegungen wird die Länge der Musikbeispiele auf 10–40 Sekunden festgelegt. Sie reicht zur Stellungnahme des

Hörers aus. Das Beispiel erweist sich sogar als repräsentativ für eine Gattung oder einen Stil, „weil die Hörer überraschend leicht von einer konkreten Komposition auf den ganzen Musiktypus zu abstrahieren imstande sind" (S. 287).[32]

Bei den grundlegenden Fragen nach der Beliebtheit der verschiedenen Musikgattungen arbeitet KARBUSICKY bewußt mit einer einfachen Skalierung: „es gefällt – gleichgültig – es gefällt nicht".[33] Er zielt damit auf eine möglichst unmittelbare Reaktion des Hörers.

Diese Art der Befragung ist ungeeignet für zwei Hörergruppen:

1. für „allzu fachlich gebildete . . . Personen . . .: sie sind nämlich nicht fähig, eine eindeutige Antwort zu geben, ihr Verhalten ist wegen ihres größeren Musikwissens mehr analytisch" (S. 287);
2. für „Personen, deren musikalisches Bewußtsein noch nicht durch technische Medien geformt ist, [die] also in einer ‚vorindustriellen Gemeinschaft', in der die Hörerfahrung einer größeren Menge von Musikgattungen fehlt, [leben]. Die Möglichkeit einer *Wahl* besteht hier noch nicht" (S. 287).

In der ersten Erhebung werden die Fragen nach der Musik, die in Beispielen erklingt, ergänzt durch rein verbale Faktfragen:

1. zur „aktiven Musikalität" der Befragten, zu ihrer „rezeptiven Empfänglichkeit für Musik" und zu dem „Einfluß der Schule auf die Musikalität";
2. zur Person: „Geschlecht, Alter, Bildungsgrad, Beruf und Siedlungstyp" (KARBUSICKY/KASAN I, S. 181).[34]

Für die zweite Erhebung wird der Fragebogen unter anderem erweitert:

1. durch Fragen nach dem Ursprung der Beliebtheit der Musik: direktes Anhören, Rundfunk, Fernsehen;
2. durch rein verbale Fragen, „die in sich Elemente einer gewissen Wertung des künstlerischen Werkes bergen" (II, S. 207),[35] und durch Fragen nach der Kenntnis des Werkes;
3. durch offene Fragen nach den durch vorgespielte Ausschnitte

von Programmusik und elektronischer Musik hervorgerufenen Vorstellungen;
4. durch Fragen nach den Empfindungen, die unterschiedliche, kurze Musikbeispiele hervorrufen.[36]

Die Umfrageergebnisse werden entsprechend dem Forschungsziel ausgewertet: „eine grobe Orientierung" in bezug auf Geschmacks- und „Verhaltenstendenzen zur Musik bei sekundären Gruppen" (KARBUSICKY, Musikforschung, S. 301 f.); Auffinden sowohl individuell-psychologischer als auch sozio-kulturell bedingter Abhängigkeiten des Musikhörens und -verstehens. Die Einzelerträge sind so vielfältig, daß sie nicht alle mitgeteilt werden können.

Das allgemeine Verhalten der Befragten zu den erforschten Gattungen der Musik zeigt die graphische Darstellung auf S. 82 (aus: KARBUSICKY/KASAN I, S. 119 [Fassung der deutschen Begriffe vom Verfasser, S. 180]).

Die „relativ große Vorliebe für das gesamte Gebiet der Unterhaltungs-, Blas- und Tanzmusik" (S. 182) ist deutlich zu erkennen. KARBUSICKY differenziert die Ergebnisse dieser Umfrage nach dem Verhalten zur Musik in bezug auf Alter, Schulbesuch/Bildung, Beruf, Siedlung und stellt sie in vielfältige Beziehungen zu den Zusatzangaben. Einige allgemeingültige Schlußfolgerungen aus der ersten Studie sind:

1. Die Musik gehört „zu den Elementarkomponenten der psychischen Veranlagung jedes Menschen ... Wir fanden keine einzige Person, die nicht imstande gewesen wäre, auf Musik wenigstens irgendwie zu reagieren, wir fanden niemanden, der nicht wenigstens irgendein ... ‚eigene[s]' Genre hatte, es gibt keinen absolut amusikalischen Menschen" (S. 189).
2. „Es wird die Voraussetzung beglaubigt, daß das Bildungsniveau und das damit verbundene Erwecken von Interessen eine der Grundbedingungen der Empfänglichkeit und des Verständnisses für das Kunstwerk ist" (S. 188).
3. „Die Aussagen vieler geprüfter Personen zeugen zwar von der Unbeliebtheit ernster Musik, aber gleichzeitig auch von der Achtung vor ihr" (S. 188 f.).

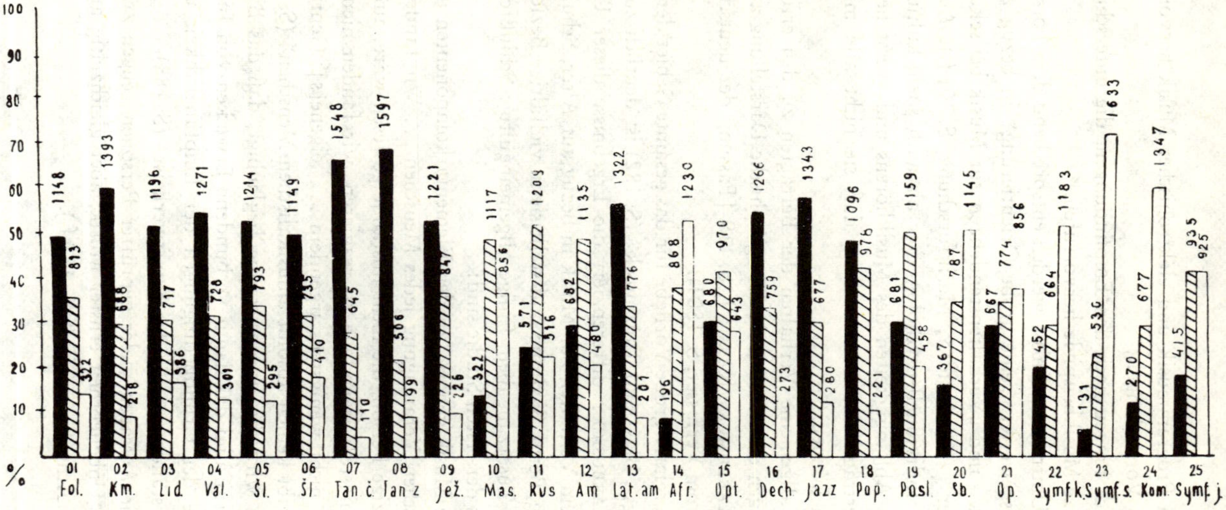

100
90
80
70
60
50
40
30
20
10
%
1148 813 322
1393 688 218
1196 717 386
1271 728 301
1214 793 295
1149 735 410
1548 645 110
1597 506 199
1221 847 226
322 856 1117
571 1209 516
682 1135 480
1322 776 201
196 868 1230
680 970 643
1266 759 273
1343 677 280
1096 976 221
681 1159 458
367 787 1145
667 774 856
452 664 1183
131 536 1633
270 677 1347
415 935 925
01 Fol.
02 Km.
03 Lid.
04 Val.
05 Šl.
06 Šl
07 Tan č.
08 Tan z
09 Jež.
10 Mas.
11 Rus
12 Am
13 Lat.am
14 Afr.
15 Opt.
16 Dech
17 Jazz
18 Pop.
19 Posl.
20 Sb.
21 Op.
22 Symf.k.
23 Symf.s.
24 Kom.
25 Symf.j.

4. „Es zeigt sich ..., daß die moderne Musik dank der Beliebtheit von Jazz und der funktionell angewandten Musik in Film, Fernsehen und auf der Szene in das menschliche Bewußtsein als ein adäquater musikalischer Ausdruck der modernen Umwelt eindringt“ (S. 188).

Entsprechend den Erweiterungen des Fragebogens für die zweite Erhebung ergeben sich neue Erkenntnisse:

[Bedeutung der Zeichen: ausgefüllte Säule = es gefällt; schräg schraffierte Säule = gleichgültig; leere Säule = es gefällt nicht.]

01 südböhmisches Volkslied
02 Marsch
03 ältere traditionelle Volksblasmusik
04 Volksblasmusik aus der Gegenwart
05 Tanzlied
06 Chanson
07 übliche tschechische Tanzmusik
08 ausländische Schlager
09 Tanzlied aus der Vorkriegszeit
10 politisches Massenlied
11 russische Folklore
12 nordamerikanische Folklore
13 lateinamerikanische Folklore
14 afrikanische Folklore
15 Operette
16 orchestrale Blasmusik
17 Jazz/Dixieland
18 populäre Musik (Konzertwalzer)
19 Estradenmusik
20 Chorgesang
21 Oper
22 Klassische Sinfonie
23 Zeitgenössische Sinfonie
24 Kammermusik
25 Jazz

1. Musik wird am häufigsten am Radio gehört; lediglich Studenten und Beamte hören sinfonische Musik überwiegend direkt (II, S. 51 f. und S. 210 f.).
2. Bei einer – im Wortsinne – Wertschätzung von Musik muß zwischen den Meinungen der verschiedenen Gruppen unterschieden werden. Die gebildeten Gruppen kommen in der Einschätzung der Beliebtheit verschiedener Gattungen der Musik im allgemeinen der Realität nahe; bei den übrigen Gruppen deuten sich zwei Richtungen der Einschätzung an:
   a) Im Bereich der Unterhaltungsmusik ist die eigene Vorliebe für eine Gattung bestimmend für das Urteil über die allgemeine Wertschätzung.
   b) Im Bereich der ernsten Musik wirkt sich das Bewußtsein der „Erstrebenswertigkeit" auf das Urteil aus.

   In beiden Fällen wird überbewertet (S. 165 f. und S. 216 f.).
   Als Beispiel die graphische Darstellung der Wertschätzung der Lehrlinge in ihrem Verhältnis zu eigenem Verhalten (aus: Karbusicky, Musikerziehung, S. 60):

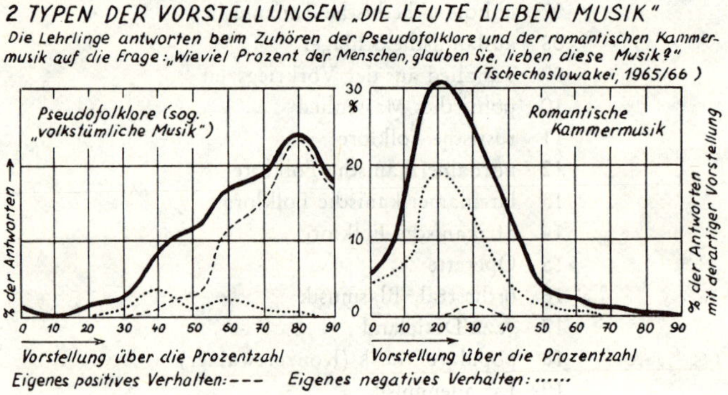

3. Vorstellungen beim Hören von Musik fassen Musik in ihren „Grundwirkungen ... als Ausdruck, als Bild, als Symbol" (Musikforschung, S. 304).
   Proben aus Smetanas sinfonischer Dichtung ›Aus Böhmens Hain und Flur‹ erwecken zum Beispiel Vorstellungen wie

Trauer – Feierlichkeit / Landschaft – Wasser – Wald / Tanz; Proben elektronischer Musik aus EIMERTS ›Fünf Stücken‹: Furcht – Trauer – Spannung / erwachende Stadt – Konstruktionen – Roboter / Kosmos – fremde Planeten – ewige Stille (S. 303 f.).[37] Die Art der Vorstellungen differiert in den Gruppen; daraus muß geschlossen werden, daß der „eigentliche Wahrnehmungs- bzw. Auffassungsprozeß" (KARBUSICKY/KASAN II, S. 219) von Musik sozial determiniert ist. In der Art der geäußerten Vorstellungen spiegeln sich aber auch Steuerungsvorgänge von außen, sei es durch erläuternde Literatur, durch eine bestimmte Art des Musikunterrichts, durch den Gebrauch von Musik in bestimmten Situationen, für bestimmte Zwecke und anderes (S. 218 ff.). Vorstellungen werden auch zu Musik geäußert, die von den Hörern abgelehnt wird; es zeigt sich, daß ein negatives Verhältnis eines Hörers zu einer Musikgattung nicht bedeutet, „daß er mit ihr in bezug auf Gehör keine Erfahrung hat und daß sie in ihm überhaupt keinerlei Reaktion hervorruft" (S. 216). Die Graphik auf S. 86 gibt das Vertrautsein der Hörer mit elektronischer Musik in Relation zur Beliebtheit bzw. Unbeliebtheit dieser Musik wieder; außerdem sind die typisierten Vorstellungen verschiedener Gruppen beim Hören des Musikbeispiels aufgeführt (Empirische Musiksoziologie, S. 92).

4. Der emotionale Inhalt der Musik wird „mit großer Sicherheit und Bedeutsamkeit in Übereinstimmung mit der Absicht des Komponisten" (KARBUSICKY/KASAN II, S. 222) erfaßt. Gruppen- und damit soziale Unterschiede führen weniger zu Fehlurteilen als zu mangelnder Prägnanz im Urteil. So herrschen zum Beispiel bei den Gruppen der Bauern und Lehrlinge im Vergleich zu den Gruppen der Studenten und Beamten „schwankende, wenig ausgeprägte Bestimmungen" vor. Aus der überraschenden „Uniformität der Ergebnisse" läßt sich folgern, „daß ... ästhetische Erfassung und Einstellung scheinbar noch etwas mehr bedeuten als nur die Fähigkeit, den emotionalen Inhalt der Komposition zu erfassen, da ein im großen und ganzen verläßliches Begreifen

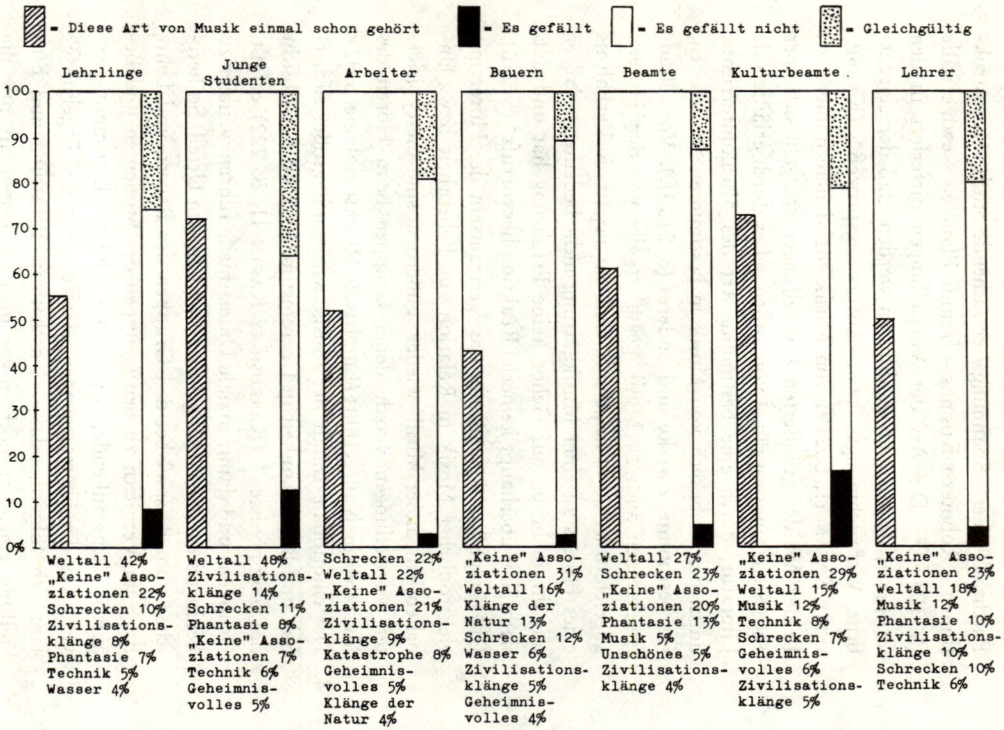
- Diese Art von Musik einmal schon gehört
- Es gefällt
- Es gefällt nicht
- Gleichgültig
Lehrlinge
Junge Studenten
Arbeiter
Bauern
Beamte
Kulturbeamte
Lehrer
100
90
80
70
60
50
40
30
20
10
0%
Weltall 42%
„Keine" Assoziationen 22%
Schrecken 10%
Zivilisationsklänge 8%
Phantasie 7%
Technik 5%
Wasser 4%
Weltall 48%
Zivilisationsklänge 14%
Schrecken 11%
Phantasie 8%
„Keine" Assoziationen 7%
Technik 6%
Geheimnisvolles 5%
Schrecken 22%
Weltall 22%
„Keine" Assoziationen 21%
Zivilisationsklänge 9%
Katastrophe 8%
Geheimnisvolles 5%
Klänge der Natur 4%
„Keine" Assoziationen 31%
Weltall 16%
Klänge der Natur 13%
Schrecken 12%
Wasser 6%
Zivilisationsklänge 5%
Geheimnisvolles 4%
Weltall 27%
Schrecken 23%
„Keine" Assoziationen 20%
Phantasie 13%
Musik 5%
Unschönes 5%
Zivilisationsklänge 4%
„Keine" Assoziationen 29%
Weltall 15%
Musik 12%
Technik 8%
Schrecken 7%
Geheimnisvolles 6%
Zivilisationsklänge 5%
„Keine" Assoziationen 23%
Weltall 18%
Musik 12%
Phantasie 10%
Zivilisationsklänge 10%
Schrecken 10%
Technik 6%

MUSIKALISCHE APPERZEPTION ALS AUSTAUSCH VON AKTIVITÄTEN UND INTERFERENZ VON ENERGIEFELDERN

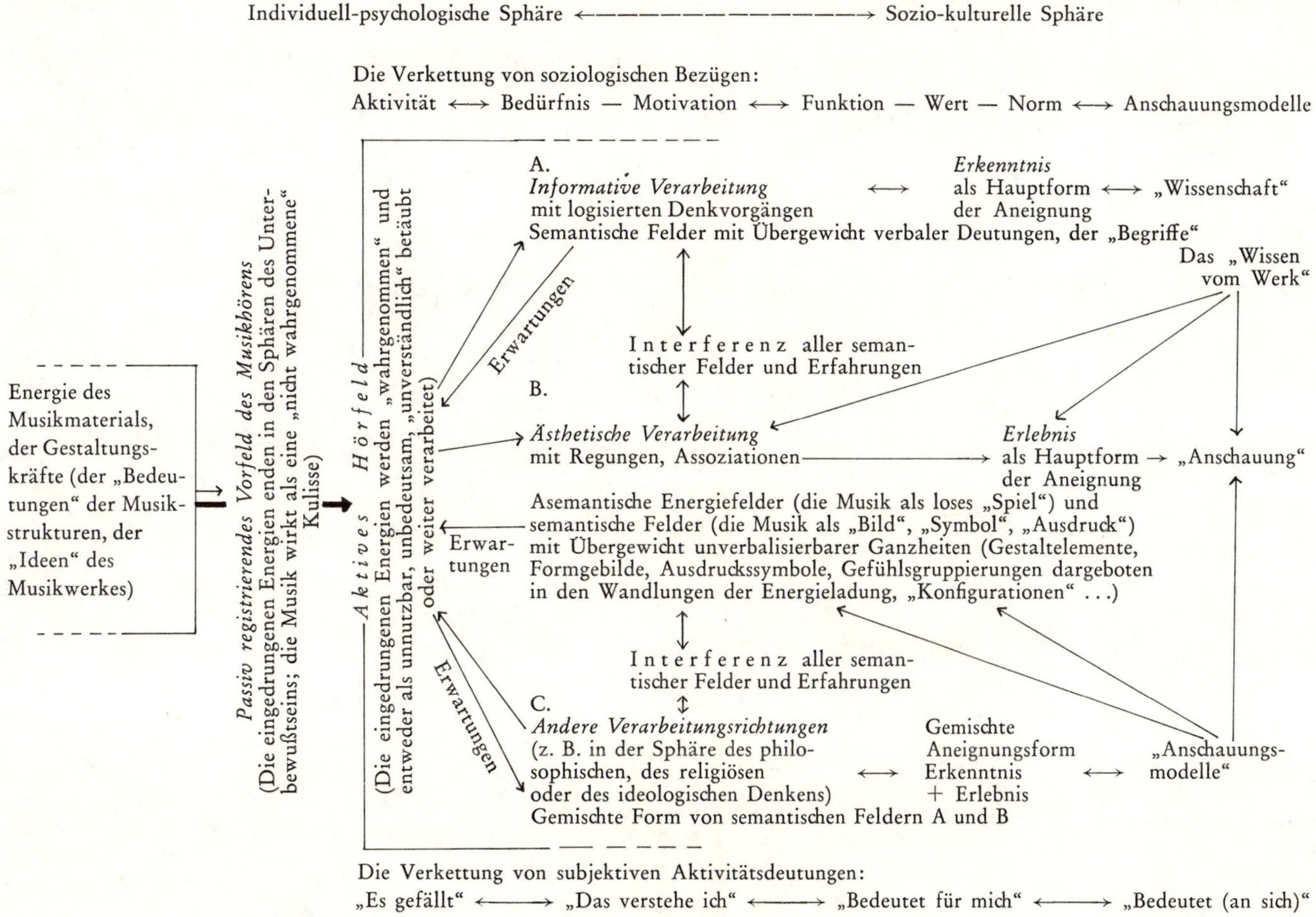

des emotionalen Inhaltes bei der ernsten Musik auch bei jenen Gruppen aufgetaucht ist, die ganz offen zugeben, daß sie für diese Musik kein Interesse haben" (S. 222).

Das in den umfangreichen empirischen Untersuchungen gewonnene Material ordnet KARBUSICKY in seinen verschiedenen Arbeiten immer wieder neu, er setzt es immer wieder anders zueinander in Beziehung, um zu neuen Erkenntnissen zu gelangen; mal ist es ihm Ausgangspunkt, mal nachträgliche Begründung theoretischer Konstruktionen (vgl. in dieser Schrift S. 74 f.).

Dem Problem des Musikverstehens in soziologischer Sicht widmet KARBUSICKY eine eigene Studie (Das „Verstehen der Musik"). Musikverstehen läßt sich für ihn nicht definieren; es ist ein Prozeß, in dem, je nach der Art und dem Verlauf der Musik (S. 127, Abb. 3) und der Einstellung des Hörers, verschiedene Kräfte kognitiver und emotioneller Art dominieren. Beides: die Musik und auch die Determinanten der Reaktionsweisen des Hörers sind keine starren Größen, sondern haben dynamischen Charakter.

In seiner Studie ›Hörerziehung als musiksoziologisches Experiment‹ entwirft KARBUSICKY ein Modell, in dem er den Prozeßcharakter der musikalischen Apperzeption darstellt. Viele der mannigfaltigen empirischen Kenntnisse und der in Einzelstudien gewonnenen Erkenntnisse fließen darin ein (Hörerziehung, S. 406 ff.).

Erläuterungen zum Modell (vgl. Faltblatt):

1. Auf die Interaktion zwischen Musik und Hörer wendet KARBUSICKY die Theorie des Feldes an (Verstehen, S. 128). Sowohl der Hörer als auch die Musik wird betrachtet als ein wandelbares Feld von Möglichkeiten. Im verstehenden Musikhören, bei der Aufnahme des Gehörten in das aktive Hörfeld stellt sich eine Beziehung zwischen Hörer-Feld und Musik-Feld her. In der Sprache der Feldtheorie heißt das: Es findet eine Interferenz zwischen diesen beiden Feldern statt; im Kontakt zwischen Musik und Hörer bildet sich innerhalb der Felder eine Verdichtung.[38]

2. Auf die „Verkettung von soziologischen Bezügen" wirkt

sich sowohl die individuell-psychologische als auch die soziokulturelle Sphäre, von denen der Apperzeptionsprozeß abhängt, aus.

3. Zur Verkettung der im Modell genannten Bezüge: „Ihre Bindung ist energetisch anzusehen: alle Strukturelemente ordnen sich in unzählige ‚Reihen' und gehören jeweils ... zu anderen, momentan dominierenden Feldern von Kräften. Somit ist jeder Strukturbestandteil eine Funktion des Ganzen,[[39]] so daß eine Veränderung einer der Komponenten eine Umgruppierung, eine andere ‚Energieladung' zur Folge hat" (Hörerziehung, S. 388 f.).

4. Das wichtigste Glied der Verkettung ist die Aktivität.[40] KARBUSICKY versteht darunter die Zuwendung des Hörers zur Musik, die ihre jeweilige Spezifik, ihre Orientierung aus den soziologisch verstandenen Einflüssen von „Bedürfnis – Motivation, Funktion – Wert – Norm, Anschauungsmodelle[n]" erhält.

5. Erste Folge der Aktivität ist die Wahrnehmung als „ästhetische Aufnahme des Gehörten ins aktive Hörfeld" (S. 403).[41]

6. Als aktives Hörfeld des Menschen bezeichnet KARBUSICKY den gesamten Bereich musikalischer Wahrnehmungen, denen sich der Hörer zuwendet, um sie weiter zu verarbeiten. Er umfaßt in der Regel – unabhängig von sozialen Bedingtheiten – acht bis neun Musikgattungen (Musikforschung, S. 316, Schema 5).

7. „Aus den Wahrnehmungen bildet sich entweder ein informativer Bericht (dessen Versetzung in Begriffe und weitere noetische Verarbeitung bis zu ‚Verstehen' durch ein wissenschaftliches ‚Begreifen' gelangen kann) [vgl. im Modell „Informative Verarbeitung"] oder ein ästhetischer Bewußtseinsinhalt, der, bereichert um Regungen und Assoziationen, zum ‚Verstehen' durch ein ‚Erlebnis' gelangt [vgl. im Modell „Ästhetische Verarbeitung"]. Im Erlebnis verbinden sich auch ‚Erkenntnisse', die in der ersteren Verarbeitungsrichtung erreicht wurden, oder auch ‚Anschauungsmodelle', zu denen die Verarbeitung in der philosophischen, religiösen oder ideologischen Richtung des Denkens gelangte" (Hörerziehung, S. 404).

8. Im Vollzug der Apperzeption gewinnt der Hörer Erfahrungen, die sich beim nächsten Hören als Erwartungen auswir-

ken, „von denen die Intentionalität der Wahrnehmungen bestimmt wird“ (S. 409).[42]

Musikhören muß nach diesem Modell KARBUSICKYS verstanden werden als jeweils einmaliger Prozeß, einmalig in bezug auf die Interferenz zwischen Musik-Feld und Hörer-Feld. Und selbst bei ein und demselben Hörer verläuft der Prozeß des Hörens eines Stückes nicht immer gleich; denn „es genügt eine andere Versuchssituation, eine andere Vorbereitung durch ‚Erwartungen‘, ein anderer psychischer Zustand, ein anderer Kontext der Musikprobe, ein veränderter funktioneller Aspekt – und die Apperzeption verläuft anders“. Allgemeine Aussagen über das Musikhören lassen sich dann aber nicht mehr aus einfachem empirischen Material gewinnen. „Erst durch eine Kreuzung von Fragen, durch eine Filtration zufällig variabler Anstöße erscheinen bestimmte ‚Richtungen‘, Neigungen, interpersonelle Beständigkeiten der Apperzeption, die man als sozial gebunden auswerten kann“ (S. 423).

Hier sieht KARBUSICKY noch ein breites, bislang kaum bearbeitetes Feld musiksoziologischer Forschung. Man wird erinnert an den weiten Horizont, den SILBERMANN für eine Erforschung des Musikhörens innerhalb einer allgemeinen Musiksoziologie absteckt.

4 Th. W. ADORNOS *musiksoziologische Erkenntnisse und „Erwägungen“*

Es gibt spezifische Schwierigkeiten, ADORNOS Anschauungen zum Musikhören auch nur skizzenhaft darzustellen. Sie liegen weniger in seiner nicht immer leicht verständlichen Sprache, sondern mehr darin, daß all seine Äußerungen gleichsam ein Zentrum umkreisen; sie sind den meist kritisierten Verhältnissen insofern dialektisch verbunden, als sich eine lineare Deduktion im Sinne einer überschaubaren Systematik daraus nicht ableiten läßt. Wo immer man den Gedankenfaden aufnehmen möchte: niemals zeigen sich Anfang und Ende, alles ist voneinander abhängig. So bleibt jeder Versuch letztlich unangemessen und unbefriedigend. Wohl im Mittelpunkt seines musiksoziologischen Interesses steht die Frage, wie Gesellschaftliches in Musikalischem enthalten ist. Probleme des Musikhörens sind dagegen von sekundärem Rang: „Die gesellschaftliche Distribution und Rezeption der Musik ist bloßes Epiphänomen; das Wesen ist die objektive gesellschaftliche Konstitution der Musik in sich" (ADORNO, Einleitung, S. 398, und Ideen, S. 23).

Wenn ADORNO sich dennoch so häufig und ausführlich zum Musikhören äußert, dann wohl vor allem aus zwei Gründen, die sich ergänzen: Zum einen ist ihm das „regressive Hören" Indiz für das heute widersprüchliche Verhältnis zwischen Musik und Gesellschaft, und zum anderen ist er selbst nicht sicher, ob seine Forderung nach „adäquatem Hören" nicht „ein Wunschbild ist, konzipiert erst als Negation des gegenwärtigen Zustands" (Einleitung, S. 430). So sieht ADORNO das Verhältnis zwischen Musik und Gesellschaft: „Das Verhältnis der Kunstwerke zur Gesellschaft ist der Leibnizschen Monade zu vergleichen. Fensterlos, also ohne der Gesellschaft sich bewußt zu sein, jedenfalls ohne daß dies Bewußtsein stets und notwendig sie begleitet, stellen die Werke, und die begriffsferne Musik zumal, die Gesellschaft vor; man möchte glauben: desto tiefer, je weniger sie auf die Gesellschaft blinzelt" (S. 413). Nach ADORNO wird dieses Verhältnis im Verlaufe der vergangenen hundert Jahre zunehmend gespannter. Der Grund dafür liegt in der Entwicklung der gesellschaftlichen Verhältnisse, die sich manifestieren in der „verwalteten Welt". Diese ist geprägt von falschem Bewußtsein, Verdinglichung und Entfremdung. Auf eine sich so darstellende Gesellschaft kann Kunst nur durch „Opposition, durch Kündigung ihres Gesellschaftsvertrags" (S. 426) reagieren. Musik kann nur dann noch *wahr* sein, sich nur dadurch dem Einfluß falschen Bewußtseins entziehen, daß sie sich in äußersten Gegensatz zu dem stellt, wonach falsches Bewußtsein verlangt. Die Desiderate der gegenwärtigen Gesellschaft dringen in die Musik ein ex negativo. Insofern ist auch sie von dieser Gesellschaft abhängig.

Der Hörer aber ist dem *Markt* ausgeliefert. „Die soziale Übermacht der materiellen Bedingungen der Arbeit über die Individuen ist so groß, die Chance ihrer Selbstbehauptung dagegen so hoffnungslos, daß sie regredieren und in einer Art von Mimikry dem Unentrinnbaren sich gleichmachen" (S. 404 f.). Wenn empirische Musiksoziologie Reaktionen so regredierter Hörer untersucht, dann muß ADORNO dieses Verfahren von seinem Standpunkt aus ablehnen. „Weil die Subjekte heute Objekte der Gesellschaft sind, nicht ihre Substanz, sind auch ihre Reaktionsformen nicht objektive Daten, sondern Bestandteile des Schleiers ... Die gesicherten Beobachtungen fügen sich zur Mauer vor dem Wesen, das im Beobachteten bloß erscheint; der Empirismus erfährt nicht, was er erfahren zu wollen behauptet" (S. 398 f.). Er kann es nicht erfahren, weil der Hörer – ausgeliefert dem „Massenbetrug" der Kulturindustrie (HORKHEIMER/ADORNO, S. 108 ff.) – keinen subjektiven Bezug zur Sache haben kann; seine Reaktionen sind *vermittelte,* Spiegelungen der Einflüsse der Kulturindustrie. ADORNOS Formulierungen bei der Beschreibung so geprägten Hörens und Verhaltens erwecken häufig den Eindruck polemischer Verachtung. Man sollte dabei bedenken, daß sie nicht den Hörern, sondern den Umständen gilt, die den Hörer fesseln.

Ausgenommen die avancierte Musik, die kaum zur Kenntnis genommen wird, zeigen sich die charakteristischen Symptome heutigen Musikhörens gegenüber aller Musik. „Wo sie [die Hörer] überhaupt reagieren, macht es schon keinen Unterschied mehr, ob es sich um die ›Siebente Symphonie‹ oder das Badehöschen handelt" (ADORNO, Fetischcharakter, S. 83). Sie „hören atomistisch und dissoziieren das Gehörte" (S. 94). „Die perzeptive Verhaltensweise ... ist die Dekonzentration" (S. 96).[43] „... das dekonzentrierte Hören [macht] die Auffassung eines Ganzen unmöglich" (S. 97). „Die Emanzipation der Teile von ihrem Zusammenhang und allen Momenten, die über ihre unmittelbare Gegenwart hinausgehen, inauguriert die Verschiebung des musikalischen Interesses auf den partikularen, sensuellen Reiz" (S. 97). „Die Reize, die sie genießen, müssen von approbierter Art sein“ (S. 98). „Die Reaktionen auf die isolierten Reize sind ambivalent“ (S. 98). „Auf der einen Seite verlangt das infantile Hören sinnlich reichen, vollen Klang ... Andererseits verlangt das infantile Hören überall die bequemsten und geläufigsten Lösungen“ (S. 100).

Der unmittelbare Grund für diese Verhaltensweise des Hörers liegt in der Funktion von Musik heute; diese Funktion wiederum wird bestimmt von der „verwalteten Welt“.

Adorno widmet eine ganze Vorlesung seiner ›Einleitung in die Musiksoziologie‹ der Beschreibung der Funktion von Musik in der heutigen Gesellschaft. Er kommt zu dem Schluß, daß „die Funktion der Musik eins mit der ideologischen Tendenz der Gesamtgesellschaft“ (Einleitung, S. 235) ist. Die ideologische Tendenz besteht im Erzeugen und Bewahren falschen Bewußtseins. Das bedeutet: alle Funktionen sind Schein, Illusion, Ersatz, das heißt: Lüge. Eine auffällige Funktion der Musik heute ist die der „Ablenkung ...: die Menschen daran zu hindern, über sich und ihre Welt nachzudenken, und ihnen zugleich vorzutäuschen, um jene Welt sei es richtig bestellt, da sie eine solche Abundanz von Erfreulichem gewährt“ (S. 222). Die Musik dispensiert „von der Befassung mit dem Wahren und Unwahren“ (S. 223). In der „Trostfunktion“ suggeriert ihr „Laut ... eine Stimme des Kollektivs, das seine Zwangsmitglieder nicht ganz verlassen sein läßt“ (S. 223). „... als Freudenbringer schlechthin“ ist sie „durchweg auf den Ton des Vergnügten gestimmt ... Sie will diejenigen, die mit ihr sich identifizieren, glauben machen, so fröhlich seien auch sie“ (S. 223 f.). „Musik wird zum Trost durch den puren Pleonasmus, daß sie das Schweigen bricht“ (S. 226). Sie schafft „die Illusion von Unmittelbarkeit in der total vermittelten Welt, von Nähe zwischen den Fremden, von Wärme für die, welche die Kälte des ungemilderten Kampfs aller gegen alle zu spüren bekommen“ (S. 227). „Sie ist die Dekoration der leeren Zeit“ (S. 228). „Die einmal Heilmittel gegen die Langeweile besitzen, und wären es die schlechtesten, sind nicht willens, jene weiter zu tolerieren: das trägt bei zur Massenbasis des musikalischen Konsums“ (S. 229). „Die

Form der Arbeit in der industriellen Massenproduktion ist virtuell die der Wiederholung des Immergleichen: der Idee nach geschieht überhaupt nichts Neues ... Gegenüber solcher durch die Wiederholung abgedrosselten Zeit reduziert die Funktion von Musik sich darauf vorzutäuschen, daß ... überhaupt irgend etwas geschehe, sich ändere ... Durch ihre ... Form, die der Zeitkunst, ... bewirkt sie etwas wie die imago von Werden; noch in ihrer jämmerlichsten Gestalt ist ihr dessen Idee unverloren, und von dieser will das nach Erfahrung gierende Bewußtsein nicht ablassen" (S. 230). „Akustische Passivität wird zum Gegensatz der Arbeit, Hören zur tolerierten Enklave inmitten der rationalisierten Arbeitswelt" (S. 232).[44] Das „befördert den Wahn, die Welt sei selber noch nicht ganz rationalisiert" (S. 232). „Daß Musik dem Individuum imaginativ etwas von den Körperfunktionen zurückgibt, die es real eingebüßt hat, ist erst die halbe Wahrheit: die Körperfunktionen, welche der Rhythmus nachbildet, sind selber, in der mechanischen Starrheit ihrer Wiederholung, identisch mit denen der Produktionsprozesse, die das Individuum der Körperfunktionen beraubten. Ideologisch ist die Funktion der Musik nicht nur insofern, als sie den Menschen eine Irrationalität vorgaukelt, die keine Gewalt hat über die Disziplin ihrer Existenz, sondern auch, insofern sie diese Irrationalität den Mustern rationalisierter Arbeit anähnelt. Wovor sie zu flüchten hoffen, das läßt sie nicht aus ... An der konsumierten Musik läßt sich ablesen, daß kein Weg hinausführt aus der totalen Immanenz der Gesellschaft" (S. 233 f.).

Diese von der arbeitsteiligen Gesellschaft geprägten ideologischen Funktionen der Musik beeinflussen nicht nur das Musikhören des Einzelnen; die konsumierte Musik insgesamt erhält „Fetischcharakter"[45] durch den Zerfall in einzelne und als solche übersteigerte Funktionen. Gleichzeitig damit werden die Werke „depraviert". „Die Verdinglichung ergreift ihre inwendige Struktur. Sie verwandeln sich in ein Konglomerat von Einfällen, die durch die Mittel von Steigerung und Wiederholung den Hörern eingeprägt werden, ohne daß die Organisation des Ganzen über diese das mindeste vermöchte" (Fetischcharakter, S. 87). Wird Musik gehört, ohne ihre eigentliche Qualität auch nur zu ahnen, so wird sie zur *Ware*. Eine vielleicht ursprünglich intendierte ästhetische Beziehung zwischen Musik und Hörer hat sich verwandelt in die eines *Konsumenten* zur Ware Musik, die er zu ganz bestimmten Zwecken kauft. Die Zwecke wiederum sind identisch mit den Funktionen, die ihrerseits nicht subjektiv, individuell, sondern – wie oben gezeigt wurde – gesellschaftlich vermittelt sind.

Und so schließt sich im Sinne ADORNOS „der gesellschaftliche Verblendungszusammenhang zum circulus vitiosus" (Einleitung, S. 401): Die Kulturindustrie als integraler Bestandteil der „verwalteten Welt" beliefert den Konsumentenhörer genau mit jener Ware, wonach das falsche Bewußtsein – Produkt der verwalteten Welt – verlangt. Ergebnis dieses „circulus vitiosus" ist die „Regression des Hörens. Damit ist nicht ein Zurückfallen des einzelnen Hörers auf eine frühere Phase der eigenen Entwicklung gemeint . . . Vielmehr ist das zeitgemäße Hören das Regredierter, auf infantiler Stufe Festgehaltener" (Fetischcharakter, S. 93).

Im äußersten Kontrast zu diesen stellt ADORNO den *Experten*, der große Musik adäquat hört. Der Experte ist „der voll bewußte Hörer, dem tendenziell nichts entgeht und der zugleich in jedem Augenblick über das Gehörte Rechenschaft sich ablegt" (Einleitung, S. 182). Er paßt auf wie ein „Wachhund", seine Haltung ist „eine mit nach vorn gestrecktem Kopf, eine, die nichts versäumen will, hell, auf dem Sprung gleichsam und bereit, mit aller Energie ins Vernommene sich zu verbeißen" (Anweisungen, S. 54). Er hört „strukturell", das heißt in jedem Einzelnen zugleich das Ganze als musikalischen Sinnzusammenhang.

ADORNO selbst ist das eigene Ideal suspekt: „Der Experten-Hörer bedarf einer Spezialisierung wie wahrscheinlich nie zuvor . . . Sie . . . wird oft erkauft mit schweren Störungen im Verhältnis zur Realität, mit neurotischen und selbst psychotischen Charakterdeformationen" (Einleitung, S. 197 f.). In einer *falschen Welt* wird durch Negation nichts *richtig*. Wenn hierin dennoch die einzige Möglichkeit gesehen wird, dann zugleich mit dem Bewußtsein: „Was man tut, ist falsch" (S. 197).

Anmerkungen

[1] Vgl. zum Beispiel Adorno, Einleitung, S. 178 ff.: Typen musikalischen Verhaltens.

[2] Am bedeutendsten ist die Auseinandersetzung zwischen Adorno und Silbermann, ausgetragen in den Schriften: Adorno, Thesen zur Kunstsoziologie; Silbermann, Anmerkungen zur Musiksoziologie. Nach dem Tode Adornos veröffentlicht Silbermann den Aufsatz ›Th. W. Adornos kunstsoziologisches Vermächtnis‹. In ihm teilt er S. 715 eine Äußerung Adornos mit, die die Standpunkte klärt: „Der Unterschied in bezug auf unsere verschiedenartigen Auffassungen einer Kunst- beziehungsweise Musiksoziologie liegt dort geborgen, wo ich von der Komposition herkomme, Sie aber von der Interpretation." Vgl. auch Dopheide, Musikhören, S. 8 ff.

[3] Musikwissenschaft und Musikpädagogik, die aus ihrer Tradition heraus gewohnt sind, sich immer wieder an Musik im Sinne des konkret Komponierten zu orientieren, neigen dazu, die „Soziologie als Hilfswissenschaft der Musikgeschichte" zu betrachten. Vgl. den gleichnamigen Aufsatz von H. Mersmann, in: AfMw 10, 1953, S. 1 ff.

[4] Schon aus dem Jahre 1954 datiert Silbermanns Arbeit: La musique, la radio et l'auditeur. Etude sociologique, Paris; in deutscher Übersetzung: Musik, Rundfunk und Hörer; er wendet in ihr die strukturell-funktionelle Methode auf die sozio-kulturelle Institution Rundfunk (R.T.F.) an und macht die Ergebnisse der Analyse zum Ausgangspunkt einer Planung.

[5] Vgl. Silbermann, Wovon lebt die Musik, S. 40: „Soziologie, die Wissenschaft vom sozialen Leben als solchem, seinem Wesen, seinen Formen, Ursachen, Prozessen und Zwecken, studiert das Soziale überall dort, wo es unmittelbar wahrnehmbar und faßbar ist."

[6] Silbermann faßt die Begriffe Produzenten und Konsumenten sehr weit. Als Produzenten bezeichnet er „jedwede Person oder Gruppe von Personen, die mit Hilfe der musikalischen Materie die soziale Tatsache des Musikerlebnisses schaffen" (Wovon lebt die Musik, S. 99 f.). Zu den Konsumenten zählt er nicht nur die Hörer, sondern auch „den reproduzierenden, den nachschaffenden, erläuternden und organisierenden Menschen, allein oder in Gruppen" (ebd.).

[7] Die Produzentengruppe wird von Silbermann „nur zu Zwecken der strukturellen Analyse ... von der Konsumentengruppe getrennt"

(Wovon lebt die Musik, S. 99). Die Gruppen sind an sich durch vielfache Beziehungen miteinander verbunden.

[8] Vgl. hierzu besonders Silbermann, Individualisierung, S. 56 ff.

[9] Zu Fragen des musikalischen Geschmacks in soziologischer Sicht vgl. auch: Mueller, J. H.: Fragen des musikalischen Geschmacks, Köln und Opladen 1963 (= Kunst und Kommunikation, Bd. 8); Kneif, T.: Zur Deutung des musikalischen Geschmacks, in: Über das Musikleben der Gegenwart, Berlin 1968 (= Veröffentlichungen des Instituts für Neue Musik und Musikerziehung Darmstadt, Bd. 9), S. 39 ff.; Karbusicky, Die Musikerziehung zwischen Geschmack, Verhalten und Bedürfnis.

[10] Silbermann weist (Wovon lebt die Musik, S. 187) auf das hin, was „bei der Anwendung des behavioristischen Prinzips" zur Beantwortung solcher Fragen miteinzubeziehen ist: „die Betonung der sinnvollen Umgebung als funktionell für vorgehende Aktionen; die Beachtung des individuellen Verhaltens als Verrichtungsprozeß eines Teilnehmers an einer sozio-musikalischen Aktion; der Blick auf den sozialen Rahmen der behavioristischen Prozesse; und die Beobachtung des Auftauchens, des In-Erscheinung-Tretens des Behaviors".

[11] Nicht nur Adorno hat Silbermanns Konzeption kritisiert (vgl. in dieser Schrift S. 76 ff.); hingewiesen sei noch auf H. Engels Besprechung des Buches: Wovon lebt die Musik, in: Mf 11, 1958, S. 349 ff. und die Stellungnahme T. Kneifs: Musiksoziologie, Köln 1971 (= Musik-Taschen-Bücher, Theoretica Bd. 9), S. 32 ff.

[12] Vgl. Silbermann, Anmerkungen, S. 542; ders., Musik, S. 27 ff.

[13] Scheuch, Methoden, S. 203; vgl. Hartfiel, Wörterbuch der Soziologie, S. 428 f.

[14] Vgl. Atteslander, P.: Methoden der empirischen Sozialforschung, Berlin [2]1971 (= Slg. Göschen 4229); Mayntz, R. / Holm, K. / Hübner, P.: Einführung in die Methoden der empirischen Soziologie, Opladen [3]1972.

[15] Vgl. dazu: Pagès, R.: Das Experiment in der Soziologie, in: König, R. (Hrsg.): Handbuch der empirischen Sozialforschung, Bd. 3 a: Grundlegende Methoden und Techniken. Zweiter Teil, Stuttgart [3]1974 (= dtv WR 4237), S. 273 ff.; ders. (Hrsg.): Beobachtung und Experiment in der Sozialforschung. Praktische Sozialforschung, 2. Bd., Köln [8]1972.

[16] Vgl. dazu: König, R. (Hrsg.): Beobachtung und Experiment in der Sozialforschung. Praktische Sozialforschung, 2. Bd., Köln [8]1972; ders.: Die Beobachtung, in: ders. (Hrsg.): Handbuch der empirischen

Sozialforschung, Bd. 2: Grundlegende Methoden und Techniken. Erster Teil, Stuttgart [3]1973 (= dtv WR 4236), S. 1 ff.

[17] Vgl. dazu Silbermann, Systematische Inhaltsanalyse, in: König, R. (Hrsg.): Handbuch der empirischen Sozialforschung, Bd. 4: Komplexe Forschungsansätze, Stuttgart [3]1974 (= dtv WR 4239), S. 253 ff.

[18] Auf die Bedeutung der Methode des Experiments für die Untersuchung des Musikhörens weist V. Karbusicky hin; vgl. in dieser Schrift S. 89. Auf Beobachtung beruhen zum Beispiel Silbermanns Forschungen zu den „Sonoritätsgruppen"; vgl. in dieser Schrift S. 72. Beobachtung und auch Inhaltsanalyse werden als Methoden – wenn auch vielfach nicht streng systematisch – bei der Untersuchung des Verhaltens Jugendlicher zur Musik eingesetzt; vgl. in dieser Schrift S. 105 ff.

[19] Die meisten ermittelten Werte liegen vor über Kauf und Besitz von Plattenspielern und Schallplatten, teilweise in Abhängigkeit von Einkommen und Alter. Sie sind, wenn überhaupt, auf das Verhältnis von E- und U-Musik hin aufgeschlüsselt. Die Ergebnisse entsprechen den Erwartungen: Das Interesse an U-Musik übertrifft weit das an E-Musik und ist altersabhängig. Vgl. dazu: Hörgewohnheiten im Sendegebiet des NDR 1970, Bd. II, S. 15 f.; Blücher, Generation, S. 292 f.; Gröning, Der Käufer; Hartwich, Noch einmal, S. 187; Schallplatteninteresse – ein Altersproblem.

[20] Vgl. dazu Holm, Die Befragung; König, Das Interview; Kreutz, Soziologie der empirischen Sozialforschung; Scheuch, Das Interview in der Sozialforschung; ders., Auswahlverfahren in der Sozialforschung.

[21] Vgl. hierzu besonders Kreutz, Soziologie, S. 61 ff.

[22] Die Befragung ist in Frage und Antwort auf Sprache angewiesen; darin ist unter anderem die „sehr starke Kulturgebundenheit" (Scheuch, Methoden, S. 206) dieser Technik begründet.

[23] Nach Hartfiel, Wörterbuch der Soziologie, S. 62; die Vereinfachung möge zugunsten einer besseren Übersicht hingenommen werden. – Scheuch unterscheidet: Tatsachenfragen, Beurteilungsfragen, Einstellungsfragen, Meinungsfragen (Interview, S. 143); G. Kunz nennt Fakt- oder Tatsachenfragen, Verhaltensfragen, Einstellungsfragen, Meinungsfragen (vgl. Interview, S. 507).

[24] Für die DDR sei genannt: Niemann, Soziologische Analyse der Musikgespräche 1966.

[25] Das Institut für Demoskopie Allensbach befragte zum Beispiel 1963 Studenten nach ihrer Einstellung zur Oper und modernen Musik (Jahrbuch der öffentlichen Meinung 1965–1967, S. 374 ff.). Eine infas-

Repräsentativuntersuchung vom Mai 1970 ermittelte das Interesse der Bundesbürger für „klassische und ernste Musik" beziehungsweise „Schlager und leichte Musik" (zitiert bei Seibold, Beat und Kunstmusik, S. 172). Das Institut für Demoskopie Allensbach befragte 1972 eine repräsentative Auswahl nach den „Hauptinteressen". In die Liste der vorgegebenen Antworten waren einbezogen: „Musik zur Unterhaltung, Schallplatten", „Ernste, klassische Musik". Die Ergebnisse sind nach Geschlecht und Alter aufgeschlüsselt (Jahrbuch der öffentlichen Meinung 1968–1973, S. 41).

[26] Vgl. dazu Scheuch, Interview, S. 67 f.

[27] H. Engel berichtet zum Beispiel in seinem Buch ›Musik und Gesellschaft‹, S. 342 von einer schriftlichen Befragung von Opern- beziehungsweise Konzertbesuchern in Dortmund. Die Auswertung zielte auf eine „Reihenfolge der bevorzugten Komponisten".

[28] Vgl. besonders F. Eberhard, Der Rundfunkhörer und sein Programm; Hörgewohnheiten im Sendegebiet des NDR 1970.

[29] Genaueres dazu in der Literatur zum Interview, in dieser Schrift S. 97.

[30] Karbusicky / Kasan, Výzkum Současné Hudebnosti I und II (dt.: Untersuchung zur Musikalität der Gegenwart); es wurde auch noch eine dritte Untersuchung durchgeführt: „Projekt 1968, Durchführung 1969, Auswertung 1970–72": Výzkum Současné Hudebnosti III. Die Ausgabe wurde zurückgezogen. Vgl. dazu Karbusicky, Musiksoziologie, S. 113 ff.; ders., Hörerziehung, S. 431, Anm. 66.

[31] Für die zweite Erhebung wurde wohl ein anderes Auswahlverfahren gewählt: „. . . zufällige Auswahl in 8 sozial-ökonomischen Bevölkerungsgruppen . . ., die wir absichtlich ausgewählt hatten . . . Es interessierte uns vor allem die Jugend, die Lehrlinge und die studierende Jugend, dann Berufsgruppen, die in naher Beziehung zu allem Kulturgeschehen stehen . . . – Lehrer und kulturell Schaffende, und schließlich die 3 am weitesten verbreiteten sozialen Schichten – Bauern, Arbeiter und Beamte" (Karbusicky/Kasan II, S. 208 f.). Karbusicky fordert, daß die „empirischen Forschungsmethoden in der Soziologie der Kunst . . . – zum Unterschied zu Meinungsumfragen – mehr den Charakter eines Experiments haben" müssen (Musikforschung, S. 292). Sieht man im Experiment „keine besondere Art der Datenerhebung oder ‚Messung' ", sondern eine, die sich im Vergleich nur „durch die Art der Untersuchungsplanung und -anordnung" auszeichnet (Kunz, Experiment, S. 238), und zwar in Hinsicht auf eine

bestimmte Auswertung der Ergebnisse, so kann man zumindest Teile der zweiten, besonders aber die dritte Untersuchung von Karbusicky/Kasan als musiksoziologisches Experiment ansehen.

[32] Vgl. auch Niemann, Methoden, S. 110 f.

[33] Vgl. Niemann, Experimentelle und soziologische Methoden zur Ermittlung des Musikniveaus; auch er arbeitet in Anlehnung an Karbusicky mit dem klingenden Fragebogen und vergleicht die Ergebnisse bei dreistufiger Skalierung jeweils mit Ergebnissen bei fünfstufiger Skalierung und bei einer Skalierung mit dem Strichthermometer.

Die fünfstufige Skala unterteilt jeweils nochmals, sowohl das zustimmende als auch das ablehnende Verhalten. Dadurch werden dem „gleichgültigen", neutralen Verhalten Stimmen entzogen. Im Vergleich zur dreistufigen Skalierung wird dem Hörer durch die fünfstufige Skala „Gelegenheit gegeben, durch die Zwischenstufen die Richtung seines Urteils auszudrücken. Das ist für die Ermittlung bestimmter Entwicklungstendenzen von großer Wichtigkeit" (S. 62).

Zum Vergleich der dreistufigen Skalierung mit der des Strichthermometers sagt Niemann: „Beide Skalierungsmethoden vergleichend muß festgestellt werden, daß eine kontinuierliche Skala genauer mißt ... Ob, wie Karbusicky annimmt, durch zustimmendes, neutrales oder ablehnendes Verhalten bei Beurteilung von Musikbeispielen sichere Aussagen über das Genreverhalten zu gewinnen sind, ist anzuzweifeln ... Daher scheint es ratsam, bei größeren Enqueten mit feineren Unterscheidungen für die Bewertungen zu arbeiten. Sie lassen das Prozessuale und den Grad der Aneignung der verschiedenen Genres genauer erkennen" (S. 105).

[34] Bei Karbusicky/Kasan I, S. 20 ff. ist der Fragebogen der ersten Umfrage abgedruckt.

[35] „Es wurde hier die Modifikation der sogenannten dreidimensionalen Methode des Wiener Soziologen Dr. K. R. Majdan in Anwendung gebracht, die in der Stellung von Ergänzungsfragen beruht ..." (Karbusicky/Kasan II, S. 207).

[36] Diese Fragen haben den Charakter eines musikalisch-psychologischen Tests; sie sind „zugleich Bestandteil des ausgedehnten Forschungsexperimentes von Professor Sychra und Professor Sedláček über die Qualität der Musikaufnahme ..." (Karbusicky/Kasan II, S. 208), vgl. Sychra, A.: Experimentelle Untersuchungen im Hinblick auf gemeinsame Gesetzmäßigkeiten von Musik und Sprache, in: Wiss. Z. Univ. Halle 12 G, 1963, S. 567 ff.

[37] Vgl. auch Karbusicky/Kasan II, S. 218 ff.; von einer besonderen empirischen Untersuchung über Vorstellungen beim Hören von drei Abschnitten aus Herbert Eimerts ›Epitaph für Aikichi Kuboyama‹ berichtet Karbusicky in seinem Aufsatz ›Elektronische Musik und Hörer‹. Die Ergebnisse gleichen denen dieser Untersuchung.

[38] Die Richtung der „Verdichtung" zeigt sich in den Assoziationen, die sich beim Hören einstellen; vgl. Karbusicky, Verstehen, S. 129 und 137.

[39] In einem empirischen Versuch beeinflußt Karbusicky die Glieder innerhalb der Verkettung durch verschiedene Arten verbaler Erläuterungen zur Musik; vgl. ders., Verstehen, S. 144 f.; Hörerziehung, S. 433 ff.; auch Niemann unternimmt im Rahmen seiner Untersuchungen zur Methodik einen ähnlichen Versuch. Er kommt im Vergleich zu Karbusicky zu entgegengesetzten Ergebnissen (Methoden, S. 144 ff.). Der Grund dafür muß in der individuell-psychologischen Sphäre der Hörer, in der Art der Ansage – ihrem Inhalt, ihrer Formulierung, der Art der sprecherischen Darbietung – und in der dargebotenen Musik gesucht werden. Deshalb ist Vorsicht bei der Interpretation solcher Ergebnisse angebracht. – Vgl. auch Motte-Haber, Der Einfluß psychologischer Variablen auf das ästhetische Urteil.

[40] Weil auch Besseler mit dem gleichen Begriff arbeitet, sei sein Verständnis zur Unterscheidung hier wiederholt: Er versteht unter Aktivität einerseits die geistige Tätigkeit des Hörers beim Herstellen von Beziehungen zwischen den einzelnen Gliedern und Teilen eines Werkes der Darbietungsmusik, andererseits den unmittelbaren, lebendigen, meist situationsgebundenen Mittvollzug der Umgangsmusik. Besseler spricht von Passivität, wenn eben jenes Herstellen von Beziehungen kaum stattfindet, der Hörer sich der Musik überläßt. Dennoch aber handelt es sich um ein Musikhören, nach Besseler sogar um das adäquate Verhalten zu bestimmter Musik.

Passivität im Sinne Karbusickys jedoch liegt vor, wenn die Musik nur „als eine ‚nicht wahrgenommene' Kulisse" wirkt, das heißt zwischen dem Feld des Hörers und dem der Musik gibt es keine Interferenz, es kommt überhaupt nicht zu irgendeiner Form von Verdichtung.

[41] Zur Abhängigkeit der Wahrnehmung von psychologisch, sozial und biologisch bedingter Aufmerksamkeit des Hörers vgl. Karbusicky, Hörerziehung, S. 432 f.

[42] Zur Auswirkung der Erfahrungen vgl. Karbusicky, Verstehen, S. 137.

[43] Vgl. auch Krenek, Bemerkungen zur Rundfunkmusik.
[44] Vgl. Reinold, Musik im Rundfunk.
[45] Vgl. Holz, Kunstwerk, S. 124 ff.

HÖRERZIEHUNG

I DAS VERHALTEN JUGENDLICHER ZUR MUSIK

Seit den ersten Untersuchungen des Verhaltens von Berufsschülern und Gymnasialschülern 1955 bzw. 1958 durch KLAUSMEIER (Jugend und Musik im technischen Zeitalter), wurden zahlreiche ähnliche Forschungen durchgeführt.

In der Anzahl der Untersuchungen und der Verschiedenartigkeit der Forschungsziele liegen Schwierigkeiten für eine Zusammenfassung von Forschungserträgen. Hinzu kommen Vorbehalte allgemeiner und besonderer Art.

Die allgemeinen Vorbehalte beziehen sich auf ein weitverbreitetes blindes Vertrauen in die Aussagekraft empirischer Sozialforschung. Die besonderen Vorbehalte gelten den Möglichkeiten der Übertragung empirischer Forschungsergebnisse; sie haben ihren Grund:

1. in den verschiedenen Untersuchungszeiten; die Erhebungen erstrecken sich über die Jahre 1954–1972/73;
2. in den unterschiedlichen Gesamtheiten. Ergebnisse gelten strenggenommen nur für die Gesamtheit, die untersucht wird. Mit äußerster Vorsicht können sie übertragen werden auf wirklich vergleichbare Gesamtheiten.[1]

In den vorliegenden Arbeiten werden die Gesamtheiten ausgewählt:

1. nach spezifischen Merkmalen ihrer Mitglieder wie Alter, Geschlecht, Zugehörigkeit zu bestimmten Klassen bestimmter Schultypen; eine besondere Gesamtheit bildet die Basis bei DOLLASE/RÜSENBERG/STOLLENWERK: Rockkonzertbesucher;
2. nach dem geographischen Ort.

Methodisches Hauptmittel bei fast allen Untersuchungen ist die schriftliche Befragung mit standardisiertem Fragebogen und meist geschlossenen Fragen. Sie wird zum Teil ergänzt durch das

Tiefeninterview und/oder die Methode der Beobachtung. KRAL/RUDLOF/TEINER arbeiten bei ihren Forschungen zu ›Rezeptionsfähigkeit und Hörpräferenzen von Kindern‹ zum Teil mit dem klingenden Fragebogen im Sinne KARBUSICKYS; ZIMMERSCHIED stützt sich für seine Untersuchung ›Beat – Background – Beethoven‹ auf anonym geschriebene Aufsätze und nähert sich methodisch der Inhaltsanalyse.

Zuverlässigkeit und Gültigkeit des ermittelten Materials sind vielfältig bedingt. Es erscheint aber angebracht, auf folgende Fehlerquellen besonders hinzuweisen:

1. die Formulierung der Fragen. HARTWICH-WIECHELL zum Beispiel gesteht ein: „Die im Fragebogen verwendete Sprache versucht einen Kompromiß zwischen der Schüler-Ausdrucksweise und korrektem Hochdeutsch zu finden. Sie mußte so genau sein, daß die Ergebnisse interpretierbar blieben, und so ‚angepaßt', daß sie bei diesem zum Teil heiklen Thema keine zusätzlichen Barrieren erzeugte. Dieser Kompromiß ist nicht in allen Fällen gelungen" (HARTWICH-WIECHELL, Pop-Musik, S. 303);[2]
2. die Person des Interviewers. Gegen die Forderung, daß eine Befragung nur von entsprechend geschulten Kräften durchgeführt werden soll, stehen häufig finanzielle und organisatorische Schwierigkeiten. In der Übertragung dieser Aufgabe zum Beispiel an Musiklehrer müssen Umstände gesehen werden, die das Ergebnis beeinträchtigen;
3. die Erhebungssituation. Der Raum *Schule* zum Beispiel bestimmt die Ergebnisse mit.

Bei der folgenden Darstellung kann auf Vorbehalte und Einschränkungen im einzelnen nicht erneut hingewiesen werden. Sie begründen aber, daß immer nur von *Tendenzen* des Verhaltens Jugendlicher zur Musik gesprochen werden kann.

Fragt man zunächst nach dem Einfluß des *Alters* auf die Hörpräferenzen gegenüber verschiedenen Musikarten, so läßt sich für Jugendliche bis zu etwa 20 Jahren sagen: Interesse für die sogenannte Popmusik zeigt sich schon im Alter von 7 Jahren (KRAL/RUDLOF/TEINER, S. 44 ff.). Die Vorliebe erreicht ihren

Höhepunkt im Alter von 13 bis 17 Jahren und läßt in der Zeit zwischen dem 17. und 20. Lebensjahr offensichtlich nach. Entsprechend wenden sich die Jugendlichen häufiger ernsteren Musikarten zu.[3]

Damit deutet sich zwar eine Grundtendenz an, sie ist aber zu wenig aussagekräftig. Deshalb ist es in der empirischen Sozialforschung üblich, andere Faktoren in die Betrachtung einzubeziehen, das heißt Korrelationen zwischen verschiedenen Faktoren, die in ihrem Zusammenspiel das Verhalten der Jugendlichen ausrichten, herzustellen.

Die Zugehörigkeit zu einer bestimmten *Sozialschicht* wirkt sich schon zu Beginn der Schulzeit auf das Verhalten gegenüber verschiedenen Musikarten aus (S. 50), und zwar ist die Verlagerung der Hörpräferenzen zugunsten der Popmusik weitgehend auf einen Wandel jener Kinder zurückzuführen, die der Mittel- und Unterschicht angehören. Mit einer gewissen Verspätung, aber auch dann nicht mit jener extremen Ausschließlichkeit, folgen die Jugendlichen der Oberschicht der allgemeinen Tendenz.

Eine Differenzierung allein nach sogenannter Popmusik und ernster Musik gibt noch kein klares Bild. Neigen Jugendliche unterer Sozialschichten dazu, in ihre Vorliebe für Popmusik auch Schlager mit einzubeziehen, so tendieren Jugendliche der Oberschicht neben der Popmusik mehr zum Jazz.[4] Die Unterschiede auf Grund der Schichtenzugehörigkeit reichen bis zum Verhalten gegenüber verschiedener Popmusik (HARTWICH-WIECHELL, Pop-Musik, S. 308). Jugendliche Rock-Konzertbesucher der Unterschicht bevorzugen „Reggae & Soul und Hitparadengruppen" (DOLLASE/RÜSENBERG/STOLLENWERK, S. 122), Besucher der Mittel- und Oberschicht dagegen „die sogenannten ‚progressiven' Platten" (S. 122).

MURDOCK (Struktur, S. 378) unterscheidet zwischen „Mainstream" und „Underground". „Die große Mehrzahl der Arbeiterjugendlichen (92 %) ... zog ... die ‚Mainstream'-Popmusik vor und lehnte die ‚Underground'-Elemente nachdrücklich ab. Unter den Schülern aus Mittelklassenfamilien bevorzugte dagegen eine recht große Minderheit (42,5 %) ‚Underground'-

Pop" (S. 378 f.). MURDOCKS Untersuchung ermittelt das Verhalten 14–15jähriger Jugendlicher in England.

Ein anderer Faktor, der mit dem Alter der Jugendlichen korrelierend sich auf das Verhalten auswirkt, ist das *Geschlecht* (HARTWICH-WIECHELL, Pop-Musik, S. 383 f.). Ein Einfluß zeigt sich schon bei Siebenjährigen: Mädchen bevorzugen signifikant stärker sentimentale Musik als Jungen (KRAL/RUDLOF/TEINER, S. 52).[5] Ergibt sich bei den frühen Untersuchungen KLAUSMEIERS, daß weibliche Jugendliche insgesamt dem Bereich der sogenannten U-Musik etwas weniger zustimmen als Jungen (KLAUSMEIER, Jugend, S. 260), so kommen spätere Befragungen zu entgegengesetzten Ergebnissen (PAPE, Befragung, S. 195). Obwohl Jugendliche nicht immer so deutlich zwischen Popmusik und Schlagern unterscheiden, wie es für Befragungen wünschenswert wäre (S. 195), scheinen Schlager bei weiblichen Jugendlichen durchweg beliebter zu sein als bei männlichen; jedoch wird die Begünstigung, vor allem im Hinblick auf den deutschen Schlager, mit zunehmendem Alter geringer (S. 196).[6] Diese Verhaltenstendenzen werden von MURDOCK bestätigt; er versucht darüber hinaus, durch Situationsanalysen Begründungen dafür zu finden. Die Beschäftigung mit Popmusik ist für Arbeiterjungen zweitrangig, an erster Stelle stehen andere Aktivitäten. Für Arbeitermädchen dagegen gilt, daß sie „über weniger Möglichkeiten zur Ausgestaltung ihrer Freizeit verfügen und daher mehr Zeit mit dem Anhören der Popmusik verbringen" (MURDOCK, Struktur, S. 380). Mädchen der Mittelklasse unterliegen einer permanenten Kontrolle durch Eltern und Umgebung und reagieren darauf mit einer stärkeren Zuwendung zur Popmusik. Untersuchungen PLATTES stützen MURDOCKS Ergebnisse: Schülerinnen der Mittelschule hören zu 14–15 % mehr Radio bei der Anfertigung der Schulaufgaben als ihre Mitschüler (PLATTE, Beeinflussung, S. 162).

Eine weitere Sonderung erhellt den Einfluß eines neuen Faktors, der *Region*. „. . . die Zunahme des Radiohörens bei den Mädchen in kleineren Gemeinden" (S. 162) ist signifikant. 1960 beträgt die Differenz zwischen dem Popmusikhören von Jungen der Mittelschule in mittleren Städten und dem von Mädchen der Volksschule in Gemeinden bis 7000 Einwohner 24 %. Hier zeigt sich nicht nur das Gewicht der sozialen Rolle des Mädchens, wodurch seine Aktivitäten stärker an das Häusliche gebunden sind, sondern auch die Auswirkung des mangelnden Angebotes zu anderen sozialen Aktivitäten in ländlichen Regionen.

In der mehr soziologisch ausgerichteten Literatur werden noch zahlreiche andere Korrelationen untersucht. So bezieht KLAUSMEIER die Faktoren Konfession, Familie, sozialer Kontakt, Instrumentalunterricht und Schule in die Forschung ein (KLAUSMEIER, Jugend). KRAL/RUDLOF/TEINER erörtern, ob das Nahverhältnis zu einem Musikinstrument die Hörpräferenzen von Kindern der ersten und zweiten Schulstufe beeinflußt (vgl. Rezeptionsfähigkeit). HARTWICH-WIECHELL vergleicht die Verhältnisse zwischen verschiedenen Schultypen in Berlin und Hamburg mit denen einer Gesamtschule in einer mehr ländlichen Region (Pop-Musik). ROSENMAYR/KÖCKEIS/KREUTZ erforschen Lektüre von Zeitungen und Zeitschriften, Buchlektüre, Kinobesuch und Filmwahl, Schallplatte und Musikinstrument, Theaterbesuch, religiöse Praxis (Interessen). PAPE fragt unter anderem nach dem „Zusammenhang zwischen dem Musikgeschmack und dem Lesen von ›Bravo‹" und dem von „Musikgeschmack und dem Hören von Radio Luxemburg" (PAPE, Befragung, S. 197). BLÜCHER befaßt sich mit den Beziehungen zwischen Bildung und Hörpräferenzen (Generation).

So interessant manche einzelne Fragestellung auch ist, die Antworten sind häufig von geringem Allgemeininteresse, weil die Gesamtheiten, auf die sich die Untersuchungen beziehen, keine Übertragungen zulassen.

„Wenn fünfundsiebzig Prozent der Berufsschüler sich heiterer und frischer fühlen, sofern sie morgens vor dem Gang zur Arbeit schon Musik gehört haben; wenn background music bei den Arbeiten daheim von etwa achtzig Prozent und vor dem Einschlafen von etwa vierzig bis fünfzig Prozent mehr oder weniger regelmäßig gebraucht wird, entwickeln diese Jugendlichen notwendig ein neuartiges Verhalten zur Musik" (KLAUSMEIER, Einfluß, S. 154). Dieses neuartige Verhalten ist nach KLAUSMEIER das Ergebnis eines Gewöhnungsprozesses (Jugend, S. 95). Die Musikerlebnisse Jugendlicher werden fast ausschließlich durch technische Geräte vermittelt: Radio, Plattenspieler, Tonbandgerät, Fernsehen und Kassettenrecorder werden am häufigsten genannt (KLEINEN, Musikbox, S. 313).

Die tägliche durchschnittliche Hördauer Jugendlicher liegt zwischen zwei und vier Stunden.[7] Die Hördauer korreliert deutlich mit den Faktoren Geschlecht und Sozialschicht (DOLLASE/RÜSENBERG/STOLLENWERK, S. 29). Für einen Großteil der Jugendlichen dürften zwei Aussagen charakteristisch sein, die ZIMMERSCHIED zitiert: „Ich höre sehr viel Musik. Morgens, wenn ich aufstehe, schalte ich mein Tonband ein. Wenn ich mittags von der Schule komme, schalte ich das Radio ein. Nach den Aufgaben schalte ich wieder das Radio ein und höre bis 8 Uhr abends. Vor dem Bettgehen schalte ich nochmals das Radio ein. Samstags gehe ich noch in eine Diskothek oder auf ein Beatkonzert. Ich lebe ganz mit der Musik" (ZIMMERSCHIED, Beat, S. 36). Diese Aussage eines sechzehnjährigen Schülers ist der einer siebzehnjährigen Schülerin ähnlich: „Den ganzen Tag trage ich ein Kofferradio mit mir durchs Haus und höre leichte Musik beim Lesen, bei Arbeiten im Haushalt, ja sogar in der Badewanne und beim Haarewaschen" (S. 37).[8]

Der Umfang des Musikhörens Jugendlicher legt die Frage nahe, welche Rolle die Musik im Leben der Jugendlichen spielt. Rock-Konzertbesucher antworteten (DOLLASE/RÜSENBERG/STOLLENWERK, S. 30):[9]

gar keine	4 %
eine geringe	26 %
sie ist für mich notwendig	45 %
ich kann ohne Musik nicht leben	12 %
sie soll mein Beruf werden	1 %
ich weiß nicht	12 %

Gemessen am Gesamtkonsum erscheint der Prozentsatz der Jugendlichen recht hoch, die der Musik „gar keine" und „eine geringe" Rolle für das eigene Leben beimessen. Zählt man zu diesen noch einen Teil derer, die nicht zu antworten wissen, dann ergeben sich zwei Gruppen: eine große Minderheit (ca. 40 %), die glaubt, daß Musik für sie relativ bedeutungslos ist, und eine nicht übergroße Mehrheit (ca. 60 %), für die Musik notwendig zum Leben gehört.

Um etwas darüber zu erfahren, *wie* Jugendliche Rock-, Beat- oder Popmusik *erleben,* versuchen DOLLASE/RÜSENBERG/STOLLENWERK die Einstellung der Rock-Konzertbesucher mit Hilfe der Methode des Polaritätsprofils zu ermitteln. Die Jugendlichen werden gebeten, die Frage: „Wenn Sie eines Ihrer Lieblingsmusikstücke oder Ihre Lieblingsgruppe hören, wie fühlen Sie sich dann?" (S. 139) dadurch zu beantworten, daß sie auf einer fünfstufigen Skala eine Anzahl adjektivischer Gegensatzpaare beurteilen. Legt man den Mittelwert pro Gegensatzpaar zugrunde und berücksichtigt den recht hohen Prozentsatz derer, die neutral antworten, dann läßt sich sagen: „Lieblingsstücke der Rockmusik werden gelöst, heiter, gefühlsbetont, entspannt, friedlich und fröhlich erlebt" (S. 140). „... ein paradiesischer Gefühlszustand", wie die Verfasser sagen, jedenfalls ein deutlicher „Hinweis auf eine Wandlung der Szene: von aggressiven Krawallbrüdern zur entspannten Zuhörerschaft" (S. 139). Alters-, Geschlechts- und Sozialunterschiede machen sich bei der Beurteilung des eigenen Erlebens nur geringfügig bemerkbar.

Zu verwandten Ergebnissen kommen auch BRÖMSE/KÖTTER (Musikrezeption, S. 135). Aus der Ähnlichkeit der Einstufung gehörter Pop-Musikbeispiele verschiedenen Charakters durch die Jugendlichen folgern sie: „Es hat ... eine sehr undifferenzierte Rezeption stattgefunden" (S. 135). Dieser Schluß liegt um so näher, als sich die gleichen Versuchspersonen gegenüber anspruchsvollerer Musik ähnlich verhalten wie eine Kontrollgruppe von Hörexperten. BRÖMSE/KÖTTER folgern weiter: Die undifferenzierte Rezeption kann ihre Ursache also nicht in einem Unvermögen der Jugendlichen haben – es müßte sich dann auch beim Hören anspruchsvollerer Musik auswirken –, sondern sie muß zu finden sein in dem spezifischen Verhältnis zwischen den Jugendlichen und der Popmusik.

Dieses Verhältnis sucht RAUHE aufzudecken, indem er verschiedene „Rezeptionsweisen, die in Beziehung zur angebotenen Musik stehen" (RAUHE, Schlager, S. 260), beschreibt:

„Die durch aufnahmetechnische ‚Anhebung' der Rhythmusinstrumente begünstigte *motorisch-reflexive* Rezeption besteht in der unbewußt spontanen Umsetzung motorischer Reize in körperliche Bewegung. Die von den Massenmedien in intensivster Form vermittelte Reizgrundlage hierfür bildet vornehmlich der elektrisch verstärkte, pulsierende *beat,* besonders in Verbindung mit dem *off beat.* Der Konflikt zwischen beiden rhythmischen Ereignissen, die sich gleichsam auf verschiedenen Ebenen vollziehen, wird bei der Rezeption motorisch-reflexiv in körperliche Spannung umgesetzt.

Die *assoziativ-emotionale* Rezeptionsweise, die durch die Omnipräsenz der Massenmedien stark gefördert wird, besteht in der automatischen Verknüpfung außermusikalischer, emotionaler Erlebnisinhalte

a) mit spezifischen, assoziativ belasteten, musikalischen Physiognomien im Sinne der Gestaltspsychologie oder
b) ungeachtet jeglicher Gestaltqualitäten mit einem Musikstück, das einmal in einer affektiv bedeutsamen Situation erklungen ist,
c) mit bestimmten Interpretationsweisen (etwa *dirty play, shouting* usw.),
d) mit dem allgemeinen '*image*' eines Interpreten: Freddy Quinn beispielsweise verkörpert so ausgeprägt das Symbol des einsamen Seemanns, daß auch seine Interpretationen inhaltlich anders gearteter deutscher Volkslieder assoziativ als Ausdruck von Heimweh, Sehnsucht und Einsamkeit empfunden werden.

Das *passiv-stimmungshafte* Musik-Erleben entspricht dem ‚passiven Hören' Besselers. Es liegt vor, wenn sich der Hörer passiv der Musik hingibt und von ihr einstimmen läßt. Die Musik wiederum muß gewisse Voraussetzungen erfüllen, um den Hörer verzaubern, ihn in eine Stimmung versetzen zu können: Klangreichtum und gleichartiges rhythmisches Pulsieren kennzeichnen einen großen Bereich der heutigen Popmusik. Diese Gestaltmerkmale werden durch technische Umformungen noch intensiviert und daher vom Hörer primär rezipiert" (S. 260 ff.).

Alle drei Rezeptionsweisen stehen einer „cogitativen" Rezeption entgegen. Der Hörer „wird vom aktiven Musikdenken abgehalten, läßt sich mehr oder weniger passiv [10] und zerstreut ‚berieseln'"; er wird zum „bloßen Konsumenten" (S. 264).

Die Frage nach dem tieferen Verhältnis zwischen Jugendlichen und Popmusik läßt sich am ehesten beantworten, wenn man nach den *Funktionen* des Popmusikhörens fragt. Denn die oben erwähnte undifferenzierte, passive Rezeption von Popmusik oder jener paradiesische Gefühlszustand, in dem sich Jugendliche offenbar beim Popmusikhören befinden, verweisen darauf, daß diese Musik keinen Gegenstandscharakter für die Jugendlichen hat, sondern als Agens dient.

Eine Gruppe von Funktionen läßt sich mit den Begriffen: Ablenkung, Stimmung, Selbstgenuß, Flucht und Trance umschreiben. Hiervon abgesetzt, aber dennoch ohne tiefgreifenden Gegensatz, läßt sich eine Protestfunktion des Popmusikhörens erkennen.

Von über 1600 Rock-Konzertbesuchern glauben 82 %, daß „die meisten Besucher ... die Musik als willkommene Ablenkung von Alltagsproblemen" betrachten. 75 % stimmen dem Statement: „Ich selbst betrachte die Musik als willkommene Ablenkung von Alltagsproblemen" (DOLLASE/RÜSENBERG/STOLLENWERK, S. 149) zu; bei einer Schülerbefragung wird diese Auffassung von 69 % bestätigt (S. 149).

Die Hauptprobleme, von denen Rock-Konzertbesucher abgelenkt werden wollen, sind (S. 153):

1.	Ärger mit Vorgesetzten, Lehrern, Dozenten usw.	40 %
2.	Mißerfolge in Beruf und Schule	24 %

Beide Problemkreise korrelieren deutlich mit dem Alter: Sie werden mit zunehmendem Alter weniger häufig genannt.

Musik kann also Ablenkungsfunktion haben: Sie „dient bei mir ... zur Ablenkung von einer schwierigen Aufgabe ... Zur Zeit ist die Musik für mich lebensnotwendig geworden, und ich glaube, sie hat auch schon manchen anderen geholfen, schwere Situationen in seinem Leben zu überwinden" (ZIMMERSCHIED, Beat, S. 39). Auch wenn die Probleme, von denen die Musik ablenken soll, kaum bewußt und faßbar sind, wird ihre Fähigkeit zur Ablenkung erkannt: „Wenn zum Beispiel niemand zu Hause ist und ich fühle mich allein, überwinde ich dieses Gefühl, indem ich das Radio einschalte und nicht zu laut, aber auch nicht zu leise stelle. In diesem Fall ist es mir sogar egal, um welche Art von Musik es sich handelt, nur muß etwas dasein, was diese Stille behebt" (S. 43). Die Feststellung SILBERMANNS von 1954 bestätigt sich: „Sei es zum Guten oder zum Bösen, zur Verbesserung oder zur Verschlechterung, der Rundfunk und seine Musik helfen zumindest, Stille und ihre Folgeerscheinungen wie Isolierung, Einsamkeit und Furcht dort zu überwinden, wo andere, vielleicht viel drastischere Mittel wirklich ein Übel mit einem noch größeren Übel ausrotten würden" (SILBERMANN, Musik, S. 51).

Rock-Konzertbesucher stimmen zu 65 % dem Statement: „Wenn ich Popmusik höre, hilft mir das über schlechte Stimmungen hinweg" (DOLLASE/RÜSENBERG/STOLLENWERK, S. 148) zu. Man sucht entweder – und hierin besteht ein deutlicher Bezug zur Ablenkungsfunktion – sich durch Musik von einer schlechten Stimmung zu befreien, oder man sucht in der Musik eine Bestätigung und Steigerung der eigenen Stimmung. „Bin ich zum Beispiel schlecht gelaunt und höre eine Platte, die mich begeistert, schlägt meine Stimmung um. Interessant ist vielleicht, daß ich mich gegen diesen Stimmungswechsel wehren kann, es aber jedesmal ohne Erfolg tue" (ZIMMERSCHIED, Beat, S. 46). Oder: „Je nach Laune und Stimmung höre ich gern klassische Musik, Musicals, lateinamerikanische Musik, Beat und Soul und auch Tanzmusik" (S. 25).

Die folgenden Aussagen belegen, daß Jugendliche auch bewußt eine Stimmung suchen, wobei die Musik allein nicht ausreicht, sie zu vermitteln: „Wenn ich diese Stücke auflege (Schwanensee – Beethovens fünfte Symphonie), muß es im Zimmer ganz dunkel sein, es darf höchstens eine Kerze brennen. Ich selbst liege dann auf dem Boden, verfalle ins Nachdenken und werde manchmal auch melancholisch" (S. 44). Die Musik ist austauschbar: „Man legt zum Beispiel eine Led-Zeppelin-LP auf, verdunkelt das Zimmer, zündet eine Kerze an und denkt an rein gar nichts, man hört nur auf die Musik und ‚versinkt' sozusagen" (S. 44). Ob von TSCHAIKOWSKY, BEETHOVEN oder LED-ZEPPELIN – es ist letztlich gleichgültig, welche Musik erklingt. Wenn man auch meint, „man hört nur auf die Musik", so nimmt man offenbar doch nur wahr, was die Musik auslöst. Das Verfallen ins Nachdenken und Versinken in sich selbst, scheint das eigentliche Erlebnis zu sein, wozu unter anderem die Musik als Agens verhilft. Man ist bestrebt, jegliche Distanz zwischen Musik und Ich aufzuheben, damit jenes Agens voll zur Wirkung kommt. In einer Art Ritual mit offenbar erprobten Mitteln wird Selbstversenkung inszeniert. Es ist kaum zu sagen, ob hier noch von einer Stimmungs-Funktion der Musik gesprochen werden kann oder ob sie nicht eher schon Selbstgenuß auslöst, einen Selbstgenuß allerdings, dessen sich der Hörer durchaus bewußt ist, und der durch diese Bewußtheit seinen zwiespältigen Charakter erhält. In diesem Zusammenhang seien BAAKES Beobachtungen zum Tanzverhalten Jugendlicher erwähnt; er nimmt „eine starke narzißtische Komponente" wahr, aber weniger eine „Selbstverliebtheit als einen Versuch in der Identitätsfindung" (BAAKE, Beat, S. 80).[11]

Musikhören hat auch eine Flucht-Funktion. „Wenn ich Kummer oder Sorgen habe, ... achte ich mehr auf Text und Melodie, besonders bei Liedern, die genau zu meiner Stimmung passen. Manche klingen so verständnisvoll und wirklichkeitsnah, und ich fühle mich dann immer bestätigt und getröstet. In diesem Fall ist die Musik Zuflucht" (ZIMMERSCHIED, Beat, S. 13). Auch der Fluchtraum kann inszeniert werden. So sagt HARTWICH-WIECHELL: „... das ganze Drum und Dran von Pop-Konzerten, bei denen man auch als Beobachtender, als Erwachsener darum kämpfen muß, seine rationale Distanz vor der geballten Wirkung von Lautstärken und Licht, Klangfarben und hämmernder Rhythmik und den von Haschisch, Räucherstäbchen und Zigaretten ausgehenden Düften zu bewahren: all dies wird von mir als bewußt so angeordnete Veranstaltung zum Ermöglichen von Flucht gedeutet. Musik fungiert als bergender Mutterschoß"

(HARTWICH-WIECHELL, Pop-Musik, S. 40). FEURICH spricht in seiner Untersuchung ›James Lasts Bearbeitung des 2. Satzes von Beethovens »Pathétique« (Op. 13)‹ vom „Uterus-Effekt", zurückzuführen auf die „Einbettung des Hörers in weiche, volle Klangkissen" (FEURICH, James Last, S. 188).

Von fast allen Autoren wird die Flucht-Funktion ähnlich bewertet wie von RAUHE: „... indem der Schlager die Flucht in den Traum als eine Flucht in die unreflektierte heile Welt legalisiert, bietet er dem enttäuschten Menschen ein *Refugium im Unwahren*" (RAUHE, Funktion, S. 354).[12]

Man ist geneigt, von einer Steigerung der Flucht-Funktion zu sprechen, denkt man an die Trance-Funktion des Musikhörens. HARTWICH-WIECHELL unterscheidet zwei Formen tranceartiger Zustände: „Die spirituellere von ihnen wird durch Pop-Musik quasi-religiöser Funktion mit stehenden Klangflächen und intimer Dynamik erzeugt. Junge Leute nennen dergleichen ‚Meditationsmusik'" (HARTWICH-WIECHELL, Pop-Musik, S. 36). „Außer jenen ... Trance-Zuständen ist – vor allem bei großen Pop-Konzerten – ein an *besinnungslose Ekstase grenzender Zustand* zu beobachten" (S. 38). Schüler bezeichnen diese Form der Selbstvergessenheit gern als „reinhängen", „wegtreten", „high werden" (S. 38).

Die folgende Aussage einer siebzehnjährigen Schülerin kann als Beleg für die zuerst genannte Form gelten: „Bei klassischer Musik, die die Stimmung, das seelische Empfinden zeitweise ganz wunderbar ausdrückt, kann man herrlich meditieren. Bei zum Beispiel der Mondscheinsonate kann man wunderbar träumen, noch besser, wenn sie dann mit modernen elektrischen Instrumenten aufgenommen ist" (ZIMMERSCHIED, Beat, S. 44). Eine Gleichaltrige sagt es so: „Musik bedeutet mir Entspannung, Berauschung, Ekstase, sie ist mein trip away, Flucht aus der Wirklichkeit ... ich gebe mich ganz der Musik hin" (S. 49).

Überblickt man die bisher genannten Funktionen der Musik und des Musikhörens Jugendlicher: Ablenkung, Stimmung, Selbstgenuß, Flucht und Trance, dann offenbart sich, daß sie miteinander verwandt sind, daß sie gleichsam durch ein umfassendes Band zusammengehalten werden. Sie entsprechen jeweils verschiedenen Graden der Abwendung der Jugendlichen von ihren Problemen. Der Grad der Abwendung aber wird bestimmt von der Intensität der Problemerfahrung, die mitdeterminiert ist von den anfangs genannten Faktoren: Alter, Geschlecht, Sozialschicht, Region usw.

Eine Funktion der Musik setzt sich von den bisher genannten ab: die Protest-Funktion. Der Unterschied ergibt sich daraus, daß Protest mehr ist als eine meist subjektiv motivierte, private Abwendung. Protest setzt Erfahrung und ein Mindestmaß von Bewußtsein eines Unterschiedes, eines Gegensatzes voraus. Der Protestierende fühlt sich interindividuell getragen. Objekt des Protestes ist weniger ein einzelner individuell erfahrener Mißstand, sondern eher etwas Allgemeines. Dieses Allgemeine wird, wenn überhaupt, in Schlagwörtern greifbar.

Rock-Konzertbesucher und Rock-Musiker wurden nach gesellschaftskritischen Wirkungen von Popmusik gefragt. Das Ergebnis: „Deutsche Rockmusiker sehen mit deutlicher Mehrheit die Möglichkeit, gesellschaftskritisch zu wirken, in erster Linie auf dem Umweg über ihre Popularität und erst dann über ihre Musik. Eine starke Minderheit (42 %) will die Zuhörer mit ihrer Musik zu gesellschaftskritischer Haltung führen, während aber nur 17 % des Publikums von Rockkonzerten glauben, durch Rockmusik gesellschaftskritisch beeinflußt zu werden. In diesem Punkte überschätzen die Musiker ganz erheblich die Bereitschaft des Publikums, der Rockmusik solche Impulse zu entnehmen" (DOLLASE/RÜSENBERG/STOLLENWERK, S. 214). Bemerkenswert ist, daß bei einer Befragung von rund 600 Schülern zwischen 13 und 20 Jahren 34 % glauben, von solcher Musik gesellschaftskritisch beeinflußt zu werden (S. 205). Die Entscheidung ist von Alter und Sozialschicht unabhängig.

Die ermittelten Prozentsätze werfen ein charakteristisches Licht auf das Gewicht der Protest-Funktion des Popmusikhörens. Insgesamt erscheint sie – obwohl so häufig von ihr die Rede ist – relativ schwach ausgeprägt.[13] Sofern Popmusik in der Familie, im Betrieb oder in der Schule von Erwachsenen abgelehnt wird, taugt sie als Mittel eines meist vagen Widerstandes. „... alles das verliert [aber] seinen Sinn, sobald die Älteren sich daran gewöhnt haben oder es sogar schön finden. Dann wird sich diese Auflehnung einen neuen Weg suchen müssen" (ZIMMERSCHIED, Beat, S. 71).[14]

Funktionen der Popmusik und des Popmusikhörens Jugendlicher wurden hier aus systematischen Gründen getrennt dargestellt. Es ist aber darauf hinzuweisen, daß sie in reiner Form nur selten vorkommen. Meistens mischen sich die Funktionen. Die jeweils vorherrschende Funktion, sofern davon im Einzelfall gesprochen werden kann, hängt ab von der besonderen Situation, in der der Hörer sich befindet und in der sich das Musikhören vollzieht.

Schon anläßlich der dritten Bundesschulmusikwoche 1959 berichtet G. v. IRMER vom Verhalten Jugendlicher zur „Teenagermusik" und stellt unter anderem fest: „Das ‚Idol' wird bis in alle Einzelheiten hin nachgeahmt. Das geht sogar so weit, daß man sich eine Gitarre kauft, auf der man aber beileibe nicht spielen, sondern nur das Idol ‚mimen' möchte (‚Manchmal tut's ein Kleiderbügel auch!') . . . Diese Verwandlung in das Idol gelingt so vollkommen, daß man bei Aufnahmen kaum einen Unterschied feststellen kann" (IRMER, Jugend, S. 158 f.).

Im WS 1961/62 hält ADORNO die Vorlesung ›Einleitung in die Musiksoziologie‹. In der zweiten dieser insgesamt zwölf Vorlesungen heißt es: „Die *Wirkung* von Schlagern, genauer vielleicht: ihre soziale Rolle, wird man umreißen dürfen als die von Schemata der Identifikation" (ADORNO, Einleitung, S. 205). In dieser Formulierung fällt das Stichwort auch für jenen Vorgang, den v. IRMER beschreibt: *Identifikation.* Es wird unter anderem von SØNSTEVOLD/BLAUKOPF und RAUHE aufgegriffen und näher erläutert.

SØNSTEVOLD/BLAUKOPF untersuchen besonders erfolgreiche Schlager der Zeit zwischen 1953 und 1963 in der Bundesrepublik Deutschland in der Absicht, aus der Analyse von Form,

Melodik, Harmonik, Instrumentation und Aufnahmetechnik „Garantien der Identifikation“ (Sønstevold/Blaukopf, Musik, S. 16) zu erschließen.

Rauhe äußert sich verschiedentlich zu diesem Problem, ausführlich in dem Aufsatz ›Kulturindustrielle Sozialisierung durch Musik und ihre pädagogischen Konsequenzen, aufgezeigt am Beispiel kollektiver Identifikationsvorgänge‹. Identifikation versteht Rauhe im Sinne der psychoanalytischen Theorie als „einen Prozeß, in dessen Verlauf sich ein Individuum mehr oder weniger unbewußt durch emotionale Bindung an einen Mitmenschen zeitweise oder relativ überdauernd in dessen Lage versetzt, um so wie die Bezugsperson zu denken oder zu handeln bzw. sich dies vorzustellen“ (Drever/Fröhlich, S. 141). Während des Sozialisierungsprozesses des Jugendlichen sind Identifikationsvorgänge unerläßlich. Der Nachfrage Jugendlicher nach Identifikationsobjekten antwortet die Phono-Industrie mit entsprechenden Angeboten. Es gelten die Gesetze der Marktwirtschaft.

Rauhe unterscheidet drei Arten von Identifikation, die aber am Identifikationsprozeß des Einzelnen in je spezifischer Weise gleichzeitig beteiligt sind:

1. Identifikation mit dem Star. Um sie zu ermöglichen, müssen verschiedene Voraussetzungen erfüllt sein. Rauhe hebt „bestimmte außermusikalische Merkmale und Eigenschaften des Stars, auf die sich die ‚Verliebtheit‘ der Massen richtet, wie Aussehen, Verhaltensweisen, Lebensgewohnheiten, Gesinnungen, Ansichten“ (Rauhe, Sozialisierung, S. 11) hervor. Ferner nennt er – sich auf Sønstevold/Blaukopf berufend – die „betont ‚kunstlose‘ Stimme und Singweise des Stars“ und den „elektroakustisch und aufnahmetechnisch hergestellte[n], für den Star und dessen Wirkung vorteilhafte[n], artifizielle[n] Klangraum“ (S. 12). Schließlich ist noch wichtig, daß Person und Erscheinungsweise des Stars mit dem übereinstimmt, was er singt und spielt.
2. Identifikation mit Text und Musik des Schlagers. „Geht man von der Erkenntnis aus, daß kollektive Identifikationsvorgänge bestimmte Bedürfnisse voraussetzen, so erhebt sich

zunächst die Frage, welche derartigen Bedürfnisse der Schlagertext befriedigen muß. Wenn der Mensch an der realen Gegenwart, an den konkreten Bedingungen seines Lebens mehr oder weniger bewußt leidet, empfindet er ... das Bedürfnis nach Verständnis, Trost und Geborgenheit, nach dem Leben in einer heilen Welt" (S. 14). Deshalb assoziiert der Text immer einen Gegensatz zur unangenehm empfundenen Wirklichkeit. Die Musik, so denselben Bedürfnissen entgegenkommend, verbleibt fast ausschließlich im Bereich der Durskala. Als Stimulans zur Identifikation wirken nach RAUHE: „... Beschränkung des Tonumfangs, Vermeidung allzu großer Intervalle, Reichtum an Sequenzen und Wiederholungen jeglicher Art. Durch eine solche permanente Reproduktion des Immergleichen wird die für die Identifikation wichtige *Bekanntheitsqualität* erzeugt ... Das Entsprechende gilt für ein ebenso beschränktes Repertoire rhythmischer und harmonischer Wendungen" (S. 18 f.).

3. Identifikation mit der Gemeinde der Fans (S. 21). RAUHE nimmt wieder Untersuchungsergebnisse von SØNSTEVOLD/BLAUKOPF auf, wenn er die Bedeutung des Summchores hervorhebt. „Die vorzugsweise ungeschulte Singstimme und deren Einbeziehung in einen sozial-musikalischen Background (‚Summchor') erleichtert wiederum auf ihre Art die schon mehrfach angedeutete Identifikation. Der Konsument ist nicht mehr ein einzelner, der einer Darbietung gegenübersteht. Er verwandelt sich *durch das Klangereignis selbst* in den Angehörigen einer nicht bloß vorgestellten, sondern klingend – also real – erlebten Gemeinschaft, die durch den Background-Chor repräsentiert wird. Dies wieder trägt zur Vorstellung bei, die im Konsumenten erweckt wird, er sei einer von vielen, die am Geschehen teilnehmen und die unter Umständen ‚auch könnten, was der Solist kann' " (SØNSTEVOLD/BLAUKOPF, Musik, S. 22).

Der Summchor kommt heute erheblich weniger in Schlagern vor, als zu der Zeit, der das Untersuchungsmaterial entstammt (1953–1963). So warnen SØNSTEVOLD/BLAUKOPF mit

Recht vor einer Übertragung ihrer Ergebnisse „auf andere Länder oder andere Abschnitte der Schlagergeschichte" (S. 31).

Auch als Identifikationsobjekt im weitesten Sinn hat Popmusik funktionalen Charakter. Immer steht sie für das ein, was dem Hörer selbst, entsprechend seiner subjektiven Situation, erstrebenswert erscheint, was ihm aber unerreichbar ist. So kann man sagen, daß diese Musik insgesamt Stellvertretungs-Funktion hat (vgl. Hartwich-Wiechell, Pop-Musik, S. 28). Sie erfüllt sie jedoch nur bedingt: Das Bedürfnis, das als Motiv für das Verlangen nach einer bestimmten Musik auftritt, wird nicht tatsächlich befriedigt, sondern nur so lange, wie die Musik erklingt. Die Teilhabe an dem Unerreichbaren ist eine vermittelte Teilhabe auf Zeit. Nach dem Verklingen der Musik muß sich der Hörer um so weiter entfernt von jenem Unerreichbaren fühlen. In der Stellvertretung, in der Musik selbst, liegt schon wieder der Anlaß für erneute Abwendung von der Wirklichkeit – eine ideale Situation für einen Wirtschaftszweig, dessen natürliches Bestreben auf Umsatzsteigerung gerichtet ist, wenn das Produkt selbst die Ursache seiner Wiederholung ist.

Diese Situation ist nicht ohne Einfluß der Phonoindustrie entstanden; insofern kann man von Manipulation bzw. gesteuertem Verhalten der Jugendlichen sprechen. Die Steuerung erfolgt über die verschiedensten Kanäle. In unserem Zusammenhang interessiert die gezielte Manipulation über die Aufbereitung der klanglichen Erscheinung funktionaler Musik. Hier sind zwei Bereiche zu unterscheiden, die allerdings im Erklingen der Musik untrennbar verbunden, aufeinander bezogen sind: die Komposition und die elektroakustische Aufnahme.

Einige Kriterien für die Komposition funktionaler Musik wurden schon oben von Rauhe genannt. Konkreter lassen sie sich an Bearbeitungen zeigen. Feurich deckt sie zum Beispiel an ›James Lasts Bearbeitung des 2. Satzes von Beethovens »Pathétique« (Op. 13)‹ auf: Kontrastierende Elemente, die diesem im ganzen äußerst melodischen Satz das spezifische Gepräge verleihen, werden in der Bearbeitung weitgehend ausgeschaltet.

Dadurch, sowie durch Angleichung von typisch klavieristischen Spielfiguren Beethovens an die allgemeine Grundbewegung, erreicht Last eine totale Einebnung. Die Bewegung des runden, glatten Klangstromes wird getragen von einer Rhythmusgruppe: „Sie setzt erstens allen rhythmischen Unebenheiten einen Bewegungsfluß entgegen, auf dessen Gleichförmigkeit sich der Hörer stets verlassen kann. Zweitens schließt sie agogische Schwankungen aus. Drittens überspielt sie mit den Pausen auch die durch Pausen markierten Formeinschnitte (zum Beispiel in Takt 5 und Takt 16). Sie ergänzt so die bereits aufgezeigte Nivellierung dynamischer, klanglicher, formaler, melodischer und klangräumlicher Kontraste“ (FEURICH, James Last, S. 185 f.). All diese am Notentext und an der Besetzung vorgenommenen Veränderungen erstreben das gleiche Ziel, nämlich dem Hörer eine Struktur anzubieten, bei deren Hören ein wie immer geartetes Musikdenken – zum Beispiel hier als synthetisches Hören im Sinne Besselers – unsinnig und unmöglich ist. „Mit dem Verlust der Möglichkeit, eigene Leistungen in den Hörakt einzubringen, tritt an die Stelle tendenzieller musikalischer ‚Eigenbestimmung‘ die musikalische ‚Fremdbestimmung‘. Sie liegt immer dann vor, wenn der Hörer – und darauf ist Lasts Bearbeitung angelegt – von der Musik in Stimmung ‚versetzt‘ wird“ (S. 187).

Bei funktionaler Musik ist die Art der Aufnahme ebenso wichtig, wie das Komponierte selbst. BLAUKOPF hebt vier Möglichkeiten der klanglichen Veränderung bei der Musikaufnahme hervor:

„1. Die Veränderung der ‚Balance‘ im Klangbild durch eine Mikrophonaufstellung, die der realen Balance im ‚lebendigen Musizieren‘ nicht entspricht.
2. Die zusätzliche Veränderung der Balance im Verlauf des klanglichen Geschehens durch die Handhabung des Mischpults bei der Schallaufnahme im Studio.
3. Die Erstellung eines artifiziellen Raumes, dessen Dimension und Perspektive nicht nur durch die unter 1 und 2 genannten Methoden bestimmt wird, sondern der auch Modifika-

tion durch ‚Verhallung' des gesamten Klangbildes oder einzelner Teile einschließt.

4. Die Abschwächung oder Verstärkung des Klangbildes innerhalb bestimmter Bereiche des Frequenzspektrums. Hier ist besonders die Verstärkung im sogenannten ‚Präsenz-Bereich' zu nennen . . . Sie schafft ein intensives Nah-Verhältnis zum Hörer, das von ‚lebendiger' Musik weder angestrebt wird noch angestrebt werden kann" (BLAUKOPF, Probleme, S. 47 f.).

Den vielfältigen Möglichkeiten elektroakustischer Aufnahmen ist in der Quadrophonie der adäquate Vermittler zugewachsen. Der sinnliche Reizwert eines Stückes kann erheblich gesteigert werden.

So aufbereiteter Musik fehlt nahezu völlig der Objektcharakter. Sie ist ein verhaltensteuerndes, zur Identifikation einladendes Funktionsmittel, darauf angelegt, im Hörer die Kontrollinstanz des Großhirns zu überspringen und unmittelbar auf das Vegetativum einzuwirken (Verhaltensweisen, S. 48 ff.), auf Grund der bewußt und gezielt genutzten magischen Wirkung des Klanglichen.[15]

Anmerkungen

1 So sind zum Beispiel amerikanische Untersuchungsergebnisse für denjenigen, der etwas über das Verhalten deutscher Jugendlicher erfahren möchte, kaum von Interesse; deshalb bleiben sie hier unberücksichtigt.

2 Vgl. dazu unter anderem Scheuch, Methoden, S. 207 f.

3 Vgl. Rosenmayer/Köckeis/Kreutz, S. 217 und 357; Müller-Taube, Verhältnis, S. 27 ff.; Karbusicky, Musikforschung, S. 319; Baake, Beat, S. 181.

4 Vgl. Rosenmayer/Köckeis/Kreutz, S. 212; Blücher, Generation, S. 292; Krähenbühl, Jazz, S. 110 ff.

5 Vgl. auch Brömse/Kötter, Musikrezeption, S. 135.

6 Vgl. auch Baake, Beat, S. 183.

7 Vgl. Dollase/Rüsenberg/Stollenwerk, S. 28; Zimmerschied, Beat, S. 106; Rauhe, Funktion, S. 343.

[8] Nur hingewiesen sei in diesem Zusammenhang auf die Ergebnisse Plattes, der die Leistungsbeeinflussung in der Gleichzeitigkeit von Radiohören und Anfertigung von Hausaufgaben untersucht. Platte kommt unter anderem zu dem Ergebnis, „daß unter den Bedingungen der Gleichzeitigkeit von einer *katastrophalen* Leistungsminderung gesprochen werden muß". Berücksichtigt man noch, daß etwa 70 % der Jugendlichen mit ihren Hausaufgaben während der leistungsnegativen Phase des Tages beginnen, dann muß gesagt werden, daß *„das Ausmaß negativer Beeinflussung bei tatsächlicher Gleichzeitigkeit das Ausmaß festgestellter Leistungsminderung in leistungspositiver Phase bei weitem übertrifft"* (Platte, Beeinflussung, S. 242). Vgl. auch Zimmerschied, Musik, S. 80 ff.

[9] Die Ergebnisse einer genaueren Zahlenanalyse nach Geschlecht, Sozialschicht und Wohn-Region stimmen mit den Ergebnissen Murdocks überein.

[10] Rauhe beruft sich auf Anschauungen Besselers. So setzt er das „passiv-stimmungshafte Musik-Erleben" in Beziehung zu Besselers passivem Hören als der typischen Zugangsweise zu romantischer Musik. Wenn der Gedanke an eine gewisse Verwandtschaft auch nahe liegt, so ist der qualitative Unterschied des passiven Hörens doch nicht zu leugnen. Es scheint mir auch gewagt, die verschiedenen Rezeptionsweisen der Popmusik von Besselers aktiv-synthetischem Hören abzuheben. Die an ganz bestimmter historischer Musik entwickelten Begriffe Besselers eignen sich weder als Maßstab für die Rezeptionsweisen von Popmusik, noch von zeitgenössischer Kunstmusik. Das Anliegen Besselers besteht ja gerade darin nachzuweisen, daß jede Epoche ihre besondere Zugangsweise zur Musik hat. Betrachtet man dennoch das aktiv-synthetische Hören des 17./18. Jahrhunderts als die schlechthin allgemeine, ideale Hörweise, darf man sich gerade nicht auf Besseler berufen. Dann identifiziert man sich vielmehr mit der Auffassung Riemanns, die Besseler widerlegte.

[11] Hartwich-Wiechells Versuch, über die Funktion des Selbstgenussses eine Verbindung zwischen Popmusik und der Gebrauchsmusik im Sinne Besselers (vgl. in dieser Schrift S. 6) herzustellen, erscheint nicht nur überflüssig, sie ist auch abwegig (vgl. Pop-Musik, S. 34).

[12] Vgl. auch Hartwich, Noch einmal, S. 183 f.

[13] Vgl. Pape, Musikkonsum, S. 45; zur Sonderstellung des Jazz in dieser Funktion vgl. zum Beispiel Krähenbühl, Jazz, S. 119 ff.; die

Oppositionsfunktion neuer Musik gehört nach Adorno zu deren Selbstverständnis.

14 Vgl. hierzu auch Baake, Beat, S. 28 ff.

15 H. Reinold berichtet vom Soziologenkongreß 1954 in Paris, daß man dort glaubte, daß eine bestimmte magische Wirkung des Klanglichen der technischen Vermittlung durch das Radio zuzuschreiben sei. Es „fiel immer wieder das Wort ‚Magie', und zwar keineswegs in einem metaphorischen, sondern in durchaus essentiellem Sinne ... Sobald aber die Magie des Klanges eine derart wichtige Rolle zu spielen beginnt, werden die ästhetischen und künstlerischen Qualitäten der Musik am Radio weitgehend relativiert" (Musik, S. 63 f.).

II DAS AUFFASSEN VON MUSIK DURCH KINDER UND JUGENDLICHE

Der Begriff des Verhaltens wurde im letzten Kapitel verstanden als ein Sich-Verhalten-zu-etwas. Mitteilung und Beschreibung beobachtbarer Aktivitäten der Jugendlichen stand im Vordergrund. Es wurde aber auch versucht, geistige Tätigkeiten bzw. Vorgänge – etwa das Erleben der Musik – aus Verhaltensweisen zu erschließen. Eine Abgrenzung zum Thema dieses Kapitels wird dadurch schwierig, denn auch das Auffassen von Musik ist geistige Tätigkeit, wenn man darunter ein Gewahr-Werden im weitesten Sinne versteht. Gerechtfertigt ist die Aufteilung nur durch das Setzen unterschiedlicher Schwerpunkte. Das Verhalten der Jugendlichen wurde vorwiegend in seinen Abhängigkeiten von Umwelteinflüssen gesehen. Das Auffassen von Musik wird mehr in den Zusammenhang mit Hörfähigkeiten und damit von Anlagen, Eigenschaften und Einstellungen gebracht. Hier aber schließt sich schon wieder der Kreis, denn Eigenschaften und Einstellungen gründen in Anlagen, entwickeln sich jedoch in der „vorgegebenen Wirklichkeit von Kultur und Gesellschaft" (MEYER-DENKMANN, Klangexperimente, S. 5).

Welche Fähigkeiten auch immer gemessen oder beschrieben werden, es ist zu bedenken, daß der musikalischen Umwelt – und nicht nur ihr – ein Anteil an ihnen zukommt, bzw. daß die Ergebnisse darauf hinweisen, in welchem Maß Kinder und Jugendliche die Integration in die musikalische Umwelt vollzogen haben.

In den älteren Forschungen besonders der Bundesrepublik und Amerikas ist man sich dieser Gegebenheiten nur wenig bewußt. Fähigkeiten werden eng einer angeborenen Begabung (vgl. MOTTE-HABER, Musikpsychologie, S. 104 ff.), ihre Entwicklung dem Reifungsprozeß verbunden.

Neuere Untersuchungen ordnen die Entwicklung von Fähigkeiten dem Sozialisierungsprozeß zu, vorwiegend in dem Sinne, daß Musik Objekt dieses Prozesses ist. Die Haltung einiger Autoren ist kritisch, sie warnen vor einer zu angepaßten Aneignung musikalischer Normen, die dem Prozeß der Individualisierung entgegensteht.[1]

Die Rezeptionsforschung der DDR geht von der „dialektisch-materialistischen Lehre von der Entwicklung der menschlichen Persönlichkeit" (MICHEL, Grundlagen, S. 31) aus. Sie setzt sich bewußt von den „bürgerlichen Begabungstheorien und ihren Erscheinungsformen auf musikalischem Gebiete" (S. 22) ab und verwirft:

1. die biologische Konzeption, „wonach die Fähigkeiten und Begabungen als eine erblich determinierte und damit auch erblich begrenzte Leistungsdisposition angesehen" (S. 22) wird;
2. die biogenetische Konzeption, die davon ausgeht, daß „die psychische Entwicklung des einzelnen Menschen . . . eine Wiederholung der psychischen Entwicklung der Gattung" (S. 27) ist;
3. die soziogenetische Konzeption, in der „die Psyche nur zum mechanischen Produkt der Erziehung oder äußerer Umstände erklärt" (S. 30) wird.

P. MICHEL betont, daß Kinder „von Geburt an mit verschiedenen Anlagen ausgestattet" (S. 31) sind. Anlagen sind „die durch anatomisch-physiologische Eigentümlichkeiten des Organismus bedingten Möglichkeiten für die weitere psychische Entwicklung des Kindes" (S. 32). Sie sind „unbestimmt, vieldeutig, multipotent" und bieten die Grundlage für die Entwicklung von Fähigkeiten (S. 33 f.).

Unter Fähigkeiten versteht MICHEL „die gesamte Leistungsausstattung des Menschen . . ., die es ihm ermöglicht, die Anforderungen der Umwelt an sein Tun zu erfüllen" (S. 13).

Er nennt folgende musikalische Fähigkeiten, die es dem Menschen möglich machen, der musikalischen Wirklichkeit gerecht zu werden:

1. Differenzierungs- bzw. Unterscheidungsfähigkeit sowohl hinsichtlich einzelner Parameter der Musik als auch musikalischer Ganzheiten;
2. Fähigkeiten des Gedächtnisses, und zwar des „akustischen, visuellen, motorischen (kinästhetischen) und emotionalen Gedächtnisses und deren Wechselwirkungen“;
3. motorische Fähigkeiten;
4. geistige Fähigkeiten, wie sie für das musikalische Verstehen und Erleben, für das Erfassen größerer musikalischer Zusammenhänge usw. notwendig sind (S. 14 f.).

Musikalische Fähigkeiten sind Voraussetzung, gleichzeitig aber auch Ergebnis von Handlungen, da sie sich nur „im Prozeß der Tätigkeit, zu der diese Fähigkeiten benötigt werden“, bilden. „Dort, wo für eine Betätigung die Bedingungen fehlen, ist auch kein Boden für [ihre] Entwicklung . . . gegeben . . . Grundsatz für die Arbeit der Pädagogen kann es also nur sein, nicht auf die Entstehung von Fähigkeiten zu warten, sondern diese zu entwickeln, indem die Tätigkeit des Kindes organisiert wird“ (S. 35).

Dennoch ist das Kind kein „passives Objekt der äußeren Einflüsse, sondern aktives Subjekt, das sich mit allen Erscheinungen auseinandersetzt“ (S. 36). Es wird hineingeboren in eine musikalische Umwelt, in eine Musikkultur, die es sich aneignet, die es „gleichsam zur Eigenwelt verarbeitet“ (S. 36). Die musikalische Umwelt hat neben der pädagogischen Einflußnahme entscheidende Bedeutung für die Ausbildung der Fähigkeiten. Sie ist für das Kind ständige Herausforderung, auf die es reagiert; die „Möglichkeiten, die in den Anlagen gleichsam schlummern“ (S. 35), entfalten sich in diesem Prozeß.

Das Auffassen der Musik vollzieht sich – darin geht man in Ost und West einig – verschieden. Michel spricht von einem einheitlichen Entwicklungsprozeß, der individuell geprägt ist (S. 80 ff.). Dennoch lassen sich in ihm Phasen feststellen; qualitative Veränderungen treten gebündelt auf und lassen dadurch eine Periodisierung zu. Interindividuelle Ähnlichkeiten rechtfertigen auch eine Verallgemeinerung.

In der frühesten Kindheit trägt nach MICHEL eine gewisse „Hörlust“ das Auffassen von Akustischem. Das Kind „strebt danach, bestimmte Schallreize immer wieder zu hören“ (S. 87). Auf Grund von Wiederholungen entwickelt sich ein erstes Differenzierungsvermögen für verschiedene akustische Signale, das sich wiederum in einer „weiteren *Aktivierung der ‚Hörlust‘*“ (S. 89) auswirkt.

„Das Kind zeigt schon sehr früh eine eigentümliche Eindrucksempfindlichkeit gegenüber akustischen Erscheinungen . . . Sie werden zunächst ‚physiognomisch‘, das heißt relativ ungegliedert und ausdrucksbeseelt erlebt . . .; das Kind wird vom Gesamteindruck her, vom Inhalt und den Ausdrucksgehalten des musikalischen Reizkomplexes her, angemutet“ (S. 92). MICHEL und auch H.-P. REINECKE beobachten diese Auffassungsart der Musik noch im frühen Schulalter. In ihr erschließt sich *eine* Ebene der Musik den Kindern „unmittelbar“; das Auffassen des Emotionalen „braucht kaum erlernt zu werden“ (REINECKE, Vorrang, S. 63). Sie ist die Grundlage für die Differenzierungsfähigkeit. „Die Wahrnehmung komplexer Gebilde kommt nicht . . . durch eine Integration der zunächst wahrgenommenen Einzelteile zustande, sondern durch Differenzierung und Gliederung eines ursprünglich undifferenzierten *Wahrnehmungs-Feldes*“ (S. 64).

Entsprechend der allgemeinen Entwicklung des Kindes wandelt sich um die Zeit des Schuleintrittes sein Auffassen der Musik. „Die Dinge werden mit ‚anderen Augen‘ angesehen, sie werden Gegenstand der intellektuellen Neugierde. Eine Wendung zum Wissenwollen zeichnet sich ab. Das Kind erfaßt zunächst elementare und schließlich komplizierte Kausalzusammenhänge. Es erfolgt eine rationale Durchdringung und Durchdifferenzierung der Wirklichkeit“ (MICHEL, Grundlagen, S. 109). Das Auffassen der Musik wird bewußter, analytischer und gleichzeitig synthetischer; es richtet sich auf isolierte Elemente ebenso wie auf musikalische Zusammenhänge. Insgesamt ist die Einstellung zur Musik sehr sachbezogen. Auch GÜNTHER entnimmt den spontanen Äußerungen jüngerer Kinder zur Musik diese Grundhaltung (U. GÜNTHER, Untersuchungen, S. 191 f.).

Bis zum Eintritt der Reifezeit hält sich das Kind „an das Äußerlich-Gegebene, ihm Zugängliche, Auffällige, vor allem an dynamische, rhythmische und melodische Kontraste, oder an technische Leistungen, schnelles Spiel, Orchesterbesetzungen, neue Instrumente, Bewegungen des Dirigenten usf." (MICHEL, Grundlagen, S. 89).[2] Das heißt aber nicht, daß das Kind Ausdrucksgehalte nicht wahrnimmt. Sie werden jedoch „nur ganz allgemein mit ‚traurig, schwerfällig' oder mit ‚heiter, freudig, lustig, fließend' . . . wiedergegeben" (S. 89). Das Ausdrucksmäßige bleibt für die Kinder unverbindlich, sie verhalten sich ihm gegenüber distanziert, es hat für sie Zeichencharakter. Eine ästhetische Dimension öffnet sich ihnen noch nicht (vgl. dazu KARBUSICKY/KASAN II, S. 222). Eher werden gegenständlich-konkrete Erlebnisse zur Interpretation der Musik herangezogen (MICHEL, Grundlagen, S. 133).

Das Auffassen der Musik ändert sich zu Beginn der Reifezeit. „Der durch das Hineinwachsen in die menschliche Gesellschaft und durch die körperliche Entwicklung sich vollziehende Wandel der psychischen Struktur [des Jugendlichen] . . . schafft neben anderen Erscheinungen das Vermögen, psychische Vorgänge – insbesondere emotionale – bei sich selbst und bei anderen festzustellen. Es erschließt sich dem jungen Menschen das Gebiet der psychischen Vorgänge als neuer und bedeutsamer Wirklichkeitsbereich. Es erwächst das Interesse am eigenen Erleben . . . Bei dieser Nachinnenwendung (Introversion) werden ihm nicht nur eigene Erlebnisse zugänglich (Selbstreflexion), sondern auch die reflektierende und kritische Stellungnahme zum fremden Seelenleben gesellt sich hinzu" (S. 86). „Nun wird der junge Mensch fähig, Musik wirklich zu erleben und zu verstehen" (S. 133). „Was den Jugendlichen erfüllt und treibt, was ihn zur Besinnung und Einkehr ruft, es erhält für ihn durch die Musik Ausdruck" (S. 90).[3] Nicht mehr den hörbaren Merkmalen der Musik gilt vorwiegend die Aufmerksamkeit, sondern der Wirkung. Diese Haltung ist verknüpft mit einer „Abneigung und sogar Passivität in der Äußerungsbereitschaft" (MAERTENS, Verhältnis, S. 109). Denn „Gefühl zu äußern heißt . . ., etwas von seiner

Innenwelt preisgeben ... Diese Seite ihres Innenlebens suchen [die Jugendlichen aber] zu verdecken und lassen sich beim Zuhören passiv befriedigen durch die aktive Äußerung anderer" (S. 110). Das Auffassen der Musik wird zu einem Gebrauchen der Musik; deren Gegenstandscharakter tritt hinter einem Funktionscharakter zurück.[4]

Die Erforschung des Auffassens der Musik durch Kinder und Jugendliche geht über Feststellungen von jeweils altersspezifischen Grundvermögen hinaus. Pädagogen oder pädagogisch interessierte Psychologen haben einzelne Fähigkeiten der Kinder untersucht. Obwohl sie sich der Problematik einer Periodisierung nach dem Schulalter bewußt sind, erscheint sie ihnen doch wegen der leichteren Übertragung der Forschungsergebnisse in die Unterrichtspraxis angebracht.

1 Das Kind im Vorschulalter [5]

Über musikalische Anlagen und Fähigkeiten der Kinder dieses Alters gibt es mehrere leicht zugängliche Arbeiten kompetenter Autoren.[6] So ist hier nur von Forschungserträgen zu berichten, die dort nicht berücksichtigt wurden oder nicht verarbeitet werden konnten.

Kl. E. BEHNE entwickelt ein Verfahren zur „Erfassung musikalischer Verhaltensweisen" der Kinder in Anlehnung an die Methode des Polaritätsprofils (BEHNE, Erfassung).[7]

Die von OSGOOD und HOFSTÄTTER entwickelte Methode verlangt von den Versuchspersonen die Beurteilung eines Begriffes oder Gegenstandes der Anschauung auf einer mehrstufigen Skala, die sich zwischen Polaritäten erstreckt. Diese Polaritäten sind gewöhnlich adjektivische Gegensatzpaare (schön/häßlich, schwach/stark, leise/laut), die zu dem Beurteilungsobjekt weniger in einem sachlichen, eher in einem assoziativen Bezug stehen. Die Methode setzt also ein gehobenes Sprachverständnis voraus und ist deshalb bei Kindern im Vor- und Grundschulalter nicht anwendbar. BEHNE versucht, die verbale Ebene zu vermeiden und ändert das Verfahren dahingehend, daß „aus einer vorgegebenen Anzahl von Bildern solche auszuwählen sind, die den Kindern als zur Musik [– dem Beurteilungsobjekt –] passend erscheinen" (S. 103).

Er ist sich bewußt, daß auch diese Art der Beurteilung der Musik an die Kinder hohe Anforderungen stellt. Folgende Fähigkeiten werden vorausgesetzt:

„1. [d]ie Decodierung *akustischer,* speziell musikalischer Ereignisse,
2. die Decodierung *visueller* Ereignisse und
3. [der] *Vergleich* der Decodierungen, der erst zu einer sinnvollen Zuordnung führen kann" (S. 107).

Der Test wurde mit fünf- und sechsjährigen Kindern und einer Kontrollgruppe Erwachsener durchgeführt. Er erwies sich als geeignet, was aber eine Verbesserung nicht ausschließt. BEHNE, dessen Anliegen ja methodischer Art ist, teilt nur die wichtigsten Ergebnisse mit:

„1. Fünfjährige sind in Einzelfällen durchaus in der Lage, den erzählenden, gegenständlichen Inhalt eines geeigneten Musikstückes zu erkennen und dies durch die sinnvolle Wahl eines geeignetes Bildes zu belegen . . .
2. Die Assoziationsfreudigkeit, die sich in der durchschnittlichen Anzahl der pro Musikbeispiel gewählten Bilder ausdrückt, sinkt mit zunehmendem Alter (Fünfjährige: 3,5 Bilder, Sechsjährige: 3,1 Bilder, Erwachsene: 1,8 Bilder).
3. Im vorliegenden Fall wurden die gegenständlichen Bilder von allen drei beteiligten Altersgruppen eindeutig bevorzugt. Gleichzeitig ergab sich, daß sowohl die Gruppe der Fünfjährigen als auch die Erwachsenen die gegenständlichen Bilder in eindeutigerer Weise zuordneten als die abstrakten Bilder . . .
4. Die Fünfjährigen waren durch die Aufforderung, abstrakte Bilder zuzuordnen, offensichtlich noch überfordert . . .
5. Die Möglichkeit, daß Kinder Musik partiell anders, aber deshalb keineswegs undifferenzierter hören, deutete sich tendenziell bei einem Vergleich der Fünfjährigen mit den Erwachsenen an" (S. 106 f.).

Worin die Andersartigkeit des Musikhörens besteht, teilt BEHNE nicht mit. Die Frage nach ihr aber ist es, die den Psychologen und Pädagogen immer wieder bewegt.

Wie hören zum Beispiel Kinder die vertikale Dimension von Musik? Sicher ist, daß Dissonanz und Konsonanz von Kindern im Vorschulalter kaum unterschieden werden. Nach G. KLEINEN wird die Vertikale gehört als

„a. Klanghelligkeit

b. Dichte oder Breite des Klangs

c. Lautheitseindruck“ (KLEINEN, Entwicklung, S. 132).

An die Stelle der für Kinder dieses Alters nicht wahrnehmbaren Grundtonbezogenheit von Akkorden tritt das Distanzprinzip. Dem Erwachsenen ist es nicht möglich, nach diesem Integrationsprinzip im Sinne LISSAS zu hören; grundtonbezogene Akkorde nimmt er auch als grundtonbezogen wahr.

Eigene Versuche – allerdings in der Grundschule – lassen vermuten, daß die Besonderheit der Wahrnehmung der Vertikalen darin begründet ist, daß Kindern noch in den ersten beiden Grundschuljahren die Wahrnehmung von Verschiedenem, das gleichzeitig erklingt, schwerfällt. Es ist ihnen zumindest anfangs nicht möglich, Verschiedenartigkeit in der Gleichzeitigkeit zu identifizieren. So äußern sie auf entsprechende Fragen entweder ihren Gesamteindruck, oder sie reihen ihre Beobachtungen aneinander. Nach den Äußerungen der Kinder könnte man auf eine zwar mehrschichtige, aber noch nicht vertikal integrierende Schallwahrnehmung schließen (vgl. DOPHEIDE, Protokoll, S. 84).[8]

Über das „frühkindliche Verhalten zu Klang und Zeit“ berichtet – skizzierend wie sie selbst sagt – G. MEYER-DENKMANN. Ihre Erkenntnisse stützen sich „auf mehrjährige Experimente und Untersuchungen mit Kindern ab dreieinhalb Jahren“ (MEYER-DENKMANN, Klangexperimente, S. 8). Sie fügen sich der Vorstellung vom „physiognomischen Hören“ der Kinder dieses Alters ein, motivieren es aber teilweise anders. Für „ein Kind bis zu 7 Jahren ist *Klang* primär Aussage des Erlebnis- und Handlungsbereichs. Es ist ein Hörbarmachen seiner selbst und seiner Umwelterfahrung. Wahrnehmen, sich äußern, handeln und denken bedingen einander und beeinflussen sich gegenseitig ... In seiner Tätigkeit gibt ein Kind nicht die äußere Gestalt des Wahrgenommenen wieder, sondern in seinem Tun, sei es durch Bewegung, Bild, Klang oder Wort, zeigt es das von ihm erlebte Wesen der Dinge, die entsprechend individuell verändert werden" (S. 8). BEHNE spricht von einem „‚Rorschach-Test-Verhalten', das heißt, daß [Kinder dieses Alters, Verfasser] in an sich bedeutungsfreie, abstrakte Darstellungen etwas Gegenständliches hineindeuten" (BEHNE, Erfassung, S. 108).[9] Sie subjektivieren, was ihnen begegnet, gemäß ihren bisherigen Erfahrungen. Auch Musikalisches eignen sie sich im Wahrnehmungs- bzw. Handlungsprozeß entsprechend ihrem Erlebnisvermögen an. So ist verständlich, daß Kinder „Geräusch und Ton nicht als Gegensätze" empfinden. Beide sind ihnen „reiner Ausdrucks- und Handlungswert" (MEYER-DENKMANN, Klangexperimente, S. 8). Diese Einstellung reicht weit über die Grundschulzeit hinaus (U. GÜNTHER, Sprache, S. 502). Eine Fähigkeit zu ästhetischer Bewertung entwickelt sich erst mit der Übernahme des tradierten Normensystems.

„Sprache und Klang bilden für ein Kind eine ursprüngliche Einheit." Das *„melodische Element"*, noch lange dem Sprachklang verbunden, kennt keine „fixierbare[n] Tonhöhen". Diese können deshalb „bis zu 6–7 Jahren noch nicht absolut und in der Beziehung ihrer Intervalle erfaßt werden. Die kindliche Wahrnehmung geht vor 5 Jahren primär vom Tonhelligkeitsempfinden aus" (MEYER-DENKMANN, Klangexperimente, S. 8).[10]

„Das kindliche *Zeitempfinden* beruht bis zu 6 Jahren auf einem einheitlichen, einförmigen Zeitgrund, der anschaulich an Bewegung und Tätigkeit gebunden bleibt. Eine Tätigkeit ist für ein Kind in diesem Alter noch ohne Zeitgrenze ... Die ordnende Einteilung eines Zeitverlaufs bereitet [deshalb] große Schwierigkeiten. Daher ist [auch] die Koordination von unterschiedlichen Zeitdauern zu einer meßbaren periodischen Zeiteinheit wie Takt und Metrum noch kaum möglich ... Wenn Kinder also in diesem Alter, ja oft bis zu 8 Jahren nicht Takt halten können, metrische Dauern dehnen oder verkürzen, ist dies nicht nur eine Fehlleistung, sondern es zeigt auch, daß wir von falschen Voraussetzungen ausgehen, wenn wir ein Kind in den unnötigen Zwang unserer historisch bedingten Zeitvorstellungen drängen" (S. 9).[11] Auf zwei Beobachtungen verschiedener Autoren in Ost und West sei besonders hingewiesen:

1. Unterschiedliche Fähigkeiten des Hörens von Musik entwickeln sich mit- und aneinander. Tätigkeiten der Kinder, die vorwiegend der Bildung einer Fähigkeit dienen, fördern auch andere.
2. „. . . die Entwicklung der Hörfähigkeiten für Musik des Erbes und des Gegenwartsschaffens [vollzieht sich] nicht im zeitlichen Nacheinander . . ., sondern im gleichzeitigen Miteinander . . . Das verlangt eine Neubestimmung der Systematik der Hörerziehung unter Einbeziehung neuer Hörmodelle vom Kindergarten an aufwärts" (MICHEL, Untersuchungen, S. 61).

2 *Das Kind im Grundschulalter*

Die vorwiegend physiognomische Auffassungsweise der Musik weicht einer mehr analytischen. Insgesamt nimmt die Differenzierungsfähigkeit der Kinder, wie MICHEL feststellt, um über 50 % zu (Grundlagen, S. 113). Das setzt einen Einstellungswechsel zur Musik voraus.

Nach der Entwicklung der Hörfähigkeiten der Kinder des 1. und 2. Schuljahres fragen W. KRAL, K.-H. RUDLOF und W. TEINER (Rezeptionsfähigkeit). Sie beschränken ihre Untersuchung auf folgende Bereiche (S. 31):

1. Erkennen eines Einzelgeräusches innerhalb einer Geräuschfolge;
2. Wahrnehmen von Tempoveränderungen;
3. Wahrnehmen von Tonhöhenveränderungen;
4. Unterscheiden von Einzelstimmen nach Klangfarbe und Tonhöhe.

Das *Ergebnis:*

Aufgabe	richtige Lösungen	
	Klasse I	Klasse II
1	75,0 %	80,0 %
2	85,5 %	78,9 %
3	73,1 %	88,6 %
4	92,3 %	98,4 %

Die überraschende Entwicklung des Tonhöhenunterscheidungsvermögens wird durch Untersuchungen sowjetischer Psychologen, auf die MICHEL hinweist, bestätigt: „Während die Sechsjährigen kaum Vierteltöne unterscheiden können, bemerken Schüler des vierten Schuljahres nach einem systematischen Musikunterricht bereits Unterschiede von fünf bis acht Doppelschwingungen in der singbaren Mittellage“ (MICHEL, Grundlagen, S. 113).

MICHELS Erfahrungen im Unterricht decken sich mit den im Experiment gewonnenen Ergebnissen der Wiener Untersuchung in den Punkten 1 und 4. Er stellt fest, daß das Kind „jetzt die Einzelheiten aus den Zusammenhängen, in denen sie auftreten, besser herausgliedern und in Beziehung setzen“ kann. „Es ist eine Einstellung entstanden, die mehr auf Einzelheiten auch in geschlossenen Ganzgebilden achtet“ (S. 112). Als Beispiel für diese Entwicklung verweist MICHEL auf die wachsende Fähigkeit der Kinder, Melodien analytisch zu hören. „Noch der sechsjährige Schulanfänger ist nicht imstande, isolierte oder in anderen Verbindungen auftretende Melodieteile wiederzuerkennen, ebensowenig vermag er Teile einer Melodie, die er als Ganzes aufgenommen hat, isoliert zu reproduzieren. Darum bereitet es dem Schulanfänger größere Schwierigkeiten, ein einzelnes Intervall aus dem Ganzen einer Melodie wiederzugeben, als die ganze Melodie zu lernen“ (S. 112). Im Gegensatz dazu ist das Kind „bereits im zweiten Schuljahr in der Lage, aus dem gesungenen Liedgut Melodiebausteine zu erkennen und aktiv anzuwenden . . . Das Kind lernt also, aus gehörten oder gesungenen Melodieganzen einzelne ‚Melodiebausteine', charakteristische Wendungen, zu erfassen" (S. 113).

Eigene Versuche in einem 2. Schuljahr beweisen, daß Schüler dieses Alters durchaus in der Lage sind, eine kurze melodische Reihe ohne jede Hilfe retrograd zu singen. Diese Fähigkeit läßt darauf schließen, daß die Kinder einen solchen melodischen Ausschnitt als etwas aus Intervallen Zusammengesetztes betrachten, als ein Objekt, das sich nicht nur als ein Ganzes einprägen läßt. Sie fassen Musik als etwas *Gemachtes* auf.

Besonders auffällig in der Wiener Untersuchung ist: „Die Kinder der 1. Schulstufe konnten Tempoveränderungen signifikant besser differenzieren als die Kinder der 2. Schulstufe" (KRAL/RUDLOF/TEINER, S. 32). Die Autoren folgern, „daß Kinder der 2. Schulstufe nicht in allen Teilbereichen eine Steigerung ihrer akustischen Rezeptionsfähigkeiten erfahren" (S. 32).

Diese überraschende Feststellung veranlaßte KRAL, RUDLOF und TEINER, dem Entwicklungsprozeß der Hörfähigkeiten genauer nachzugehen.

Innerhalb einer Schulklasse differiert das Lebensalter der Schüler auch im 1. und 2. Schuljahr bis zu einem Jahr. Die jeweils Älteren in einer Klasse, das heißt die Siebenjährigen im 1. und die Achtjährigen im 2. Schuljahr kommen in den Experimenten zu schlechteren Ergebnissen als die Jüngeren. „Zusammenfassend kann festgestellt werden, daß die Zunahme der akustisch-musikalischen Rezeptionsfähigkeit nicht direkt proportional zum steigenden Lebensalter verläuft. Wieweit hier auch andere Faktoren wirksam werden, wäre in Detailuntersuchungen zu erheben" (S. 37).[12] Die Faktoren: Vielzahl technischer Mittel im Haushalt der Kinder, Nahverhältnis zu einem Musikinstrument sowie Geschlecht haben keinen Einfluß.

Besonders positiv entwickelt sich die Hörfähigkeit der Kinder aus unteren Milieuschichten, so daß es im 2. Schuljahr „zu einer Homogenisierung der Fähigkeiten von Kindern aus unteren Milieuschichten gegenüber den Kindern aus mittleren und oberen Milieuschichten" (S. 39) kommt.

Die zusammenfassende These der Autoren, „daß die akustisch-musikalische Rezeptionsfähigkeit sich in einem individuell unterschiedlichen Prozeß entwickelt, der sich im Laufe des siebten Lebensjahres maximal beschleunigt, einen Höhepunkt erreicht und schließlich nur mehr langsam fortschreitet, in Einzelfällen sogar stagniert" (S. 37),[13] ist zwar hinsichtlich der zeitlichen Fixierung des Höhepunktes umstritten (vgl. DOPHEIDE, Protokoll), aber insgesamt bedeutsam für die Musikpädagogik.

Um die spezifische Hörweise der Kinder kennnenzulernen, befassen sich KRAL, RUDLOF und TEINER mit den Hörpräferenzen. Von vier Musikbeispielen:

A: Simon & Garfunkel : ›Keep the customer satisfied‹,
B: Robert Stolz : ›Im Prater blühn wieder die Bäume‹,
C: Kernbuam : Polka,
D: Georges Bizet : Ouvertüre zu ›Carmen‹

wurden die Beispiele A und C in beiden Schulstufen so eindeutig bevorzugt, daß soziale Faktoren allein zu einer Interpretation nicht ausreichen. Die Autoren ließen Sonagramme von den Musikstücken anfertigen und schließen:

„1. Musik mit breit aufgefächertem Frequenzspektrum und hohen Frequenzspitzen (Beispiel A und C) wird gegenüber Musik mit wenig gegliedertem Spektrum, frequenzarmer Musik (Beispiel B und D) eher bevorzugt.
2. Musik mit starken rhythmischen Akzenten (Beispiel A und C) wird gegenüber rhythmisch weniger akzentuierter Musik (Beispiel B und D) eher bevorzugt.
3. Musik mit heftigen Pegelschwankungen (Beispiel A und C) wird gegenüber Musik mit relativ wenig sich veränderndem Pegel (Beispiel B und D) eher bevorzugt" (KRAL/RUDLOF/TEINER, S. 49).[14]

Durch eigene Versuche in einem 2. Schuljahr können diese Ergebnisse ergänzt werden.

Die Kinder sollten eigene Gestaltungsversuche – einige Zeit vorher auf Band aufgenommen – nach *gefallen / nicht gefallen* beurteilen. Das Ergebnis war eindeutig; dennoch blieb unklar, nach welchen Kriterien die Kinder urteilten. In einer Beziehung unterschieden sich die negativ/positiv beurteilten Beispiele voneinander: Das Gefallen war gebunden an eindeutige Gliederung, und zwar entweder vertikal in unterscheidbare Abschnitte oder horizontal in verschiedene Klangebenen.

Um diese Beobachtung zu prüfen, konstruierte ich Beispiele, die hinsichtlich der Reihenfolge der einzelnen Töne identisch waren, die sich in der Gliederung in oben beschriebener Weise unterschieden. Sie wurden jeweils zusammen mit ungegliederten Fassungen den Kindern vorgespielt. Diese bemerkten nicht einmal, daß die Beispiele in einer Beziehung identisch waren, so stark war ihre Aufmerksamkeit durch die Gliederung gefesselt. Das Ergebnis: Nicht die Reihenfolge von Tönen, nicht die sich daraus ergebenden Intervalle leiten die Hörpräferenzen von Kindern dieses Alters; nur die hörbare, wenn auch noch nicht bewußt aufgenommene Gliederung des musikalischen Ablaufs prägt ihr Urteil.

In der gleichen Klasse sollten zu Beginn des 3. Schuljahres die rhythmischen Hörfähigkeiten der Kinder ermittelt werden. Im Verlaufe des Unterrichts wurden regelmäßiger und unregelmäßiger Rhythmus unterschieden. Die Vorliebe der Kinder galt der Addition verschiedener Rhythmen. Auf sie eingehend wurden folgende Höraufgaben mit drei Instrumenten konstruiert: Holzblock (H), Trommel (T) und Metallophon (M).

1. H: regelmäßig	2. H: unregelmäßig	3. H: regelmäßig
T: regelmäßig	T: unregelmäßig	T: unregelmäßig
M: regelmäßig	M: unregelmäßig	M: regelmäßig
4. H: regelmäßig	5. H: unregelmäßig	6. H: regelmäßig
T: regelmäßig	T: regelmäßig	T: unregelmäßig
M: regelmäßig	M: regelmäßig	M: unregelmäßig

Nur bei der ersten Aufgabe waren alle Rhythmen identisch; die regelmäßigen Rhythmen zum Beispiel in den Aufgaben 3, 4 und 5 unterschieden sich in Taktart und Länge so, daß zum Beispiel Schwerpunkte (in der Notation Taktanfänge) nie zusammenfielen. Die Länge der Aufgaben war unterschiedlich:

zwischen 30 (1. Aufgabe) und 63 Sekunden (5. Aufgabe). Sie wurden den Schülern über eine Stereo-Anlage mit kurzen Zwischenpausen vorgespielt. Zu bestimmen war die Art der Rhythmik, isoliert für jedes Instrument je Aufgabe. Sie mußte in einen vorbereiteten Übungsbogen eingetragen werden.

Die Ergebnisse:

1. Aufgabe:	0 Fehler = 96 %	2. Aufgabe:	0 Fehler = 55 %
	1 Fehler = 4 %		1 Fehler = 4 %
			2 Fehler = 18 %
			3 Fehler = 23 %
3. Aufgabe:	0 Fehler = 55 %	4. Aufgabe:	0 Fehler = 93 %
	1 Fehler = 37 %		1 Fehler = 4 %
	2 Fehler = 8 %		3 Fehler = 3 %
5. Aufgabe:	0 Fehler = 88 %	6. Aufgabe:	0 Fehler = 44 %
	1 Fehler = 8 %		1 Fehler = 33 %
	2 Fehler = 4 %		2 Fehler = 23 %

Von insgesamt 480 möglichen Fehlern (3 Fehler pro Aufgabe bei 27 Schülern) wurden 73 Fehler gemacht, die Fehlerquote lag also bei 15 %. Gemessen an der Schwierigkeit der Aufgaben für Kinder eines 3. Schuljahres ist das ein erstaunliches Ergebnis. Es zeigt, daß im Alter von 8–9 Jahren die Fähigkeit entwickelt ist, mindestens drei verschiedene *Stimmen* hinsichtlich ihrer Rhythmik zu unterscheiden, was ein relativ hohes Maß analytischen Hörvermögens voraussetzt.

Seit 1914 [15] steht die harmonische Hörfähigkeit des Kindes im Mittelpunkt der Forschung. Sie kennenzulernen, spielte man Kindern verschiedene Akkorde vor oder wählte zum Beispiel ihnen bekannte Lieder, die mit *falschen* Begleitungen versehen waren, und fragte nach gehörten Unterschieden. Alle Untersuchungen nach dieser Methode kamen bei 6–7jährigen Kindern zu negativen Ergebnissen; man schloß daraus, die harmonische Hörfähigkeit setze erst später ein.

L. Höchel greift das Problem 1959 erneut auf (Untersuchungen). Er kritisiert die Methoden der Befragung: „Die Fehlerquelle ist hierbei in der Hauptsache darin zu sehen, daß die Motive für die Antworten eines Kindes nicht eindeutig sind. Es ist durchaus denkbar, daß ein Kind den Musikbeispielen gar keine Aufmerksamkeit schenkt und anschließend irgend eine Antwort gibt, nur um der Aufforderung nachzukommen. Weiterhin hat der Versuchsleiter nicht die Möglichkeit nachzuprüfen, ob seine Vpn. die Fragestellung überhaupt richtig verstanden haben. Das trifft besonders für 6–7jährige Kinder zu. Folglich sind alle Untersuchungsmethoden, die sich allein auf das Befragen der Kinder beschränken, für die Untersuchung der harmonischen Hörfähigkeit unbrauchbar" (S. 45).

HÖCHEL entwickelt im Anschluß an Untersuchungen BIMBERGS eine gänzlich andere Untersuchungsmethode: In zwei Versuchsreihen wurden 125 Kinder im Alter von 6–10 Jahren, darunter 28 Kinder der ältesten Gruppe eines Kindergartens, gebeten, zu auf Tonband aufgenommenen Begleitungen das Lied ›Grün sind alle meine Kleider‹ zu singen. Der Gesang der Kinder wurde zusammen mit den Begleitungen aufgezeichnet. Bei der Versuchsreihe A begleiteten Frauenstimmen 2–3stimmig, bei der 3. und 4. Wiederholung setzten sie einen Ton höher ein. Bei der Versuchsreihe B wurde die Klavierbegleitung „2mal mitten im melodischen Ablauf verändert, zuerst um einen Ganztonschritt aufwärts, dann um einen Halbtonschritt abwärts" (S. 46). Eine dritte Versuchsreihe (C) schließlich diente dem Vergleich und war im Verfahren der von BELAJEW-EXEMPLARSKY (Empfinden, S. 197 ff) ähnlich: Die Kinder hörten unter anderem dreimal das genannte Lied mit Klavierbegleitung, „und zwar erklangen beim ersten und dritten Mal die Melodie in G-Dur, die Begleitung in F-Dur, beim zweiten Mal Melodie und Begleitung in G-Dur. Danach mußte die Vp. sagen, welche der Darbietungen ihr am besten gefallen hat" (HÖCHEL, Untersuchungen, S. 47). Innerhalb dieser Versuchsreihe wurde einmal die Melodie mit einigen *falschen* Akkorden begleitet, die von den Kindern erkannt werden sollten.

Die Ergebnisse:

„Die Versuchsreihen A und B ergaben nun, daß sich 124 Vpn. den Begleitharmonien auch nach einem jeweiligen Tonartwechsel anpaßten. Damit wurde eindeutig der Nachweis erbracht, daß bei diesen Vpn. ein harmonisches Hören vorhanden ist" (S. 47 f.).

Der erste Versuch der Reihe C brachte ein hiervon völlig verschiedenes Ergebnis. Danach „wäre nur bei 32 % der Vpn. der Kindergartengruppe, bei 40 % der Vpn. des 1. Schuljahres, bei 52 % der Vpn. des 2. Schuljahres und bei 76 % der Vpn. des 3. Schuljahres ein harmonisches Hören vorhanden" (S. 48). Falsche Begleitakkorde dagegen wurden schon von 63 % der Vpn. des Kindergartens, 83 % der Vpn. des 1. und 2. Schuljahres und 97 % der Vpn. des 3. Schuljahres erkannt. Von einem ausschließlich linear melodischen Hören kann also schon bei Kindern von 6 Jahren nicht mehr gesprochen werden.

Wenn Höchel zu Recht betont, „daß sich beim Kinde eine harmonische Hörfähigkeit nur entwickeln kann, wenn es auch mehrstimmige Musik hört oder sogar selbst instrumental produziert" (S. 49), so ist damit gleichzeitig auch ein Grund für Unterschiede zwischen seinen Ergebnissen der Versuchsreihe C und denen älterer Untersuchungen genannt. Die musikalische Umwelt hat sich in den vergangenen 20 Jahren so grundlegend geändert, daß die harmonische Hörfähigkeit der Kinder davon nicht unbeeinflußt geblieben ist. Man kann von einer Art Akzeleration der harmonischen Hörfähigkeit sprechen.

Höchel nennt als weitere Faktoren, die das Niveau der harmonischen Hörfähigkeit bestimmen, „die Höhe der Konzentrationsfähigkeit" und „den Entwicklungsstand des analytischen Denkens" (S. 49) der Kinder.

Im Zusammenhang mit Untersuchungen zur harmonischen Hörfähigkeit werden Kinder häufig auch daraufhin geprüft, ob sie den Unterschied zwischen Dur und Moll wahrnehmen und ob damit ein gegensätzliches Empfinden verbunden ist. In älteren Verfahren läßt man die Kinder das gleiche Stück – einmal in Dur und einmal in Moll vorgetragen – vergleichen. Belajew-Exemplarsky erklärt: „Das angeführte Material läßt ersehen, daß der Unterschied zwischen Dur und Moll in diesem Alter noch recht schwer zu erfassen ist. Es lag nur eine Tendenz vor, das Stück in Moll als etwas Rascheres wahrzunehmen. So sonderbar das letztere auch klingen mag, so erhielten wir doch die nämlichen Resultate bei der Wiederholung desselben Versuches mit Erwachsenen. Eine konstante emotionale Charakteristik war bei den Kindern keineswegs zu beobachten" (BELAJEW-EXEMPLARSKY, Empfinden, S. 200).

BIMBERG greift dieses Problem in seiner Dissertation auf und berichtet darüber auf dem Kongreß in Wien 1956.[16] Versuchspersonen sind Kinder vom 1. bis 8. Schuljahr aus Stadt- und Landschulen. Er kommt zu dem Schluß, „daß das Schulkind bereits vom 3. Schuljahr an Lieder mit Moll-Dur- und Dur-Moll-Übergängen singen kann. Damit ist die Ansicht, daß das Mollsingen erst mit dem 13. Lebensjahr auftritt, entkräftet. Es ist nachgewiesen worden, daß diese Ansicht auf dem Mollbegriff des 19. Jahrhunderts fußt. Dieses Moll war aus musikalischen und sprachlich-inhaltlichen Gründen für das Schulkind unpassend" (BIMBERG, Polarität, S. 57).

Als „Mollkriterien", die zu singen waren, galten Terz aufwärts, abwärts und die Sext. Richtig wurden diese Intervalle von den Kindern der einzelnen Schuljahre gesungen (Angaben in Prozent):

„a) ohne Begleitung

bis 2. Schuljahr (7 Jahre)	50
3. bis 4. Schuljahr	75—80
5. bis 6. Schuljahr	65—70
7. bis 8. Schuljahr	75—85

b) mit akkordischer Begleitung

1. bis 8. Schuljahr	80—95" (S. 55).

Überraschend ist das Ergebnis für das 5. und 6. Schuljahr. Dazu BIMBERG: „Das dritte und vierte Schuljahr war vom Dur noch nicht ‚beherrscht', noch nicht einseitig ‚festgefahren' auf Dur. Eine spätere Untersuchung – fünftes und sechstes Schuljahr –, in dessen Verlauf auf Kinder zurückgegriffen wurde, die bereits in ihrem dritten oder vierten Schuljahr diese Aufgaben gelöst hatten, zeigten *nicht mehr* den ‚Rückschlag', wiesen höhere Werte als das dritte und vierte Schuljahr auf" (S. 56). In Anlehnung an Anschauungen MICHELS (vgl. in dieser Schrift S. 128) läßt sich schließen: „Die *Qualifizierung* des Musikhörens" ist das „*Resultat* geleiteter Praxis" (Tonales Hören, S. 141).

P. BRÖMSE und E. KÖTTER ermitteln die Differenzierungsfähigkeit 9–10jähriger Kinder in Hinsicht auf musikalische Ausdrucksqualitäten (Untersuchungen). Dazu wandeln sie – ähnlich wie BEHNE – die Methode des Polaritätsprofils ab, indem sie die sonst gebräuchlichen adjektivischen Gegensatzpaare durch Abbildungen ersetzen (vgl. in dieser Schrift S. 132). Diese stellen den Kindern bekannte Märchenfiguren dar: Kaspar, König, Wolf, Prinzessin, Zwerge. Auf der Grundlage assoziativer Vorstellungen und Stimmungsgehalte ordnen die Kinder und eine Kontrollgrupppe Erwachsener die Bilder den 20 Musikbeispielen zu.

Mit Hilfe von Korrelationsrechnung und Faktorenanalyse stellen BRÖMSE und KÖTTER fest, „daß die drei im Zuordnungsversuch erhaltenen Faktoren im wesentlichen denen entsprechen, die auch für die Musikbeurteilung durch Erwachsene maßgebend sind . . . Damit ist die Voraussetzung für das Erfassen der musikalischen Ausdrucksqualitäten beim Hören im Prinzip bei den Neun- und Zehnjährigen . . . nicht anders geartet als bei Erwachsenen“ (S. 41).

Das Ergebnis der Untersuchung steht nicht im direkten Gegensatz zu MICHELS Aussagen, daß Kinder dieses Alters sich an das Äußerlich-Gegebene der Musik halten, daß sie Ausdrucksqualitäten eher distanziert gegenüberstehen. Sie nehmen sie, wie die Erwachsenen auch, wahr; ihre innere Haltung ihnen gegenüber ist jedoch verschieden von der in den vorausgegangenen und in den noch folgenden Jahren. Diese Dimension scheint die Untersuchungsmethode mit dem Polaritätsprofil nicht mehr zu fassen, wenn sie auch sonst älteren Methoden, etwa der direkten Befragung der Kinder, vielleicht überlegen ist.

3 Der Jugendliche der Sekundarstufe

Für diese Altersstufe ist ein persönliches Erleben der Musik typisch.[17]

P. BRÖMSE und E. KÖTTER gehen dem in einer Untersuchung

zum Eindrucksspielraum von Musik nach (Musikrezeption). Sie versuchen zu ergründen, welche Faktoren beim Zustandekommen eines musikalischen Eindrucks eine Rolle spielen und wie hoch der Grad der Differenzierungsfähigkeit beim Hören unterschiedlicher Musik – besonders unterschiedlich bekannter Musik – ist.

Versuchspersonen sind Schüler verschiedener Schultypen, aus verschiedenen Siedlungsgebieten, beiderlei Geschlechts, im Alter von 12–14 Jahren. Musikstudenten bilden eine Kontrollgruppe.

Die Methode des Polaritätsprofils wird zur Beurteilung von Musik angewandt, und zwar:

1. mit hoher Bekanntheitsqualität: Schlager, Beat und Popmusik;
2. mit mittlerer Bekanntheitsqualität: sogenannte klassische Musik;
3. mit niedriger Bekanntheitsqualität: Musik aus dem Mittelalter, europäische und außereuropäische Folklore-Musik, elektronische Musik und « musique concrête ».

Die Ergebnisse entsprechen nahezu den Erwartungen.

Die den Jugendlichen am bekannteste Musik: Schlager, Beat und Popmusik wird höchst undifferenziert gehört. Bei der Faktorenanalyse, einem Verfahren, das es ermöglicht, Grundvorstellungen bei der Beurteilung der Musik zu ermitteln (vgl. BRÖMSE/KÖTTER, Eindrucksspielraum, S. 180), stellt sich heraus, daß sie fast ausschließlich auf einen Faktor lädt: Dynamik, Aktivität. Wenn die Anzahl der Faktoren „als grobes Maß für das Differenzierungsvermögen“ (KÖTTER, Aspekte, S. 156) anzusehen ist, läßt sich damit die undifferenzierte Rezeption belegen. Das Verhalten der Jugendlichen während der Untersuchung entspricht dem: Beim Erklingen der Schlager- und Beatbeispiele „begannen viele Schüler rhythmisch zu wippen oder den Oberkörper zu wiegen. Häufig setzten laut geführte Gespräche ein“ (BRÖMSE/KÖTTER, Musikrezeption, S. 29). Sie hören also nicht zu.

Die Beurteilung selbst ist höchst positiv; Unterschiede nach Alter, Geschlecht, besuchter Schule usw. sind nur geringfügig, so daß die Verfasser schließen: „Schüler und Schülerinnen der sechsten bis neunten Klassen in Haupt-, Real- und Gymnasialschulen in Stadt und Land bilde[te]n im Hinblick auf Beatmusik eine homogene Schicht“ (S. 135). Inwieweit sich hier „Klischeevorstellungen und vorhandene Vorurteile“ (Eindrucksspielraum, S. 178) auswirken, mag dahingestellt sein.

Im Gegensatz zu dieser äußerst bekannten Musik wird die sogenannte klassische Musik (Beispiele aus der Zeit zwischen 1700 und 1930) differenziert gehört. Es werden „vier Faktoren mit Sicherheit“ (Musikrezeption, S. 136) belegt, und zwar bei allen Jugendlichen. Die Differenzierungsfähigkeit ist allen gemeinsam; im Grad der Differenzierung aber bilden die Jugendlichen nicht mehr eine so homogene Schicht. Unterschiede nach Schultypen machen sich in der zu erwartenden Weise bemerkbar.

Die Ergebnisse der Versuchsreihe mit Musikbeispielen niedriger Bekanntheitsqualität korrespondieren mit denen bei Beatmusik: Es wird nur wenig differenziert gehört, und zwar sowohl von den Jugendlichen als auch von der Kontrollgruppe der Musikstudenten. Hauptfaktor der Beurteilung – elektronische Musik ausgenommen – ist der negative Gegenpol des Faktors Dynamik, Aktivität: Langeweile. Im Verhalten der Schüler während der Versuchssituation deutet sich diese Beurteilung schon an: „Zunächst fragendes Staunen, dann schallendes Gelächter und Zwischenrufe“ (S. 93).

Man ist nach diesen Versuchen geneigt, die Faktoren Aktivität *oder* Langeweile als charakteristische Eindrucksdimensionen sehr vertrauter und wenig vertrauter Musik für Jugendliche der Reifezeit anzusehen. Die Beurteilung elektronischer Musik jedoch läßt diese Vereinfachung nicht zu. Sie stößt zwar auf Ablehnung, aber es „fehlt die Affinität zum Begriff ‚Langeweile‘, weil elektronische Musik nicht als müde, schwach und langweilig eingestuft“ (S. 117) wird.

Zwischen dem Grad der Differenzierung beim Musikhören Jugendlicher und dem Bekanntheitsgrad von Musik stellen sich also folgende Beziehungen heraus:

„Hohe Bekanntheitsqualität --- geringe Differenzierung
mittlere Bekanntheitsqualität --- hohe Differenzierung
niedrige Bekanntheitsqualität --- geringe Differenzierung" (S. 137).

Die Verfasser schließen weiterhin auf eine „Beziehung zwischen Bekanntheit und Wohlgefallen":
„‚Vertraute' (= bekannte) Musik ist ‚schön',
‚vertraute' (= bekannte) Musik ist ‚einleuchtend' (= verständlich),
‚merkwürdige' (= unbekannte) Musik ist ‚häßlich',
‚merkwürdige' (= unbekannte) Musik ist ‚unverständlich'" (S. 138).[18]

Dieses Auffassen und Urteilen Jugendlicher ist teilweise auf ihre Erfahrungen mit der Umweltmusik zurückzuführen; ihre psychische Verfassung als Heranwachsende scheint jedoch darüber hinaus die Differenzierungsfähigkeit beim Hören von Musik, die sie immer wieder – aus welchen Gründen auch immer (vgl. in dieser Schrift S. 113 ff.) – oder kaum hören, so zu beeinflussen, daß bestimmte Beurteilungsfaktoren gleichsam verdeckt sind. Reifungsprozeß *und* eine Musik, die auf die psychische Situation des Jugendlichen abgestimmt ist, prägen seine Einstellung und sein Verhalten zur Musik.

Anmerkungen

1 Vgl. Abel-Struth, Über musikalische Sozialisation; dies., Musikalische Sozialisation. Musikpädagogische Aspekte; Rauhe, Individuation und Sozialisation durch Wahrnehmungs- und Verhaltenserziehung im musikalischen Bereich; Silbermann, Individualisierung und Sozialisierung im Unterricht.

2 Vgl. den gleichen Wortlaut in: Schünemann, Musikerziehung, Teil I, S. 171.

3 Vgl. auch Maertens, Verhältnis, S. 95 ff.; Schünemann, Musikerziehung, Teil I, S. 213 ff.

4 Vgl. Schünemann, Musikerziehung, Teil I, S. 229 ff.; das gilt nicht

nur für den jugendlichen Musikhörer, sondern auch für den jugendlichen Musiker.

[5] Von dem Prinzip, Hörerziehung als schulische Hörerziehung zu verstehen, wird abgewichen, weil sich die Untersuchungen, von denen hier berichtet wird, zum Teil auch noch auf schulpflichtige Kinder beziehen.

[6] Kleinen, Entwicklungspsychologische Grundlagen musikalischen Verhaltens; Kötter, Musikalische Anlagen des kleinen Kindes. Zum Stand der Forschung; Michel, Musikpsychologische Untersuchungen über die optimale Entwicklung musikalischer Fähigkeiten in den ersten Lebensjahren; ders., Psychologische Grundlagen der Musikerziehung, besonders S. 84 ff.

[7] Zur Methode vgl. Hofstätter, Psychologie, S. 35 ff. und ders., Sozialpsychologie, S. 78 ff.

[8] Vgl. auch Meyer-Denkmann, Klangexperimente, S. 9.

[9] Vgl. Michel, Grundlagen, S. 133.

[10] Meyer-Denkmann kommt also zu ähnlichen Ergebnissen wie Kleinen (siehe oben).

[11] Vgl. hierzu den grundlegenden Aufsatz von Motte-Haber, Rhythmische Fähigkeiten von Kindern im vorschulischen Alter.

[12] Vgl. dazu auch Petzold, Auditory perception by children.

[13] Petzolds umfangreiche Untersuchungen stützen diese These, vor allem hinsichtlich der maximalen Entwicklung vom 1. zum 2. Schuljahr. Nach Petzold sind die Hörfähigkeiten spätestens im 3. Schuljahr voll ausgebildet. Vgl. auch Michel, Grundlagen, S. 112.

[14] Schünemann, Die Musikerziehung, Teil I, S. 113, stellt dagegen fest: „Alle bevorzugen ‚leise Musik‘, sie wollen Lärmen und große Klangstärken nicht viel hören.“ – Das wird durch eigene Versuche mit Kindern des 3. Schuljahres bestätigt. Bei Gestaltungsversuchen zum Thema Dynamik zeigte sich, daß die Kinder an großen Kontrasten auffällig uninteressiert waren. Kaum merkliche Lautheitsunterschiede sowie die Kombination verschiedener, möglichst sich verändernder Lautstärken dagegen faszinierten. Eine Begründung könnte man in dem Streben der Kinder nach möglichst differenziertem Wahrnehmen finden. Plakathaft-auffällige Unterschiede reizen neugieriges Beobachten nicht; sie sind allzu bekannt und den Kindern deshalb nahezu gleichgültig.

[15] Vgl. Meißner, H.: Zur Entwicklung des musikalischen Sinnes beim Kinde während des schulpflichtigen Alters, in: Die Stimme 9, 1914.

[16] Bimberg, Untersuchungen über die Hör- und Singfähigkeit in Dur und Moll; ders., Die Polarität bei der Rezeption der Tonalitäten; vgl. auch ders., Untersuchungen über das tonale Hören.

[17] Wahrscheinlich gibt es deshalb keine Untersuchungen zu einzelnen Fähigkeiten des Rezeptionsaktes. Die altersabhängige Entwicklung der Hörfähigkeiten ist abgeschlossen. Ergebnistabellen in Lange, Hören, S. 242 ff., weisen zum Beispiel aus, daß die Fähigkeit zu differenzieren in den Klassen 4–10 der Oberschule zwar unterschiedlich ausgebildet ist, eine Entwicklung ist ihnen jedoch nicht zu entnehmen. Lange stellt in einer Zusammenfassung fest: „Die Entwicklung von Fähigkeiten im mehrstimmigen Hören beschränkt sich nicht auf bestimmte Schuljahre oder einen eng begrenzten Lebensabschnitt" (S. 336).

[18] Vgl. zu dieser Beziehung auch Crickmore, An approach to the measurement of music appreciation.

III VERSUCHE VON HÖRERZIEHUNG

In allen Konzepten zur Hörerziehung wird von Musikverstehen gesprochen.

„*‚Verstehen‘* heißt, etwas in seinem wesensgemäßen Zusammenhang erkennen, innerlich nachvollziehen (nachleben) und dabei seinen Sinngehalt erfassen bzw. durch einen ‚sinnverleihenden Akt‘ mit dem Ordnungs- und Wertgefüge der erlebten Welt in Beziehung setzen“ (HOFSTÄTTER, Psychologie, S. 341).

Die Formulierungen „erkennen“ und „innerlich nachvollziehen (nachleben)“ verweisen darauf, daß sich im Verstehen rationale und emotionale Akte durchdringen. „... innerlich nachvollziehen (nachleben)“ zeigt darüber hinaus den Prozeßcharakter und die Subjektivität von Verstehen im Sinne einer individuellen Leistung an. „... mit dem Ordnungs- und Wertgefüge der erlebten Welt in Beziehung setzen“ deutet auf die Abhängigkeit des Verstehens von den subjektiven Verflechtungen des Individuums mit der Welt. Welt wiederum besagt hier nicht Totalität, sondern das dem Individuum Zugängliche. Vom Musikverstehen läßt sich also sagen: Es ist kein umfassendes allgemeines Vermögen, sondern ein von vielen Voraussetzungen und Bedingungen abhängiger Prozeß, der bei einer Konfrontation zwischen Individuum und Musik ausgelöst werden kann.[1]

Im Zusammenhang pädagogischer Überlegungen wird nicht immer ausreichend deutlich, daß es ein allgemeines Musikverstehen nicht gibt, daß Musikhören und -verstehen individuelle Prozesse sind, die nicht nur bei jedem Hörer verschieden verlaufen, sondern auch bei jedem Hören desselben Individuums.[2] Hörerziehung als Unterricht wird dadurch entscheidend beeinflußt. So zeigt sich das individuelle Musikverstehen des Lehrers schon in seinen Vorlieben und Abneigungen, es wird greifbar in der Auswahl dessen, was er seinen Schülern anbietet; aus seiner spezifischen Art, Musik zu hören, formuliert er musikalische Eindrücke und Fragen im Unterricht. Hiermit trifft er auf Schüler, deren Musikhören und -verstehen jeweils ebenso individuell geprägt ist wie das des Lehrers. Man muß fragen: Ist dann Verständigung überhaupt noch möglich? – und fragt damit gleichzeitig, ob schulischer Musikunterricht möglich ist. Er ist es sicher nur dann, wenn sich der Lehrer der Eigenheiten und Grenzen seines Musikverstehens bewußt ist, und wenn er zugleich über die Spezifik des Musikhörens seiner Schüler so viel weiß wie irgend möglich, um sich darauf einstellen zu können.

Schulische Hörerziehung stellt sich als heterogener Bereich der Musikerziehung dar. Bisher lassen sich zwei Grundrichtungen deutlich unterscheiden:

1. Musik als Objekt steht im Vordergrund. Hörerziehung wird vorwiegend verstanden als Erziehung zum Werkhören; gewisse Fähigkeiten sind dafür Voraussetzung.
2. Das Subjekt, der Schüler, steht im Vordergrund des Erziehungsinteresses:
   a) Hörerziehung wird vorwiegend verstanden als Erziehung seiner Wahrnehmungsfähigkeit für Hörbares und seiner Kritikfähigkeit gegenüber Musik.
   b) In der DDR dient der gesamte Musikunterricht, insbesondere die „Werkbetrachtung“ der „Bildung und Erziehung allseitig und harmonisch entwickelter sozialistischer Persönlichkeiten“ (LEHRPLANWERK, S. 28).

1 Erziehung zur Hörbereitschaft

Musikverstehen setzt voraus, daß der Mensch mit Musik in Kontakt kommt, daß Aufmerksamkeit und Interesse auf Musik gelenkt werden. Nach H.-P. REINECKE ergibt sich dieser Kontakt aus der naiven „Konfrontation mit wirklich musikalischen Aussagen in ihren konkreten Formen“ (REINECKE, Nutzen, S. 164).[3] Er vollzieht sich als unmittelbares und elementares Verstehen der emotionalen oder physiognomischen Ebene der Musik

(S. 164). Für weiteres Eindringen in die Musik, für ein tieferes Musikverstehen ist er gleichermaßen Voraussetzung und Anreiz.

Kontakt stellt sich nicht von selbst und bei der ersten Begegnung mit Musik her. Das unmittelbare Verständnis der emotionalen Ebene der Musik muß sich ähnlich wie das erste Sprachverstehen entwickeln. Wie dieses nur in der Konfrontation mit der Sprache der Umwelt geschieht, so jenes nur durch die Konfrontation mit Musik. Für eine gezielte Konfrontation in pädagogischem Rahmen fordert Reinecke:

1. Sie soll naiv, „nicht von vornherein von Vor- und Werturteilen" (S. 165) durchzogen sein.
2. „Man kann nicht früh genug damit anfangen, will man ein qualifiziertes musikalisches Bewußtsein wecken. Geschieht das nicht beizeiten, so sind die Speicherzellen, um mich in der Sprache der Datenverarbeitung auszudrücken, die Interessen und Aufmerksamkeitsrichtungen schon anderweitig besetzt" (S. 165).
3. Die Musikauswahl darf sich nicht an einem vermuteten Auffassungsvermögen der Kinder orientieren. „Ich glaube, wir kranken an einer enormen Unterschätzung nicht nur des allgemein menschlichen, sondern vor allem auch schon des kindlichen Aufnahmevermögens" (S. 165).
4. Die angebotene Musik muß den „einschlägigen Qualitätskriterien im Sinne des Überkommenen wie des Neuen" (S. 165) genügen.

Zwischen den Vorstellungen Reineckes und denen D. Venus', der vom ersten Schuljahr an ein „periodisches Hören von Musikwerken" fordert (Venus, Unterweisung, S. 169 ff.), besteht eine gewisse Beziehung. Venus denkt an „Hörminuten" als festem Bestandteil solcher Musikstunden, „in denen andere Verhaltensweisen als das Hören im Vordergrund" (S. 170 f.) stehen. Sein Ziel ist, Ausdauer und Aufmerksamkeit zu steigern, feste Hörgewohnheiten und Hörbedürfnis zu entwickeln. Er erwartet davon ein später größeres „Interesse älterer Schüler an der Musik" (S. 169). In der Musikauswahl unterscheidet sich Venus von Reinecke. Während sich dieser nach „einschlägigen Qualitätskriterien" richtet, denkt VENUS vornehmlich „an die Darbietung solcher Werke, von denen man erwarten kann, daß sie leicht eingehen" (S. 170). Seine Kriterien für die leichte Eingängigkeit sind nicht ganz deutlich. Offenbar zählt er eine gewisse Bekanntheitsqualität dazu, wenn er vom ›Vogelfängerlied‹ und dem „Signal für Eurovisionssendungen" spricht. Warum aber ein „Satz aus Händels Wassermusik, das Scherzo einer klassischen Symphonie, ein Klavierstück der Romantik" (S. 170) [4] leicht eingehen sollen, wird nicht deutlich. Trotz einer gewissen Volkstümlichkeit sind diese Werke Kindern unbekannt.

REINECKE und VENUS sprechen im Rahmen ihrer Modelle auch von einer Erziehung zur Aufmerksamkeit. H. MEYER, der den gesamten Musikunterricht an Lernzielen auszurichten sucht (Aufmerksamkeit) [5], nennt – darüber hinausgehend – Aufmerksamkeit erstes *„fundamentales* Ziel der Hörerziehung" (S. 355). Er sieht Aufmerksamkeit nicht im Zusammenhang intellektueller Bewußtheit – damit zum kognitiven Bereich gehörend –, sondern als *„affektive Gerichtetheit* oder Einstellung" (S. 349). Dem klingenden Musikwerk gegenüber kann man sie als positive Zuwendung deuten, als individuelle „Fühlung" des einzelnen Schülers mit dem Gehörten, als Vertrautwerden mit dem vorher Unbekannten. Aufmerksamkeit ist jedoch nicht nur eine spezifische Haltung des Schülers gegenüber dem jeweiligen Werk, sondern eine Grundhaltung gegenüber Musik allgemein; sie ist gleichzeitig Voraussetzung und Ergebnis von Aufnahmegewohnheit im Sinne LISSAS.

MEYER fordert: „Aufmerksamkeit ... sollte

- das Gewicht eines eigenständigen Bildungszieles haben,
- auf die Sache, nicht nur auf ein spezielles Lernziel gerichtet sein,
- als affektive Beteiligung, nicht nur als intellektuelle Anspannung verstanden werden,
- sich im ‚entspannten Feld' über längere Zeit entwickeln und steigern können" (S. 351).

Um individuelle Fühlung zu ermöglichen, schlägt er vor, den Schülern „aus einer für das gegenwärtige Musikleben repräsentativen Auswahl von Musikwerken ... in regelmäßiger Wiederholung Ausschnitte" darzubieten, bis „der Klassendurchschnitt die Beispiele kennt und wiedererkennt" (S. 352 f.). Anschließend werden den Schülern aus den gleichen Werken andere Ausschnitte dargeboten, „um sie . . . auf Grund bestimmter ‚Indizien' den bereits bekannten Ausschnitten richtig *zuordnen* zu lassen" (S. 353). Auf diese Weise versucht er, „jene Beziehungen zwischen Hörer und Musik zu stiften, welche die Reflexion über Musik erst sinnvoll machen" (S. 354 f.).

Scharf verurteilt MEYER das häufig anzutreffende nur einmalige Hören von Werken und Ausschnitten und betont immer wieder, daß man Schülern Zeit lassen müsse zur ungestörten Entwicklung von Aufmerksamkeit. Wiederholtes Hören ist hierfür notwendige Bedingung (vgl. KLEINEN, Psychologie, S. 60 f.).

Die Konzepte von REINECKE, VENUS und MEYER werden in Teilen durch musikpsychologische Einsichten gestützt:

1. Je unbekannter die Musik, desto schwieriger ist es, ein positives Verhältnis zwischen Hörer und Musik aufzubauen (vgl. in dieser Schrift S. 147).
2. „Zwischen Komplexität und Wohlgefallen" (MOTTE-HABER, Musikpsychologie, S. 82) besteht eine positive Beziehung.
3. Das Wohlgefallen an ernster Musik wächst – im Unterschied zu leichter Musik – nur langsam und nach einer größeren Zahl von Darbietungen.

Die Untersuchungen, die diesen Einsichten zugrunde liegen, wurden bei Schülern gegen Ende der Primarstufe und bei Erwachsenen durchgeführt; Tendenzen dieser Korrelationen zeigen sich aber auch schon bei Schulanfängern (vgl. in dieser Schrift S. 138 ff.).

Offen ist in der Musikpädagogik die Frage, ob es eine allgemeine Hörbereitschaft gibt, das heißt eine Hörbereitschaft, die nicht auf ganz bestimmte Werke bzw. Epochen, die durch diese Werke repräsentiert werden, eingeschränkt ist. REINECKE, VENUS und MEYER streben dadurch eine allgemeine Hörbereitschaft an, daß sie eine möglichst umfassende – wenn auch unterschiedliche – Auswahl von Werken in den Unterricht einbeziehen.

W. BRECKOFF berichtet in ›Musikhören in der Grundstufe‹ von zwei verschiedenen Wegen, auf denen er eine Hörbereitschaft gegenüber jeglicher Musik erreichen möchte. Einerseits „beschäftigt man sich mit Schlagern, Beat, Werbesendungen und Folklore ebenso wie mit Kammermusik, Solokonzert und Sinfonie“, mit Musik also, „die dem Kind aus der tatsächlichen ... Wirklichkeit entgegentönt“ (S. 129), andererseits unter Einbeziehung von Gestaltungsversuchen der Kinder ausschließlich mit zeitgenössischer Musik. BRECKOFF teilt nicht mit, ob und wie beide Wege zu dem von ihm erwünschten Ineinander führen.

G. KÜNTZEL glaubt, daß eine allgemeine Hörbereitschaft sich am leichtesten an zeitgenössischer Musik bilden läßt. Er beruft sich auf praktische Erfahrungen GÜNTHERS und nennt folgende Beobachtungen, die durch BRECKOFFS Protokollaussagen zu seiner Arbeit mit neuer Musik und auch durch Versuche des Verfassers bestätigt werden (S. 131 f.; DOPHEIDE, Protokoll).

1. Kinder aller Schulstufen reagieren auf neueste Musik überraschend aktiv.
2. Es scheint, „daß das Hören neuester Musik die Kinder in eigenartiger Weise entlastet und innerviert zugleich; entlastet von den Ansprüchen traditioneller Musik, denen sie sich nicht gewachsen fühlen, innerviert von der Faszination, die von den einzelnen Klangereignissen ausgeht“.
3. „Schulklassen aller Altersstufen werden ... durch die für uns so fremden Klänge angeregt, sich ein Vokabular zum Erfassen musikalischer Vorgänge selbst zu schaffen“.
4. Für Kinder aller Schulstufen ist es „eine nicht minder reizvolle Aufgabe als für Komponisten, für bestimmte wahrgenommene bzw. intendierte Klangphänomene nach adäquaten graphischen Symbolen zu suchen“ (KÜNTZEL, Musik, S. 241 f.).

Im Vergleich zu älterer Musik zeigt sich also eine überraschend große Hörbereitschaft der Kinder. KÜNTZEL sieht darin nicht nur einen methodischen Vorteil, sondern möchte von daher „einen neuen didaktischen Ansatz für die Behandlung musikalischer Phänomene schlechthin finden“ und so „quasi einen Hörschlüssel für die gesamte uns heute zugängliche Musik" (S. 243) gewinnen. Mit Argumenten aus der Lernpsychologie und Musikgeschichte wendet sich MEYER gegen KÜNTZELS Folgerungen und betont: „Entweder die an der neuen Musik gewonnenen Einsichten sind so allgemein, daß sie weder das *Wesen* der alten noch das der neuen erhellen, oder sie sind so spezifisch, daß sie nicht übertragbar sind. Meine Gegenthese zu der G. KÜNTZELS lautet daher: Mit der neuen Musik haben wir günstigenfalls die neue, mit der alten günstigenfalls die alte" (MEYER, Transferprobleme, S. 571).[6]

Von einem anderen Standort aus, die Geschichtlichkeit von Musik und Hörer einbeziehend, äußert sich H. H. EGGEBRECHT zu dem gleichen Problem. Anläßlich seiner ADORNO-Kritik erscheint ihm die Frage „schwerwiegend, ob auf dem Wege über die Geschichte, das heißt hier auf dem über die Tonalität, und was sie bedeutet, ohne Eintrübungen erfahrbar ist, was in der Gegenwart in musikalischer Sprache sich zuträgt, oder ob nicht mit mindestens ebensoviel Stringens ein Konzept von Musikpädagogik zu entwickeln wäre, das in jeder Schicht der Wekkung und Förderung des Bewußtseins gegenüber Musik (bis hin zu deren Art der Aufzeichnung) unmittelbar und total von Gegenwart ausgeht und allein von deren kritischer Erfahrung und Erfahrbarkeit her auf Geschichte zurückblickt – so also, daß, schlagwortartig gesprochen, Musik in der Schule nicht von Beethoven zur Avantgarde, sondern von dieser zu jenem führt" (EGGEBRECHT, Adorno, S. 69). Ein Jahr später fordert EGGEBRECHT eindeutig: „Auseinandersetzung mit moderner Musik ... als Ausgangs- und Bezugspunkt der Beschäftigung auch mit historischer Musik" (Schulmusik, S. 29).[7]

2 *Entwicklung sensorischen Wahrnehmungsvermögens*

Übungen, die der Entwicklung sensorischen Wahrnehmungsvermögens dienen, haben keinen Selbstzweck; sie sollen vielmehr das differenzierte Hören von Musik erleichtern. Methodische

Unterschiede, die die Entwürfe der Autoren kennzeichnen, haben ihren Grund in der Verschiedenheit der jeweiligen Gesamtkonzeption, sie lassen den funktionalen Charakter solcher Übungen unberührt.

D. VENUS schreibt: „Das bewußte Aufnehmen eines Musikwerkes ist nur möglich, wenn der Zuhörer in der Lage ist, zeitlich aufeinanderfolgende akustische Eindrücke zueinander in Beziehung zu setzen. So gilt es, wörtliche oder variierte Wiederholungen zu erkennen, einen Instrumentationswechsel zu bemerken, dynamische Schattierungen aufzufassen oder die Wiederaufnahme einer rhythmischen Figur festzustellen. Erforderlich ist hierfür ein gutes musikalisches Gedächtnis, das wiederum von der Exaktheit der Gehörswahrnehmung abhängig ist. Die ersten Übungsreihen verfolgen daher den Zweck, das sensorische Unterscheidungsvermögen zu verfeinern" (VENUS, Unterweisung, S. 64).[8] Die Übungen sind Bestandteil des „Lehrgangs im Hören mit Noten", das heißt Notation wird so weit wie möglich miteinbezogen. Neben der Schulung des musikalischen Gedächtnisses liegt VENUS daran, „daß die Schüler bei der Durchführung der Aufgaben zu einem konzentrierten Wahrnehmen veranlaßt werden, daß ihre Ausdauer wächst und sie befähigt werden, eine gewisse Zeit aufmerksam einer musikalischen Darbietung zuzuhören" (S. 71).

Um das zu erreichen, werden die Schüler „entsprechend der Aufgabenstellung in musikalischen Begabungstests . . . aufgefordert, . . . akustische Phänomene zu vergleichen und dabei Übereinstimmung oder Verschiedenartigkeit zu erkennen . . . Bei den ersten Übungen wird jeweils immer nur ein Element der Musik, ein Parameter, zur Aufgabenstellung ausgewählt. Die Schüler sollen zunächst erfahren, daß man Tonhöhen, Tonlängen, Lautstärkegrade und Klangfarben unterscheiden kann" (S. 64 f.).

Die weitere Reihenfolge der Übungen richtet sich nach dem Schwierigkeitsgrad, einerseits für die Wahrnehmung, andererseits für die Notation des jeweiligen Parameters. Aufgaben zur Unterscheidung dynamischer Werte folgen solche zur Unterscheidung von Dauern, Tonhöhen und später von Zusammenklängen.

Für besonders wichtig hält VENUS die Unterscheidung von Klangfarben. Deshalb fordert er eine gründliche „Instrumentenkunde, bei der die gebräuchlichen Orchesterinstrumente zunächst isoliert in ihrer Klangfarbe, vom Bestklang ausgehend, vorgestellt werden“ (S. 71).

Übungen dieser Art sollen sich periodisch wiederholen und zu festen Bestandteilen des Unterrichts werden.

H. SEGLERS Ausführungen beziehen sich ausschließlich auf „den musikalischen Anfangsunterricht“ (SEGLER, Geräusche, S. 124), der vornehmlich der Entwicklung des sensorischen Wahrnehmungsvermögens dient. Das Wahrnehmungsfeld „reicht von Straßengeräuschen . . . über Klangfarben von Instrumenten, differenziertem Händeklatschen, Beckenklänge, menschliche Stimmen bis hin zu elektronischen Klängen und endet mit dem ‚tonangebenden‘ a′ der Stimmgabel“ (S. 127). Die Schulung der Wahrnehmungsfähigkeit und des musikalischen Gedächtnisses vollzieht sich in Stufen:

„1. Hören, das heißt Geräusche und Klänge wahrnehmen und erzeugen –
2. das Gehörte unterscheiden und benennen –
3. das Gehörte und Benannte schreiben, das heißt Zeichen erfinden und anwenden können –
4. das Gehörte und Geschriebene lesen, das heißt sich an Klänge erinnern und sie reproduzieren können –
5. die Klänge und Klangfolgen verstehen, das heißt Beziehungen der Klanggruppen untereinander erkennen“ (Musikhören, S. 106).

Deutlich wird die Intention SEGLERS, das Wahrnehmungsvermögen als ein Vermögen zu sehr bewußtem Differenzieren auszubilden. „Entsprechungen, Gegensätze, Ähnlichkeiten, Gruppen, Gliederung von Gruppen“ (S. 106) sollen nach den akustischen Merkmalen „laut-leise, schnell-langsam, dunkel-hell, tief-hoch, aufwärts-abwärts“ (Geräusche, S. 127) unter anderem gehört werden. Benennen und „schriftliche Objektivation“ (Musikhören, S. 107) machen das Gehörte einsichtig.

Für die schriftliche Objektivation übernimmt SEGLER nicht

die Notenschrift. Er beteiligt die Kinder an der Erfindung von Klangzeichen. „Von zentraler Bedeutung sind [dabei] differenzierte Klänge, die mit den Händen erzeugt werden können, da von ihnen die Zeichen abgeleitet werden" (S. 106).

In Methode und Notation unterscheiden sich SEGLER und VENUS, gemeinsam aber ist ihnen der Wunsch, den Kindern Einsichten zu vermitteln, „die für alle musikalischen Erscheinungsformen gültig sind" (S. 106).

Hingewiesen sei noch auf die Systematik der Hörerziehung von G. DISTLER-BRENDEL, in der „Übungen zum ... Wahrnehmen ... von Klängen und Geräuschen" (DISTLER-BRENDEL, Befähigung, S. 235) eine Vorstufe des eigentlichen Musikhörens bilden. Im Modell der von ihr aufgestellten Lernzielpyramide haben jene Übungen „die Bedeutung einer Ausgangsbasis"; sie verfolgen das erste Teilziel: „die Ausbildung und Differenzierung des sensorischen Wahrnehmungsvermögens" (S. 230).

3 Erziehung zum Werkhören

Alle Modelle, die hier erläutert werden, sind, wenn auch in unterschiedlichem Maße, von jenem fragwürdigen Optimismus hinsichtlich der Möglichkeiten von schulischem Musikunterricht getragen, von dem DISTLER-BRENDEL selbst im Nachtrag zu ihrer ›Systematik der Hörerziehung‹ spricht (Befähigung, S. 238).

Obwohl erst vor wenigen Jahren entworfen: 1968–1970, zeigt sich schon heute ihre Zeitgebundenheit. Sie besteht in der Nähe zur Werkbetrachtung, in der Verkettung mancher Zielvorstellungen mit der damaligen Interpretation der Schule und ihres Unterrichts. Bestimmte Aspekte sind folglich überbetont, andere vernachlässigt, zum Beispiel die Kenntnisse der soziologischen und psychologischen Abhängigkeiten des Musikhörens und die daraus abzuleitenden Einsichten über Musikverstehen (vgl. in dieser Schrift S. 87 ff.).

In der weiteren Darstellung werden nur selten Bezüge zwischen den Beiträgen der Autoren hergestellt; sie sind jeweils in sich geschlossen und lehnen sich zum Teil an verschiedene allgemeinpädagogische Vorstellungen an. Vordergründige Übereinstimmungen und Kontraste in Einzelfragen sind in dem jeweiligen Allgemeinen mitbegründet und deshalb nicht vergleichbar.

Das älteste Modell, H. Ettls ›Musikhören im Musiklabor‹ (S. 213 ff.), wurde während der Bundesschulmusikwoche 1968 vorgestellt. Ettl sieht ihre Ergebnisse als „einen Beitrag zur Methodologie des Musikhörens und der Werkinterpretation innerhalb der Didaktik der Musik“ (S. 213). Ihre Ziele sind der Methode zum Teil eng verbunden; sie werden hier aus systematischen Gründen aber getrennt dargestellt.

Zwei umfassende Ziele sind genannt: Das erste „ist die Ausbildung der Fähigkeit, musikalische Physiognomien auffassen, Formstrukturen als Prozeß zunächst einmal hörend wahrnehmen zu können und fortschreitend Kriterien für die Einstufung von Individual- und Zeitstilen auszubilden“ (S. 218). „Das zweite Ziel . . . ist die Öffnung des Menschen gegenüber den Klangstilen aller Zeiten und Völker“ (S. 219).

Ettl möchte keinen „Auffassungsakt . . . dem Zufall überlassen . . ., er bedarf [vielmehr] der Schulung durch Unterricht“ (S. 218). Sie sucht deshalb „in gezielten, selbsttätigen Übungen“ den „systematischen Aufbau von Werkverständnis“ (S. 213) zu gewährleisten. Zum Werkverständnis gehört unter anderem „das Einhören in die Elemente der Kompositionsstruktur und ihre Beziehungen zueinander“ (S. 216); das genaue Beschreiben von „Absätze[n] der Komposition“ (S. 219). Ferner muß „der Aufbau [des Werkes] gefordert werden, weil zusätzlich zum Zeitstil die Merkmale des Persönlichkeitsstiles und drittens die jeweils einmalige Struktur des zu bestimmenden Werkes dargestellt werden müssen“ (S. 222).

Mit ihrem Entwurf der Unterrichtseinheit ›Das Solokonzert‹ demonstriert Ettl ihr Modell. Sie bestimmt, sich an den allgemeinen Zielen ausrichtend, folgende Unterrichtsinhalte, die sie Teilziele nennt:

„a) Die Entwicklung vom Concerto grosso zur Sonatensatzform

b) Die Großteile eines Solokonzertes im Gegensatz zur Sonatensatzform
c) Die Gestaltung und Einfügung der Soloexposition
d) Die virtuose Kadenz
e) Die Satzstruktur des Sonatenhauptsatzes im Solokonzert
f) Probleme der Satzgestaltung und Instrumentation im Solokonzert" (S. 222).

Aus diesen Teilzielen sowie den Angaben zu den Arbeitsformen dieser Unterrichtseinheit geht hervor, daß das Solokonzert unter formenkundlichem Gesichtspunkt besonders des ersten Satzes betrachtet wird.

Der Unterrichtseinheit liegen Violinkonzerte von Bach, Mozart, Beethoven und Brahms zugrunde. Damit soll angezeigt werden, „daß die Erkenntnisse in vergleichender Betrachtungsweise gewonnen werden sollen, damit die einseitige beispielhafte Setzung eines Werkes für andere der gleichen Gattung vermieden wird und damit der Jugendliche von vornherein seine Beobachtungsgabe im Nachweis von Beziehungen üben kann" (S. 222). Hier werden ETTLS Intentionen, den Schülern ein „alle Kompositionsstile treffendes Kategoriensystem" (S. 220) zu vermitteln und sie „zur selbständigen Werkanalyse" (S. 222) zu befähigen, noch einmal deutlich.

Die Arbeit im Musiklabor, die durch andere Unterrichtsformen ergänzt wird, kommt diesen Intentionen entgegen. ETTL beschreibt sie nicht im einzelnen, da sie sie anläßlich ihres Vortrages praktisch vorführte. Sie faßt aber die Vorteile der Laborarbeit zusammen, woraus sich ihr Vorgehen in der Schule zum Teil erschließen läßt.

1. Die Schüler werden primär motiviert, der „Unterricht kann auf ‚Umwege' verzichten". Sie lernen, „sich dem Gegenstand selbst zuzuwenden". Eine „allmählich sich festigende Sachbezogenheit" der Schüler ist darauf zurückzuführen (S. 217).
2. Die Schüler bestimmen ihr Arbeitstempo selbst, eine wesentliche Voraussetzung für ein effektives „Einhören in die Elemente der Kompositionsstruktur und ihre Beziehungen zueinander" (S. 216).

3. Lernhemmungen auf Grund „der zuweilen emphatischen Einstellung des Musiklehrers gegenüber dem ausgewählten Lehrstoff“ oder allgemeiner „Antipathie- oder Sympathiebeziehungen zum Lehrer“ werden durch die Situation gemindert (S. 216).
4. Die „Schüleraktivität im Hörprozeß“ wird freigelegt (S. 218). Der Einzelschüler kann sich ungestört von Mitschülern ganz dem Hören und Durchdenken der Musik hingeben. „Für die Hörgruppe als Ganzes [aber] ergibt sich die Chance, daß verschieden ausgerichtete Aufmerksamkeiten der Schüler zu differenzierten Eindrücken vordringen“, die sich dann in freiem Unterrichtsgespräch „zu einem guten Einblick in wesentliche Züge der Komposition verdichten“ (S. 219).
5. Aversionen gegenüber bestimmten Kompositionen wie ernste Musik, Kunstmusik werden dadurch überwunden, daß „Bandgerätebedienung, Arbeitsaufforderungen und ‚gefesseltes Zuhören‘ in Rücksicht auf das gewünschte Erfolgserlebnis“ von eben dieser Aversion ablenken (S. 220).

Im ganzen äußert Ettl großen Optimismus hinsichtlich des Erfolges eines Unterrichtes im Musiklabor.

Die enge Beziehung ihrer Versuche zu musikwissenschaftlichen Betrachtungsweisen ist zum Teil zurückzuführen auf allgemeine Überlegungen zum Schulfach Musik Ende der sechziger Jahre; sie waren zwei Maximen verbunden: der Lösung von jeder musischen Interpretation des Faches und – in Verbindung damit – der Anlehnung auch des Schulfaches Musik an das Selbstverständnis der wissenschaftsorientierten Schule.

Es ist nicht möglich, im Rahmen dieser Schrift auf die Vielzahl der Einzelfragen einzugehen, mit denen sich D. Venus in seiner ›Unterweisung im Musikhören‹ beschäftigt (vgl. Venus, Überlegungen); hier kann nur Allgemeines genannt werden.

Im Zentrum der Ausführungen steht der von ihm entwickelte „Lehrgang im Hören mit Noten“. Er wird ergänzt durch: „Punktuelle Beziehungen zu Musikwerken“, „Vorbereitung des

Hörerlebnisses durch elementares Instrumentalspiel", „Periodisches Hören von Musikwerken".

Für VENUS ist Musikhören nur ein Teil des gesamten Unterrichtsinhaltes des Schulfaches Musik, den er von „fünf vorrangigen Verhaltensweisen gegenüber Musik" (VENUS, Unterweisung, S. 21) ableitet: „die Produktion, die Reproduktion, die Rezeption und die Transposition von Musik, sowie die Reflexion über musikalische Sachverhalte" (S. 21).

Der Lehrgang im Hören mit Noten umfaßt Rezeption und Reflexion, bei der an „alle Möglichkeiten des Nachdenkens und des Gespräches über Musik, zugleich aber auch [an] die Aneignung theoretischer Kenntnisse (Musikkunde, Notenlehre usw.)" (S. 22) zu denken ist.

Bewußt nennt VENUS seinen Lehrgang „Hören mit Noten", denn: „Während das komplizierte Nach-Noten-Hören auf exakte Klangvorstellungen zielt, die die äußere klangliche Realisierung eines Musikstückes nahezu überflüssig machen, genügen für das Mit-Noten-Hören, das mit der Darbietung eines Werkes rechnet, Annäherungsvorstellungen, einzelne Vermutungen, also diffuse Klangerwartungen" (S. 55). Nach-Noten-Hören erscheint ihm als zu schwierig und für schulischen Musikunterricht als unangemessenes Ziel; völliger Verzicht auf Notenkenntnisse dagegen ist wegen der „Korrelation, die zwischen der abendländischen Musik und der Notation besteht" (S. 48), nicht denkbar. Ein gewisses Maß an Notenkenntnissen ist auch deshalb „unumgänglich", weil dadurch „Orientierungshilfen geschaffen werden, die das Mitvollziehen eines Werkes erleichtern und eine Diskussion über Musik schlechthin erst ermöglichen" (S. 53).

VENUS gibt folgenden Aufbau seines Lehrganges an:

„1. Übungen, die der Ausbildung des sensorischen Unterscheidungsvermögens dienen
2. Übungen zum Erfassen von Notationsprinzipien
3. Übungen zur Steigerung des musikalischen Gedächtnisses, in denen zugleich das Zuordnen von einfachen akustischen Phänomenen zu einem Notenbild geschult wird

4. Übungen, in denen akustisch wahrgenommene Eindrücke in freie und konventionelle Notationen zu übertragen sind
5. Übungen, in denen versucht wird, aus Notentexten einfache Klangerwartungen abzuleiten, durch die das nachfolgende Hören von Musikwerken erleichtert wird
6. Übungen im Mitlesen von Notentexten, während ein Musikwerk erklingt" (S. 63).

In den unter 4. und 5. genannten Übungen sieht VENUS den eigentlichen Mittelpunkt seines Lehrganges (S. 144); er bezeichnet sie als „akustische" bzw. „optische Analyse".

Die *akustische* Analyse besteht in der Zuordnung von Zeichen und Bezeichnungen zum Erklingenden. Fünf Gruppen von Zeichen sollen von den Schülern erlernt und unterschieden werden: Besetzungszeichen, Notenschlüssel und Akzidentien, Zeichen für Noten- und Pausenwerte, Zeichen für Dynamik, Agogik und Artikulation, detaillierte Vortragsbezeichnungen wie zum Beispiel zart, nicht dröhnend, metallen (S. 103 f.). Ziel der akustischen Analyse ist es, die Schüler anzuhalten, genau hinzuhören, und ihnen durch die Notation einerseits die Übersicht über ausgedehntere Werke, andererseits die genauere Beachtung von Einzelheiten zu erleichtern.

Aus einem Fragen- bzw. Impulskatalog zum Menuett der ›Jupiter-Sinfonie‹ Mozarts läßt sich das Maß diffuser Klangerwartungen ablesen, das VENUS bei einer *optischen Analyse* anstrebt:

1. genaue Instrumentation: Anzahl der beteiligten Instrumente und Besetzung des Orchesters;
2. Länge (Taktzahl) des gehörten Ausschnittes;
3. Dynamik;
4. Pausen;
5. Korrespondenzen (zum Beispiel zwischen Takt 1–2 und 5–6);
6. das zeitweilige Zusammengehen verschiedener Instrumente;
7. genaue Beschreibung auffälliger Stimmen (Tonhöhenverlauf, Rhythmik);
8. Artikulation (staccato und legato) (S. 125 ff.).

Die durch die optische Analyse erstrebte „diffuse Klangerwartung wird durch die reale Klangerfahrung präzisiert und gefüllt" (S. 127).

„... cogitative Rezeption ...‚ die auf Erfassung der musikalischen Form" (S. 63) abzielt, wird also mit dem Lehrgang im Hören mit Noten angestrebt. Es ist eine Analyse in einem noch vorwissenschaftlich zu nennenden Sinne.

Sieht man den Lehrgang zusammen mit seinen Ergänzungen, wird das allgemeine Ziel VENUS' deutlich: „Mitgenommensein durch die Töne und doch zugleich nie die Herrschaft über dieses Mitgenommensein ... verlieren" (S. 47), ein Hören, „das Ergriffensein und Begreifen in sich vereint" (S. 47). Das methodische Hauptproblem, dieses Ziel zu erreichen, sieht VENUS darin, daß bewußtes Begreifen von Musik und Hören mit Noten „nur in einem kontinuierlichen Lehrgang geschult werden können, während das Ergriffenwerden durch Musik hingegen oft schlagartig, unerwartet und mehr durch ein Zusammenwirken günstiger Bedingungen als durch ständige Übung erfolgt. Es sind daher in der Regel zwei unterschiedliche Verfahren anzuwenden, durch die die beiden Höreinstellungen zunächst nebeneinander vorangetrieben werden, ohne daß der Lehrer dabei vergessen darf, daß die Integration beider das angestrebte Ziel darstellt" (S. 64).

VENUS versteht seine ›Unterweisung im Musikhören‹ als konkrete Hilfe für den „Lehrer in der Unsicherheit der augenblicklichen Situation" (S. 27). Im Anschluß an M. ALTS ›Didaktik der Musik‹ sucht auch er die Orientierung am Kunstwerk.

Auch H. ANTHOLZ weiß um den „provisorische[n] Charakter eines gegenwärtigen musikdidaktischen Entwurfs" (ANTHOLZ, Unterricht, S. 12) und die dringend benötigte „Hilfeleistung zuvörderst der systematischen Musikwissenschaft" (S. 14). Dennoch versucht er in seiner Schrift ›Unterricht in Musik‹ einen „Aufriß der Musikdidaktik für die ‚Volksschule' vorzulegen" (S. 9).

Nach ANTHOLZ muß sich Unterricht in Musik auf den Laien, den Nur-Hörer einstellen; deshalb versteht er ihn vorwiegend als Hörerziehung.

ANTHOLZ geht nicht wie VENUS von „vorrangigen Verhaltensweisen gegenüber Musik" aus, sondern von Unterrichtsfeldern, die auf das zentrale Ziel: Musik hören zu lehren, hingeordnet werden. Die Unterrichtsfelder sind:

„1.	Instruktion	über Grundlagen der Musik- und Formenlehre (werkendes *Hören*)
2.	Rezeption	von Musikwerken (Werk*hören*)
3.	Reproduktion	von Musikstücken (*hörendes* Nachgestalten)
4.	Information	über Musikkultur in der heutigen Gesellschaft (*Hör*orientierung)" (S. 128).

Der Beschreibung der beiden zuerst genannten Unterrichtsfelder gewährt er den breitesten Raum, Reproduktion und Information sind relativ kurz beschrieben.

Instruktion und Rezeption werden aufeinander bezogen. ANTHOLZ gibt zu diesen Feldern folgende Inhalte, Verfahren und Ziele an:

„1.	*Instruktion:*	Hantieren, Probieren und Experimentieren mit musikalischem Material und ‚Instrument', ‚Entdecken' musikalischer Ordnungen und Formen sowie Erfinden von Übungsmodellen und kleinen Musikstücken, Hör- und Gestaltungsübungen. Ziel: ‚instruktiv' erworbenes *Hör*wissen, Hörgewissen.
2.	*Rezeption:*	Vorführung oder Aufführung, Auslegung (mit Teilanalyse) von Musikwerken. Ziel: Sachverständiges kritisches Werk*hören;* Überblick über Musik in Geschichte und Gegenwart" (S. 128).

Konkrete Unterrichtsinhalte der Instruktion in der Grundschule sind: Grundbegriffe der Klangfarbe und Klangfarbenerzeugung; der Dynamik; des Tempos und der Agogik; der Rhythmik; der Melodik; der Form und Struktur; des Satzes und der Harmonie; der Notation; Einführung in das Musikhören mit Zeichen (S. 161 f.).

Diese Grundbegriffe werden nicht wie bei VENUS in Unterscheidungsübungen „entsprechend der Aufgabenstellung in musikalischen Begabungstests", sondern durch Erfindungsübungen vermittelt. ANTHOLZ grenzt Erfindung deutlich von Improvisation ab und betont ihren funktionalen Charakter.[9] „Sie ist im Rahmen der Hörerziehung Hilfe zur ‚originalen Begegnung' mit Musik in deren ‚Werdensnähe' (ROTH), indem auch sie Sachverhalte unverzichtbarer Lehre in Handlungen übersetzt" (S. 159).

Erfindungsübungen sind für ANTHOLZ nicht nur Elemente der Instruktion, sie sind zugleich Brücke zum Hören eines Werkes, zur Rezeption: „... *ein* Weg zum Kunstwerk [geht] vom werkenden Hören in der Instruktion zum Werkhören in der Rezeption" (S. 174). Er erwartet von „‚instruktiven' Einführungen", daß sie darauf vorbereiten, „das Werk – zum mindesten partiell – hellhörig zu rezipieren, an ihm Wieder- und Neuentdeckungen zu machen, es gegenständlich-anschaulich zu hören" (S. 174).

Der andere Weg zum Kunstwerk vollzieht sich unmittelbar als *Zuhören* oder aufmerksames *Hinhören.*

Die Schüler hören einem Werk zu, das man ihnen „nach Ankündigung von Titel und Komponist erst einmal als Ganzes" darbietet. Sie können sich danach frei zu dem Gehörten äußern; der Lehrer geht auf diese Äußerungen ein, leitet so die Auseinandersetzung mit dem Kunstwerk (S. 171).

Aufmerksames Hinhören kann nach ANTHOLZ so erreicht werden:

„1. Verbaler Hörhinweis, besser: Hörimpuls oder -aufgabe ...
2. Dann (nicht umgekehrt) das klingende Beispiel ...
3. Die Lösung. Antworten werden gesammelt, verglichen, korrigiert. Oder das Ergebnis wird erarbeitet: mit wiederholter Klangdemonstration, gegebenenfalls mit partieller ‚Mikroskopie' und entwickelnden Hilfsfragen ... möglichst auch Schüler probieren, experimentieren lassen ...
4. Festigung des Hörwissens ... und seine Einordnung in den formalen Zusammenhang: [Das] Formbild, das an der Tafel entsteht, wird ergänzt" (S. 172).

Werkhören als Zuhören und Hinhören kann wieder umschlagen in Werken (S. 174). „Solche klingende und werkende ‚Formen- und Kompositionslehre' fordert und fördert das Hörwissen, weckt aber auch das Hörgewissen für subtile künstlerische Gestaltung. Gerade hier wird die Leistungsform der Re-zeption als einer Rück-wirkung deutlich" (S. 175).

ANTHOLZ sucht also nicht eine „Orientierung am Kunstwerk" im Sinne des einmaligen, in sich geschlossenen, fertigen Werkes, das gleichsam als statisches Objekt zu betrachten ist. Er versteht vielmehr „das Werk als ein Gemachtes und zu Machendes" (S. 164), um „der prozessualen Dynamik der Klang-Zeit-Kunst" (S. 164) Musik gerecht zu werden. Sein Werkverständnis ist am Hörakt orientiert. Es steht dadurch in Zusammenhang mit seinem Rezeptionsbegriff.

ANTHOLZ faßt diesen „als Korrespondenzbegriff von Produktion. Beide konvergieren in der produktiven Rezeptivität des Höraktes. Rezeption ist ein ‚Angriffsakt' . . . Re-ception als offene Aufnahme, als hörende Entgegennahme ist zugleich Entgegnung, Rück-wirkung auf das Hörwerk, Rückantwort, rezeptive Spontaneität" (S. 165).

Das besondere Werkverständnis ANTHOLZ' bestimmt Grundzüge seines Unterrichts:

1. Wenn er das Studio, den Raum für die Regiebesprechung oder den Probensaal als Ort für die Begegnung mit dem Werk wünscht (S. 166), dann offenbart sich darin sein Bemühen, Schülern ein sachbezogenes Verhalten zur Musik als „Machwerk" (S. 175) zu vermitteln.

2. Werke, die sich auf Programme oder Texte beziehen, werden bei Werkbetrachtungen bevorzugt; für ein Werkhören im Rahmen von Hörerziehung aber sind sie nach ANTHOLZ weniger geeignet, da Programme bzw. Texte das Prozeßhafte der Musik verdecken und so die angestrebte Ausrichtung auf den hörbaren Verlauf beeinträchtigen können. Sie wirken sich wie Vorurteile aus, geben dem Werk den Anschein eines in sich geschlossenen Objektes.

3. ANTHOLZ strebt keine vollständige Analyse der Werke – auch nicht im vorwissenschaftlichen Sinne – an; er begnügt sich mit Teilanalysen. Dahinter verbirgt sich nicht nur Einsicht in

die Möglichkeiten eines Unterrichts in der Volksschule, sondern offenbar auch die Befürchtung, daß zum Beispiel durch Feststellen der Form eines Werkes dessen Prozeßcharakter in der Vorstellung der Schüler verlorengeht.

4. Entschieden wendet ANTHOLZ sich gegen ein Verständnis von Musikunterricht als Musikgeschichtsunterricht: „*Das Kunstwerk erschließt sich dem Schüler der Grund- und Hauptschule primär nicht historiographisch, sondern ideographisch,* das heißt nicht als ein geschichtliches Dokument, sondern als gegenwärtige, existentielle Aussage“ (S. 164 f.). Bei der Betrachtung von Musikwerken als geschichtliche Dokumente ist nicht das Werk das Primäre, sondern die abstrahierte Anschauung von einer bestimmten Epoche, für die das einzelne Werk als Beleg dient. Solche Anschauungen können aber, wiederum als Vorurteile, den Zugang zum prozessualen Musikwerk erschweren.

5. Auch ANTHOLZ spricht wie VENUS von einer Erziehung zum „*Hören mit Noten*“ (S. 146). Im Vergleich scheint er aber geringere Notenkenntnisse anzustreben; „bis zu einfachen Partituren oder vereinfachten Partiturbildern“ (S. 148) möchte er gelangen. Tonhöhenbewegungen sollen erkannt, ikonische Zeichen gewußt und zum Beispiel Korrespondenzen verdeutlicht werden.

Wenn er auch fordert, daß „alle audiovisuellen Möglichkeiten von ‚Noten‘, das heißt von Zeichen für Musik, in die Hörübungen einzulassen [sind], schon im Unterricht des 1. Schuljahres“ (S. 147), so sieht er in jeder Art von Notation doch nur „visuell-statische Anschauungshilfen“ (S. 164). In einem Unterricht, der sich völlig am Hörakt zu orientieren sucht, sind schriftliche Fixierungen nicht widerspruchsfrei. Jede Verräumlichung eines eigentlich Zeitlichen ist letztlich Aufhebung, zumindest aber Begrenzung eben dieses Zeitlichen, gibt dem Prozessualen eine Tendenz zum Statischen – ein Problem von Hörerziehung, das noch ungelöst scheint.

Hörerziehung im Verständnis von ANTHOLZ ist Beeinflussung des Höraktes, der auf das Prozeßhafte des Erklingenden ausgerichtet ist. Das bedeutet: Zurückdrängen alles dessen, was die

Erfahrung des Prozeßhaften stören kann; musikgeschichtliche Kategorien, formale Analysen und Notation sind zum Beispiel von untergeordneter Bedeutung.

Dem Lehrer werden so tradierte Unterrichtsinhalte und Methoden ihrer Vermittlung genommen. Wie schwierig es ist, sie durch neue Inhalte und Methoden zu ersetzen, die dem Vorrang des Erklingenden und dem relativ strengen Begriff von Hörerziehung gerecht werden, zeigt sich in dem Buch von ANTHOLZ.

G. DISTLER-BRENDELS ›Versuch einer Systematik der Hörerziehung‹ hat Einzelzüge mit den bisher beschriebenen Modellen gemeinsam, im ganzen aber ist er anders, an Lernzielen ausgerichtet.[10] DISTLER-BRENDEL geht von dem überfachlichen Lernziel Emanzipation aus und definiert es – auf Musikerziehung bezogen – als „Befähigung zu mündiger Teilhabe an der Musikkultur und zu kritischer Auseinandersetzung mit ihren Erscheinungen innerhalb der Gesellschaft“ (S. 226). Hörerziehung sollte „die Teilhabe am Musikangebot und ein verständiges Musikverhalten überhaupt erst an[zu]bahnen; sie hätte erst ein Organ zur differenzierten Rezeption verschiedenartiger, auch ‚hochartikulierter‘ Musik auszubilden, ehe Urteilsfähigkeit und Entscheidungsfreiheit entwickelt werden können“ (S. 228). Voraussetzung für Emanzipation ist demnach „Genauigkeit der Wahrnehmung und . . . Kenntnis der Sache“ (S. 233).

Befähigung zum musikalischen Hören wird zum zentralen Lernziel. Von ihm werden folgende Teilziele abgeleitet:

„1. Ausbildung und Differenzierung der sensorischen Wahrnehmung akustisch-musikalischer Phänomene.
2. Bewußtwerden physiognomischer, emotional-assoziativer Höreindrücke als Vorstufe zum strukturellen Hören.
3. Befähigung zu strukturellem Hören (auditiver Analyse) auf Grund der Kenntnis musikalischer Kategorien und Begriffe.
4. Erkenntnis des Zusammenhanges der formalen und der semantischen Komponente der Musik sowie der geistes- und kulturgeschichtlichen, gesellschaftlichen und individuellen Repräsentanz von Musikwerken“ (S. 232).

Diesen vier Teilzielen werden zum Teil vielfach aufgegliederte Inhalte zugeordnet. Die Teilziele 1 und 2 und ihre Inhalte werden als Vorstufe, die Teilziele 3 und 4 und ihre Inhalte als eigentlicher Lehrgang „einer *systematischen* Hörerziehung" (S. 236) bezeichnet.

Die Inhalte des Lehrgangs zielen im letzten auf eine Erziehung zum Werkhören. Sie seien deshalb hier stichwortartig genannt:

„3 a) Übungen zum Bewußtmachen der musikalischen Grundkategorien (Parameter) ...
b) Übungen zum Bewußtmachen musikalischer Strukturen ...
c) Übungen zum Bewußtmachen musikalischer Formprinzipien und Formen.

Bei den Übungen 3 a) bis c) stehen Experimentieren mit Stimme und Instrumenten und das Hören von Klangbeispielen ... in steter Wechselwirkung.

d) Übungen zum Kennenlernen der Orchesterinstrumente ...
e) Übungen zum Bewußtmachen von Klangfarbe und Instrumentation als form- und stilbildende Faktoren.
f) Erarbeiten von ‚Elementarpartituren' auf Grund auditiver Analyse.
g) Übungen zum Erkennen und Vergleichen verschiedener Besetzungen ...

4 a) Erarbeiten von ‚Hörbildern'[11] musikalischer Personal- und Zeitstile ...
b) Vergleich von Kompositions- und Instrumentationsstilen.
c) Information über biographische, historische, stilkundliche und soziologische Fakten.
d) Analyse und Interpretation von Musikwerken" (S. 235 f.).

Die Inhalte sind von Distler-Brendel in einer strengen Rangfolge mitgeteilt. Die unter 3 a) bis c) genannten Inhalte zum Beispiel sollen „Hörkategorien und Hörmodelle zur Verfügung stellen, die ... verständnisvolles Musikhören erst ermöglichen" (S. 231). Sie sind Voraussetzung für die Beschäftigung mit den unter 4 genannten Unterrichtsinhalten. Der letzte, alles übergreifende Inhalt des Musikunterrichts findet sich unter 4 d): „Analyse und Interpretation von Musikwerken". Musikhören lehren und lernen wird von DISTLER-BRENDEL immer auf diesen Inhalt ausgerichtet, da ja erst „Kenntnis der Sache" Emanzipation gewährleistet.

Bewußtes Werkhören als Vermögen, „Gliederungen, Strukturen, Gestalten, Ordnungen wahrzunehmen" (S. 231), erinnert an das Modell ETTLS. Im Unterschied zu ETTL scheinen musikgeschichtliche Gesichtspunkte jedoch von untergeordneter Bedeutung zu sein. Auch ist das einzelne Werk weniger nur Beispiel einer Gattung. Dem Hören kommt keine Ersatzfunktion für geringe oder fehlende Notenkenntnisse zu, sondern das bewußte Hören des einzelnen Werkes bildet den Mittelpunkt des Musikunterrichts. Hierdurch erinnert DISTLER-BRENDELS ›Systematik‹ an die ›Unterweisung‹ von VENUS. Aber ihre Ansprüche in bezug auf das bewußte Hören sind größer, die emotionale Komponente dagegen – bei VENUS durchaus von Bedeutung – tritt zurück. DISTLER-BRENDELS „Orientierung am Kunstwerk" (ALT) zielt fast ausschließlich auf das hörende Erfassen der „formalen Anordnung" (S. 226).

Das Experimentieren mit Instrumenten läßt an die Erfindungsübungen bei ANTHOLZ denken. Es ist jedoch einem anderen Ziel zugeordnet. ANTHOLZ richtet das Hören auf das Prozessuale von Musik; hieraus resultiert seine Zurückhaltung gegenüber Analysen, in deren Dienst bei DISTLER-BRENDEL das Experimentieren steht. Sie leitet zwar auch ihre Teilziele vom „Akt des musikalischen Hörens" (S. 229) ab, dennoch aber assoziiert ihr Ideal des bewußten Hörens, die Gewichtung der Teilziele sowie ihre Berufung auf einen Ausspruch LIGETIS (S. 231) eine Hinwendung zu dem Werk als Statischem.

4 Wahrnehmungserziehung

U. GÜNTHERS Vorstellungen finden sich in verschiedenen Aufsätzen aus den Jahren 1965–1974. Ihre Wandlungen werden nur soweit berücksichtigt, als es für den hier darzustellenden Zusammenhang notwendig ist.

GÜNTHER fordert eine Musikdidaktik als „eine wissenschaftliche Begründung und Systematik des Musikunterrichts" (Einfluß, S. 191). Die Notwendigkeit einer solchen Didaktik ergibt sich daraus, „daß Schule und Gesellschaft von morgen wissenschaftsorientiert und -bezogen sein werden". Innerhalb einer so verstandenen Schule muß auch der Musikunterricht sich „als ein wissenschaftlich begründetes Unterrichtsfach" (Perspektiven, S. 220) verstehen.

GÜNTHER geht von folgenden Verhaltensweisen des Menschen zur Musik aus:

„1. Komponieren,
2. Interpretieren,
3. Hören,
4. Schreiben, Sprechen, Lesen" (Einfluß, S. 202).

Weil Musik primär etwas Hörbares ist, „wird das Musikhören zwangsläufig zur musikpädagogischen Hauptaufgabe" (Musikhören, S. 164). Diese Hauptaufgabe müßte auch im Mittelpunkt der Musikdidaktik stehen. Noch 1969 zielen GÜNTHERS Überlegungen auf „ein wissenschaftlich begründetes und begründbares Lehren und Lernen des Musikhörens" (Untersuchungen, S. 209). Schon ein Jahr später aber schränkt er diese Auffassung insofern ein, als er betont, daß es dennoch nicht das Ziel von schulischem Musikunterricht sein könne, den Schüler ausschließlich zum Hören zu erziehen: „Der Musikunterricht muß es vielmehr ermöglichen, *Musik verstehen zu lernen, nach möglichst vielen Seiten hin* und von möglichst verschiedenen Seiten aus, und zwar so sachlich und so lerneffektiv wie jeweils möglich" (Musikhören, S. 164).

Dieses Ziel verfolgen auch die Autoren der bisher beschriebenen Modelle; GÜNTHER jedoch setzt die Akzente anders. Von entscheidender Bedeutung sind:

1. GÜNTHERS Begriff des Kunstwerks; 1970 erinnert er daran, „daß der traditionelle Begriff des musikalischen Kunstwerks fragwürdig geworden ist" (Perspektiven, S. 214 f.). 1972 heißt es: „An die Stelle des inzwischen höchst umstrittenen Kunstwerkbegriffs, der eine statisch-elitäre Einstellung im-

pliziert, treten in unserer Definition Prozeß und Aktion: der Akzent liegt auf dem handelnden Menschen und auf seiner kritischen Auseinandersetzung mit musikalischen Phänomenen: Es geht nicht um den Menschen, der Kulturgut pflegt, sondern um seine aktive, kreative, also mit- und neuschaffende Teilnahme und Teilhabe an der heutigen Musik" (Kommunikation, S. 58).

2. GÜNTHERS Definition von Musik „als einem geordneten und immer neu zu ordnenden Ausschnitt aus der hörbaren Wirklichkeit ... Sie [die Definition, Verfasser] unterscheidet potentiell weder in historischer noch gattungsspezifischer noch soziologischer oder geographisch-nationaler Hinsicht, sondern sie spiegelt den derzeitigen Befund der Musik ebenso wie deren zukünftige Möglichkeiten" (S. 58).

Es ist ein ganz bestimmtes Menschenbild, das GÜNTHER im Zusammenhang der zwei gegensätzlichen Kunstwerkbegriffe sieht. Hierbei schließt er sich Auffassungen v. HENTIGS an: „Musik – Nationaldenkmal und Museumsgegenstand oder Mittel zur Selbstverwirklichung und Selbstbestimmung des einzelnen" (S. 58).[12] Das Kunstwerk also hat im Rahmen von Musikunterricht weniger objektiven, mehr funktionalen Charakter. Das hat Konsequenzen für das Ziel, „Musik verstehen zu lernen". Der Akzent verlagert sich vom Werkverstehen zum Verstehen der „Wirkung von Musik auf den einzelnen und auf andere, ... [der] Voraussetzungen und Bedingungen dieser Wirkung sowie ... deren Beeinflussungs- und Veränderungsmöglichkeiten" (S. 61).

GÜNTHERS Kunstwerkbegriff und seine Definition von Musik korrespondieren mit seinen Vorstellungen von einer Musikdidaktik. Primär ist Musik hörbarer Schall, der in bestimmter Weise geordnet ist. Musikhören definiert GÜNTHER als „das Hören von musikalischen Erscheinungen, Zusammenhängen, Eigenschaften und Verläufen" (Untersuchungen, S. 189). Später spricht er von Parametern und Formverläufen, deren Kenntnis zum Musikverstehen gehört (Kommunikation, S. 61). Bezogen auf seine Definition von Musik kann man daher sagen, daß ihm daran liegt, daß der Schüler lernt, Erscheinungen und Eigenschaften von Schall wahrzunehmen sowie deren Zusammenhänge und Verläufe als musikalische Ordnung zu begreifen.

Hinsichtlich der Wahrnehmung der Erscheinungen und Eigenschaften erwägt GÜNTHER im Anschluß an seine Höruntersuchungen ein didaktisches „Programm", zum Beispiel: „Unterweise die Kinder, auf Dynamik zu hören, unterweise sie ferner, auf Tonhöhenerscheinungen zu hören, sodann auf Klangfarben, auf Klangdichte, Klangdauer und anderes mehr zu hören! Daraus könnte ein Hörkurs entstehen. Er könnte mit dem ersten Schuljahr einsetzen, aber auch auf jeder anderen Schulstufe, und Hörer erziehen, die musikalisch zu denken und zu urteilen gelernt haben" (Untersuchungen, S. 211).

Diesen Grundmöglichkeiten der Wahrnehmung von Musik als Schall entspricht hinsichtlich musikalischer Formverläufe die Wahrnehmung von „Steigerung, Rückentwicklung und Übergang als allmähliche Veränderung von Formprozessen sowie plötzliche Verstärkung, plötzliche Abschwächung und Sprung für plötzliche Veränderungen von Formprozessen" (Thema, S. 25). So wie die genannten Erscheinungen und Eigenschaften von Schall an jeder Musik zu beobachten sind, erscheinen auch die Formverlaufsmodelle „fundamental", das heißt weder gebunden „in historischer noch gattungsspezifischer noch soziologischer oder geographisch-nationaler Hinsicht" (siehe oben). Hier wird deutlich, daß GÜNTHER Musikverstehen als eine Grundfähigkeit anstrebt, die sich im Einzelfall bewähren muß.

GÜNTHER definiert Musikunterricht als „Differenzierung und Schulung der hörenden Wahrnehmung" (Kommunikation, S. 59). Seine Umschreibung des Begriffs Unterricht gibt Aufschluß darüber, wie die hörende Wahrnehmung differenziert und geschult wird, und verweist zugleich auf sein Verständnis des Schulfaches Musik als wissenschaftliches Unterrichtsfach:

„1. Unterricht soll Lernprozesse ermöglichen.

2. . . . Ziel des Unterrichts ist es, gewünschte Bewußtseins- und Verhaltensänderungen herbeizuführen, und zwar in der

Weise, daß die Wirklichkeit (im Musikunterricht: der hörbare Bereich . . . der Wirklichkeit) immer sachverständiger und zugleich kritischer verstanden und durchschaut, mitrealisiert und mitverändert wird.

3. Unterricht impliziert zunehmende Verallgemeinerung und Abstraktion (bzw. Theorie). Dieser Prozeß geht vom konkret erfahrbaren Sachverhalt aus, er bezieht sich aber beim Überprüfen der gewonnenen verallgemeinernden Abstraktion ständig auf den konkreten Einzelfall zurück" (Perspektiven, S. 216).

Basis des Unterrichts sind also Lernprozesse, die von Hörbarem ausgehen und sich immer wieder auf Hörbares beziehen. Diese fortwährenden Lernprozesse „modifizieren oder differenzieren vorhandene Fertigkeiten und Verhaltensweisen, Einsichten und Kenntnisse" (S. 215).

Wesentliches Element innerhalb solcher Lernprozesse ist die Sprache. Sie objektiviert den hörbaren Gegenstand und rückt ihn in die nötige Distanz; sie richtet die Aufmerksamkeit und das Denken. Indem der Unterricht so angelegt wird, daß sich der Schüler genötigt sieht, „sich zum Problem sprachlich anders als gewohnt zu äußern" (Sprache, S. 501), verweist die allmähliche Sprachänderung zugleich auf Änderungen des Denkens und der Wahrnehmung des Schülers. Zu den Lernprozessen gehört eigenes Experimentieren der Schüler. Günther berücksichtigt es zum Beispiel im Zusammenhang mit Stockhausens ›Mikrophonie I‹, um „solche Schalleigenschaften und -verläufe nachzuahmen, die sich bei der ›Mikrophonie I‹ wahrnehmen ließen" (Mikrophonie, S. 85).

Schließlich ist noch Notation im weitesten Sinne zu nennen. Sie dient vor allem dazu, Zusammenhänge sichtbar zu machen, die sich der sprachlichen Formulierung ganz oder teilweise entziehen.

Hören, Sprechen, Experimentieren und Notieren dienen also der Differenzierung des Hörbaren und – verstanden als Lernprozeß – der Differenzierung der Wahrnehmungsfähigkeit des Schülers. Den Lernprozessen zugrunde liegt „die Musik aller

Zeiten, Formen, Völker und Kulturkreise – in allen nur möglichen ästhetischen Kombinationen" (Kommunikation, S. 59 f.). GÜNTHER geht es auch hier wieder um Fundamentales, musikalisch Allgemeines. Ein Zusammenhang mit dem oben genannten Grundvermögen als der Fähigkeit, der hörbaren Wirklichkeit gewachsen zu sein, wird deutlich.

Schon 1974 steht GÜNTHER seinen eigenen hier skizzierten Vorstellungen kritisch gegenüber. Er gesteht ein, daß weitgehend eine Erkenntnis unberücksichtigt blieb, „daß nämlich das (im Bereich der Musik sich so oder anders verhaltende) Individuum immer auch beeinflußt und geprägt ist durch seine sozialen Bedingungen; das gilt gleichermaßen für die Musik selbst, für ihre Erfindung wie für ihre Wiedergabe und für ihre Rezeption ... Wie im Lichte dieser Erkenntnis die sozioökonomisch und sozialpsychologisch bedingten Einflüsse auf das musikbezogene Verhalten von Jugendlichen sich auswirken, ist für einen erzieherisch ambitionierten Musikunterricht ebenso bedeutsam wie unerforscht" (Untersuchungen, S. 223).[13]

GÜNTHER gesteht so Mängel ein, die sich in allen bisher beschriebenen Versuchen von Hörerziehung in unterschiedlichem Maße finden.

5 Werkbetrachtung in der DDR

5.1 Grundlegendes

Die Erziehung zum Werkhören ist in der DDR dem allgemeinsten Erziehungsziel des einheitlichen sozialistischen Bildungssystems, der „Bildung und Erziehung allseitig und harmonisch entwickelter sozialistischer Persönlichkeiten, die bewußt das gesellschaftliche Leben gestalten, die Natur verändern und ein erfülltes, glückliches, menschenwürdiges Leben führen" (LEHRPLANWERK, S. 28),[14] verbunden. Diese Zielorientierung gründet in zwei Prämissen:

1. Musik wirkt entsprechend ihrem Wesen auf den Menschen.
2. Die Intensität der Wirkung ist abhängig vom Aneignungs-

prozeß, in dem Hörer und Werk, Subjekt und Objekt in Kontakt kommen.

Die marxistisch-leninistische Ästhetik versteht sich als Wissenschaft und Theorie der Künste, mehr aber noch als Wissenschaft und Theorie von der ästhetischen Aktivität des Menschen in Produktion und Rezeption.[15] Sie bietet eine Basis für alle Modelle künstlerischer Bildung und Erziehung, das heißt für alle Versuche, den Aneignungsprozeß möglichst effektiv werden zu lassen.[16]

In der DDR kommt gegenwärtig den Anschauungen MOISSEJ KAGANS zur Ästhetik eine führende Rolle zu.[17] KAGANS Untersuchungen zeichnen sich durch zwei einander zuzuordnende Eigenheiten aus:

1. Für ihn „ist das Kunstwerk kein selbständiger und sich selbst genügender Gegenstand, sondern lediglich ein Glied *in einem spezifischen kommunikativen System*" (KAGAN, Vorlesungen, S. 393): Künstlerisch-schöpferische Tätigkeit „vergegenständlicht" sich im Werk; eine spezifische künstlerische Information liegt in ihm beschlossen (S. 242). Diese erschließt sich der künstlerischen Wahrnehmung, *„die gleichsam die Struktur der schöpferischen Tätigkeit des Künstlers wiederholt (‚Nachschaffen', ‚Mitschaffen')"* (S. 403). Das System der künstlerischen Kommunikation ist wiederum Glied in umfassenderen Systemen sozialer, materieller und geistiger Beziehungen (S. 57 f.).

2. KAGAN verbindet die dialektisch-materialistische Methode mit der Systemanalyse, wie sie die Informationstheorie anwendet. Er hält solches Vorgehen für angemessen, weil es dem komplizierten, widersprüchlichen und vielfältigen Wesen der Kunst, das in ihrem Ursprung angelegt ist und sich in ihrer Struktur und ihren Funktionen äußert, gerecht wird (S. 54). Die Grundkomponenten der schöpferischen Tätigkeit in Produktion und Rezeption werden in wechselseitigem Zusammenhang mit dem Ensemble der Qualitäten, die dem Kunstwerk innewohnen und mit dem Ensemble der Funktionen, die es ausübt (S. 55), gesehen und interpretiert. Kunst wird faßbar als „lebendige Ganzheit" und als Element weitergespannter Systeme (S. 57 f.).

Um die innere Struktur des gesamten Systems der künstlerischen Kommunikation aufzuweisen, analysiert KAGAN die Struktur der künstlerisch-schöpferischen Tätigkeit als erstem Glied der Kette: Kunstschaffen – Kunstwerk – Kunstwahrnehmung. Durch sie sind die Strukturen des Kunstwerks und der Kunstwahrnehmung bis zum Isomorphismus (S. 397) determiniert, so daß Erkenntnisse in diesem Forschungsbereich Schlüsselfunktion besitzen.

Ausgangspunkt der Analyse ist KAGAN das Ensemble der Grundformen der allgemeinen menschlichen Tätigkeit. Er unterscheidet folgende Arten:

1. „die umgestaltende Tätigkeit, die sich darin äußert, daß das Subjekt die objektive Realität verändert" (S. 269). Voraussetzung und Ergebnis [18] ist ein schöpferisches Potential der Persönlichkeit,[19] das durch dessen Fähigkeiten und Fertigkeiten bestimmt wird.[20] Im Bereich der Psyche ist es die Einbildungskraft, die diese Tätigkeit trägt.
2. „die Erkenntnistätigkeit, die sich darin äußert, daß das Subjekt eine Information über objektive Qualitäten, Zusammenhänge und Beziehungen der realen Welt erlangt" (S. 269). Voraussetzung und Ergebnis ist ein erkenntnistheoretisches Potential der Persönlichkeit, das bestimmt wird durch Wissen und Selbsterkenntnis. Das logische Denken als psychischer Prozeß [21] leitet diese Tätigkeit.
3. „die wertorientierte Tätigkeit, die sich darin äußert, daß das Subjekt ein bestimmtes Wertsystem ausarbeitet, und damit eine Information über die Bedeutung von Objekten für das Subjekt selbst erlangt" (S. 269). Voraussetzung und Ergebnis ist ein axiologisches Potential, das bestimmt wird „durch das im Prozeß der Sozialisierung gewonnene System von Wertorientierungen" (S. 416). Der zugrundeliegende psychische Mechanismus ist das Erleben.[22]
4. „die kommunikative Tätigkeit . . ., in der das Subjekt seine Aktivität auf andere Menschen richtet", um mit ihnen „materiellen und (oder) geistigen Kontakt herzustellen" (S. 269). Voraussetzung und Ergebnis ist das kommunikative Poten-

tial, das bedingt ist durch das Maß und die Formen des Verkehrs der Persönlichkeit mit anderen Menschen (S. 417). Es ist schwierig, psychische Grundhaltungen oder -prozesse für diese Tätigkeit zu nennen; sie liegen in dem Bereich „Sympathie", „Liebe", „Wohlwollen".

Die künstlerisch-schöpferische Tätigkeit nun zeichnet sich dadurch aus, daß in ihr die vier Tätigkeitsarten organisch verschmelzen. Sie verlieren dabei bestimmte, ihnen eigentümliche Qualitäten, begründen aber in ihrer Einheit die spezifische Qualität: Fülle und Ganzheitlichkeit (Tätigkeit, S. 16).

Sie trägt das Entstehen der künstlerisch-bildhaften Idee, in der der „‚Keim' des poetischen Gehalts zugleich auch der ‚Keim' der konkret sinnfälligen Form ist" (Vorlesungen, S. 446). Sie prägt den geistigen Prozeß der Entwicklung und Entfaltung der Idee, der der Verkörperung in der Form zunächst vorauseilt, dann aber in ihr mündet.

Psychische Grundlage der künstlerisch-schöpferischen Tätigkeit ist das Talent, eine angeborene, jedoch in der Tätigkeit im gesellschaftlichen Umfeld entwickelte Fähigkeit zu bildhaftem und emotionalem Denken (S. 429; Tätigkeit, S. 19 ff.), in der die psychischen Mechanismen: Einbildungskraft, logisches Denken, Erleben, „Sympathie" sich synkretisch verbinden.[23]

Es erscheint in korrelativer Einheit mit der Meisterschaft. „Sie ist jene spezifische praktische Kraft, die den schöpferischen Akt unmittelbar in der Einheit seiner geistigen und materiellen Elemente verwirklicht" (Vorlesungen, S. 400).

Talent und Meisterschaft werden im konkreten Schaffensprozeß gelenkt durch die künstlerische Methode, einem System von Orientierungen, das sich aus den geistigen Bestrebungen der Persönlichkeit des Künstlers herleitet (S. 438). Da die Persönlichkeit als *„individuell eigentümlicher Träger eines sozialen Inhalts"* (S. 120)[24] verstanden wird, ist die schöpferische Methode sowohl durch Eigenart als auch durch allgemeine Züge der jeweiligen kulturellen Sphäre gekennzeichnet.

Kagan definiert die künstlerisch-schöpferische Tätigkeit einmal als *„bildhaftes Modellieren des Lebens"* (Tätigkeit, S. 19).

Wirklichkeit wird nicht wie sie sich real, sondern wie sie sich gefiltert durch das Talent widerspiegelt (Vorlesungen, S. 431), das heißt in ihrer ganzen Komplexität *und* ihrer Beziehung zum Menschen im schöpferischen Akt Objekt, Kunstwerk.

Das Kunstwerk, so entstanden, muß in seiner Struktur der künstlerisch-schöpferischen Tätigkeit isomorph sein. Es bildet für die sinnliche Wahrnehmung ein „unauflösbares Ganzes" (S. 465). „Geistige Information" und „materielle Verkörperung" (S. 465) sind eine Einheit: Denn künstlerische Erkenntnisse und Wertungen, die zugleich objektiver und subjektiver Natur sind, durchdringen einander als Thema und poetische Idee [25] im Inhalt; [26] dieser ist ausgeprägt in der Form,[27] der inneren, die das künstlerisch-bildhafte Modell der Wirklichkeit darstellt, und der äußeren, in der dieses als reale Konstruktion sinnlich faßbar wird (S. 300 ff. und besonders S. 482 ff.).

Das Kunstwerk ist *„für die Wahrnehmung* bestimmt, einzig und allein für die Wahrnehmung ... Alle ihre sozialen Funktionen vermag die Kunst nur in dem Maße auszuüben, in dem sie *Gegenstand der Wahrnehmung* wird" (S. 486 und S. 506 ff.).[28]

Die künstlerische Wahrnehmung betrachtet KAGAN „als einen in sich geschlossenen und zugleich vielschichtigen psychischen Prozeß" (S. 486).[29] In ihm wird, in einer Art von Gegenläufigkeit, der schöpferische Akt der Hervorbringung des Werkes nachvollzogen (S. 403 und 485).

So entspricht im Bereich der psychischen Einstellungen, der Fähigkeiten und Fertigkeiten

- der schöpferischen Methode ein System von Orientierungen subjektiver und objektiver Art, das den Wahrnehmenden in einen „Zustand einer gewissen Bereitschaft, einer gewissen Empfänglichkeit und Neigung" (S. 487) zur Aneignung des Kunstwerkes versetzt; es wirkt sich steuernd auf den Akt der Wahrnehmung aus.
- der Meisterschaft ein System von Fertigkeiten als Ergebnis von Erfahrung und Bildung des Rezipierenden. Im Wahrnehmungsprozeß bewährt es sich vorwiegend als Vermögen, die „Sprache" der Kunst zu verstehen, das heißt im Erfassen

der spezifischen „materiellen Verkörperung" die spezifische „geistige Information" zu entdecken.

- dem Talent der Geschmack, wie dieses eine angeborene, zu entwickelnde und erziehbare Fähigkeit komplexer Art, die in Einheit mit den auszubildenden Systemen der Fertigkeiten und Orientierungen die Eigenart der künstlerischen Wahrnehmung begründet: das Ineinanderwirken erkenntnisbezogener, wertinterpretierender, mitschöpferischer und nachgestaltender Kräfte im aktiven „Erleben der bildhaften Modelle des Lebens" (S. 499).

Auch die konkrete Wahrnehmung des Kunstwerkes geht „in umgekehrter Folge vor. Wir erfassen zuerst die äußere Form, weil nur diese unmittelbar zu sehen und zu hören ist, erkennen den bildhaften Sinn der von uns sinnlich wahrgenommenen Verbindungen von Tönen, Worten, Farbflecken, Körpern, und erst dann dringen wir allmählich in die Tiefen des Werks ein und erkennen den Sinn seiner inneren Form. Im Ergebnis erschließt sich unserem Erleben und Verständnis die ganze Fülle des künstlerischen Inhalts" (S. 485).

Künstlerische Wahrnehmung ist Aneignung der Kunst. Darunter ist mehr zu verstehen, als das Erfassen der Form und die Entschlüsselung des Inhaltes. „Die künstlerische Wahrnehmung ist immer, ob nun bewußt oder unbewußt, gezwungen, *das Kunstwerk zur Realität des Lebens in Beziehung zu setzen* ... [und zwar] in dem tiefen Sinne, in dem das Kunstwerk den Wahrnehmenden auf die *realen Probleme des menschlichen Seins* verweist" (S. 495).

Das vollzieht sich nach KAGAN „mittels eines psychologischen Mechanismus, der wohl am präzisesten mit dem Wort ‚Erleben' bestimmt wird" (S. 496). Der Begriff ist hier im Wortsinn zu verstehen. In einer Art „Transposition" (S. 496)[30] lebt der Wahrnehmende in der vom Künstler geschaffenen Wirklichkeit, ohne jedoch die reale Wirklichkeit, in die er als Persönlichkeit eingebunden ist, aus dem Bewußtsein zu verlieren. Zwei „Welten" kommen in Kontakt: Sie werden in ihrem gegenseitigen Bezug vom Wahrnehmenden, in Abhängigkeit von seinem künstlerischen Potential interpretiert und gewertet (S. 508 f.).[31] So gewinnt er ein verändertes Verhältnis zu beiden, eine neue Einstellung.[32] Das „Endziel“ der Kunst ist erreicht: „den Menschen *als Persönlichkeit* zu formen“ (S. 404).[33]

Im Prozeß der aktiven Aneignung wird die Persönlichkeit des Wahrnehmenden „Objekt der künstlerischen Einwirkung“ (S. 506) entsprechend der Polyfunktionalität der Kunst. KAGAN versteht darunter die innige Verquickung aller Funktionen, die menschlicher Tätigkeit eigen sind:

Auf der Grundlage der kommunikativen Funktion, die geistige Erfahrungen Einzelner in eigentümlicher und eindringlicher Art „zum *gesellschaftlichen* geistigen Gut“ (S. 514) werden läßt: aufklärerisch-bildende Funktion (S. 516 ff.), orientiert Kunst das ästhetische, ethische und politische[34] „*Wertverhältnis zur Welt*“ (S. 520): allgemeine erzieherische Funktion. Denen, „die sie aufklärt und erzieht“ (S. 526), schenkt sie das Gefühl ästhetischen Genusses: hedonistische Funktion.[35] In dieser Ganzheitlichkeit wirkt die Kunst als „Instrument der künstlerischen Erziehung des Menschen“ (S. 528), das heißt der Formung seines Verhältnisses zur Kunst: künstlerische Funktion (S. 219).

Das Zusammenwirken der Funktionen der Kunst und damit das Wirksamwerden der eigentlichen künstlerischen Funktion ist an sinnliche Wahrnehmung gebunden. Nur in „der unmittelbaren Erfahrung, in der Praxis des direkten Kontaktes mit der künstlerischen ‚Materie‘“ entwickelt sich das Verhältnis der Persönlichkeit zur Kunst, das heißt ihr künstlerisches Bedürfnis und ihr Geschmack. „. . . Wissen auf dem Gebiet der Geschichte und Theorie“ der Kunst und „Wertungen konkreter Kunstwerke, des Schaffens von Künstlern insgesamt, der verschiedenen Stile, Richtungen und Schaffensmethoden“ und ähnliches fördern die Entwicklung (S. 529), lösen sie aber nicht aus. Die Einheit von Konkretem und Abstraktem im Aneignungsprozeß muß deshalb verlangt werden.

Da das Verhältnis zur Kunst, auch künstlerisches Potential genannt, den Aneignungsprozeß trägt (siehe oben), wird seine „Herausbildung“ (S. 529) erstes Ziel der Kunstpädagogik. Erziehung durch Kunst und Erziehung zur Kunst sind dabei einander dialektisch verbunden.[36]

5.2 Das Modell S. Bimbergs

Kennzeichnend für die gesamte DDR-Pädagogik und die daraus hervorgegangenen Lehrpläne von 1972 ist die strenge Orientierung an Zielen, Systemen und Prinzipien. So werden aus den gesetzlich verankerten Allgemeinzielen vergleichbare Allgemeinziele der einzelnen Schulfächer abgeleitet, die systematisch und von allgemeinen Prinzipien gestützt im Unterricht angestrebt werden. Das Prinzip der Determination wird streng durchgehalten bis hin zur Planung und Durchführung der einzelnen Unterrichtsstunde.

In Anlehnung an das schon zitierte Gesetz über das einheitliche sozialistische Bildungssystem wird das Ziel des Musikunterrichts der zehnklassigen allgemeinbildenden Oberschule so formuliert:

> „Der Musikunterricht hat das Ziel, die Fähigkeiten und Fertigkeiten der Schüler im Singen und Musikhören auszubilden, ihnen ein musikalisches Grundwissen zu vermitteln und sie auf ihre aktive und bewußte Teilnahme am Musikleben in unserer sozialistischen Gesellschaft vorzubereiten" (Lehrplan Musik, S. 7).

Damit sind zugleich die drei Bereiche des Musikunterrichts genannt: Singen, Musikhören, Vermittlung musikalischen Grundwissens. Obwohl sie eine Einheit bilden, sei hier der Bereich Musikhören isoliert betrachtet.[37]

Bimberg definiert: „Musikhören ist eine komplexe Fähigkeit, sich erklingende Musik geistig anzueignen, sie bewußt aufzunehmen (rezipieren) und sich daran zu erfreuen" (Bimberg, Musikerziehung, S. 72).[38]

Geistige Aneignung und bewußte Aufnahme von Musik sowie Freude an der Musik sind zwar als Komponenten unterscheidbar, bilden aber im Wahrnehmungsakt des Hörers eine Einheit.

In der Aneignung wendet sich der Hörer dem Werk zu und bezieht es auf sich als Subjekt und als Mitglied der Gesellschaft, mit der er sich identifiziert. Er übernimmt die Mitteilung des Werkes in Abhängigkeit von seinem „Rezeptions-Potential" (Hörerfahrung) als „Bewußtseinsinhalt", als „zugleich gedanklichen und emotionell begründeten Erlebniskomplex" (S. 74).

Die bewußte Aufnahme (Rezeption) steht in keinem Gegensatz zur Verinnerlichung der Mitteilung zum Bewußtseinsinhalt. Rezeption ist vielmehr notwendige Bedingung der Aneignung. Der Hörer wendet sich dem Werk als Objekt zu, um es als solches aufzunehmen. Die musikalische Struktur wird in thematisch-motivischen und formenkundlichen Betrachtungen erschlossen.

Der ganzheitliche Prozeß von Aneignung und Rezeption wird durchwirkt von der Freude an der Musik im Sinne von ästhetischem Genuß. Dieser beruht nach BIMBERG auf jener eigentümlichen „Erregtheit des Ich", die für den Hörer aus dem Erleben des Verhältnisses zwischen Bekanntem und Unbekanntem in struktureller und ideeller Hinsicht entsteht. Sichfreuen und Genießen beim Musikhören sind also äußerst objektbezogen; sie haben mit passiv-rauschhaftem Mitgenommensein nichts gemein.

Freude und Genuß sind grundlegende Bedingungen des Musikhörens. Denn sie erst führen zur Bereitschaft und Gewohnheit, Musik hören zu wollen. Zudem sind Freude und Genuß Emotionen; deshalb „kann von einer Entwicklung von Bedürfnissen gesprochen werden. Bedürfnisse im Zusammenhang mit Gewohnheiten werden als *Neigung* bezeichnet. Die Neigung, Musik hören zu wollen, ist zugleich Ergebnis *und* Voraussetzung für das *Sichfreuen* über und für das *Genießen* von Musik" (S. 77). Damit schließt sich der Kreis.

Um die Fähigkeit des Musikhörens in diesem weiten Sinne auszubilden, wird der Lehrplan streng an einem Ziel-Stoff-System ausgerichtet. Er enthält im Bereich Musikhören eine Übersicht über die Gegenstände des Unterrichts (Werke) in den einzelnen Klassen sowie genaue Angaben über Grundfertigkeiten des Hörens, die im Zusammenhang der Erarbeitung der genannten Gegenstände erreicht werden sollen (BIMBERG/HOFFMANN/KOBER, Ziel-Stoff-System).

BIMBERG/KOBER differenzieren noch weiter, indem sie im Hinblick auf die genannten Allgemeinziele von Schule und Musikunterricht den Bereich Musikhören nach Leitlinien auffächern, die dem Lehrer Orientierungshilfen sein sollen. Entsprechend dem jeweiligen Jahrgangsziel werden unterschieden: „Erkenntnislinie", „Fähigkeitslinie" und „Erziehungslinien" (BIMBERG, Musikerziehung, S. 20 ff.).

In der Erkenntnislinie werden besonders inhaltliche Aspekte alter und neuer Musik und deren Bezug zur Gegenwart angesprochen. Die Fähigkeitslinie ist ausgerichtet auf eine Charakterisierung von Musik und formenkundliche und musiktheoretische Einsichten. Die Erziehungslinien schließlich zielen auf Freude an der Musik sowie auf die Vermittlung der Überzeugung, daß aktives Musikhören zu den Gewohnheiten eines kulturvollen Lebens gehört.

Didaktische Prinzipien sind allgemeine Grundsätze des Unterrichts; sie gelten für alle Fächer und bilden die Basis auch für methodisches Vorgehen.

BIMBERG nennt folgende, teils auf traditionellen Vorstellungen beruhende, teils aus der marxistisch-leninistischen Philosophie und Psychologie abgeleitete didaktische Prinzipien:

„1. Das Prinzip der Wissenschaftlichkeit und des erziehenden Unterrichts;
2. Das Prinzip der Verbindung von Theorie und Praxis;
3. Das Prinzip der Einheit des Konkreten und Abstrakten;
4. Das Prinzip der Systematik des Unterrichts;
5. Das Prinzip der führenden Rolle des Lehrers und der Selbsttätigkeit der Schüler;
6. Das Prinzip der Faßlichkeit;
7. Das Prinzip des individuellen Eingehens auf den Schüler auf der Grundlage der Arbeit mit dem Klassenkollektiv" (S. 26 ff.).

Besondere Bedeutung für den Bereich Musikhören und innerhalb dieses Bereichs für die Werkbetrachtung hat das Prinzip der

Einheit des Konkreten und Abstrakten, das auf die LENINsche Formel über den Erkenntnisprozeß[39] zurückzuführen ist. Die real erklingende Musik, das Hörbare ist Ausgangspunkt und Ziel jeglicher Aktivität; alle Betrachtungen am Werk gehen vom Hörbaren aus, und alle am Werk gewonnenen Abstraktionen werden auf das Werk zurückbezogen.

Dieses Prinzip führt so

1. zu einer eindeutigen Gewichtung zwischen Konkretem und Abstraktem;
2. reguliert es selbst methodische Einzelfragen, indem der fortwährende Bezug zum Erklingenden gefordert wird;
3. wird mit ihm die zentrale Stellung der Analyse innerhalb der Werkbetrachtung und deren Eigenart begründet.

BIMBERG definiert Werkbetrachtung als „das aufmerksame, auf Kenntnis des Werkes zielende Hören von Musik im Dienste der Herausbildung ästhetischer Werthaltungen" (Werkbetrachtung, S. 237). Aus einem Vergleich mit der Definition von Musikhören läßt sich eine gewisse Akzentuierung des bewußten Aufnehmens, der Rezeption ableiten.

Innerhalb der Werkbetrachtung unterscheidet BIMBERG Bereiche bzw. Ebenen, die eng miteinander verflochten sind und in einem wechselseitigen Abhängigkeitsverhältnis stehen: Begegnung, Analyse und Wertung (Musikerziehung, S. 79).

Zur Begegnung gehört immer die geschlossene Darbietung des Werkes. Begleitet wird sie häufig von hinweisenden Bemerkungen des Lehrers, die dazu angetan sind, den Gesamteindruck zu steuern. Oft erscheint es auch notwendig, die Schüler an frühere Rezeptionserfahrungen zu erinnern, um ihr Rezeptionspotential so zu aktivieren, daß es in der Begegnung wirksam wird.

Mittelpunkt der Werkbetrachtung ist die Analyse, weil ein Hören ohne Analyse letztlich „stumpf" (S. 73) bleibt und das häufig anzutreffende Unvermögen, „musikalische Teilstrukturen aus dem Hören zu erfassen" (Werkbetrachtung, S. 141), eine Barriere schon bei der Musikbegegnung bildet. Die Fähigkeit, Teilstrukturen wahrnehmen zu können, entwickelt sich vornehmlich in der Tätigkeit der Analyse. BIMBERG gliedert die

Analyse in historisch-programmatische, thematisch-motivische und formenkundliche Betrachtung (Musikerziehung, S. 83). Die historisch-programmatische Betrachtung gilt vor allem dem stilkundlichen und ideengeschichtlichen Bezugsrahmen des einzelnen Werkes. BIMBERG kennzeichnet diesen Bereich der Analyse auch als „gesellschaftlich-funktionale Betrachtung" (BIMBERG/KOBER, Hinweise, S. 198) [40] und verweist damit auf die notwendige Einsicht in die gesellschaftliche Bedeutsamkeit des Werkes zur Zeit seiner Entstehung und in der Gegenwart. Er betont, daß sich diese und die thematisch-motivische Betrachtung gegenseitig bedingen; denn so, wie eine isolierte Strukturanalyse nur von geringem Wert sei, sei eine historisch-programmatische Betrachtung ohne Erschließung des thematisch-motivischen Materials nicht möglich.

Die thematisch-motivische Betrachtung zielt auf die Kenntnis der „Hauptmerkmale des thematisch-motivischen Materials . . ., [der] Details, die in metrischer, rhythmischer, melodischer, dynamischer und tempomäßiger Hinsicht für die Erschließung des Werkes von Wichtigkeit sind" (S. 197).

Entsprechend dem Prinzip der Einheit des Konkreten und Abstrakten steht hierbei das real erklingende Werk, unter Umständen auch in seinen Teilen oder in Ausschnitten im Mittelpunkt. BIMBERG zieht alle Möglichkeiten auch der praktischen Aneignung des Werkes durch die Schüler in Betracht, wie Mitsingen, Mittaktieren, Absingen nach dem Notenbild oder Mitlesen des Hörbaren vom Notenbild.

Wenn auch der Akzent bei der thematisch-motivischen Betrachtung auf dem Erfassen des thematisch-motivischen Materials liegt, so fördert sie doch zugleich das Begreifen von Zusammenhängen, zum Beispiel durch Vergleiche. Als Phase innerhalb der Analyse bildet sie so den Übergang zur formenkundlichen Betrachtung. Deren Funktion besteht darin, das Werk als Ganzes überschaubar und einsichtig zu machen, das heißt das eigentliche Anliegen der Analyse ist die Synthese. BIMBERG nennt folgende mögliche Aufgabenstellungen der formenkundlichen Betrachtung:

„Kennzeichnung des Aufbaus des Werkes insgesamt,
Kennzeichnung der Gliederung in Teile und Abschnitte (dabei Anwendung von Übersichten),
Kennzeichnung der Funktion des thematisch-motivischen Materials in den Teilen und Abschnitten,
Kennzeichnung des Zusammenhangs von Gestaltungseigenart und Gliederung,
Kennzeichnung der Ausdrucksdifferenzierung einzelner Teile oder des gesamten Satzes" (S. 197).

In der Auswahl der Aufgaben, die zur einzelnen Analyse gestellt werden, darf die „Kennzeichnung der Ausdrucksdifferenzierung" niemals fehlen. Hierin zeigt sich besonders auffällig die emotionelle Komponente, von der die Werkbetrachtung mitgetragen wird. Sie ist für die gesamte Musikerziehung in der DDR so wichtig, daß BIMBERG im Rahmen der oben genannten Fähigkeitslinie, die einen deutlichen Bezug zur formenkundlichen Betrachtung aufweist, „Daten der Charakterisierung", Begriffe zur Ausdrucksdifferenzierung angibt. Sie reichen von „fröhlich, tänzerisch, heiter, wiegend, festlich, innig-lyrisch" (BIMBERG, Musikerziehung, S. 21) für die 5. Klasse bis „lyrisch, innig, volkstümlich, erschütternd, eindringlich, agitatorisch, aggressiv, strahlend, sieghaft" (S. 23) für die 10. Klasse.[41] Das Erleben des Musikwerkes soll auch während des analysierenden Abstraktionsprozesses erhalten bleiben.

Das erlebnishafte, auf Werkkenntnis zielende Hören wird eindeutig funktional bestimmt: Es dient der „Herausbildung ästhetischer Werthaltungen" (Werkbetrachtung, S. 237).

Während die Begegnung von spontanen Wertungen des Hörers durchdrungen ist, bilden sich schon im Analysieren Wertungskriterien. Sie beziehen sich insbesondere auf die jeweilige Gestaltung von Werk und Interpretation sowie auf „Funktion und Bedeutung des Werkes für die Entstehungszeit und die Gegenwart" (BIMBERG/KOBER, Hinweise, S. 198). Die ästhetische Gesamtwertung als abschließende Phase der Werkbetrachtung gründet auf den Ergebnissen der so verstandenen Analyse. Es ist schwierig, den eigentlichen Wertungsmaßstab zu benennen.

Kaden bezeichnet als Maßstab jeden Wertens die „Dialektik von Idee-Inhalt-Gestaltung-Funktion-Wirkung" (Kaden, Werten, S. 350) und betont die historische Abhängigkeit. Letztlich orientiert sich jede Wertung an den der „sozialistischen Gesellschaft adäquaten" (Anmerkungen, S. 277) Werten; sie sind nicht einzeln nennbar, aber zu ihnen gehört der auf den sozialistischen Humanismus (Klaus/Buhr I, S. 482 ff.) gründende „Humanitätsgedanke": das Bestreben, „die Ausbeutung des Menschen durch den Menschen und deren Folgen abzuschaffen" (Bimberg, Entwurf, S. 120).

„... wie ein Werk dem Fortschritt der menschlichen Gesellschaft nützt" (Musikerziehung, S. 86 f.), bestimmt auch den Bildungswert von Musik. Fähigkeiten und Fertigkeiten auszubilden, die es den Schülern ermöglichen, sich den so verstandenen Bildungswert zu eigen zu machen, ist letztes Ziel der Werkbetrachtung im Sinne Bimbergs.

Schulische Hörerziehung wurde als heterogener Bereich der Musikerziehung gekennzeichnet (vgl. in dieser Schrift S. 151). Die Vielfalt der Konzepte in der Bundesrepublik Deutschland und die Einheit und Geschlossenheit des grundlegenden Modells in der Deutschen Demokratischen Republik machen die Ungleichartigkeit noch einmal besonders augenfällig. Der Gedanke an ihre jeweilige Abhängigkeit von den gesellschaftlich-politischen Verhältnissen (vgl. Dopheide, Musikleben, S. 22 ff.) ruft die mannigfachen Verflechtungen von Hörerziehung und Musikhören wieder ins Bewußtsein. Es erscheint fast aussichtslos, Adornos Vorwurf zu entgehen: „Wer über Rezeption redet, ohne die Gesamtstruktur mitzudenken, in welche die Musik samt der Möglichkeit oder Unmöglichkeit ihrer Rezeption fällt, dächte in schlechtem Sinne abstrakt" (Adorno, Schwierigkeiten, S. 331).

Anmerkungen

1 Vgl. dazu Faltin/Reinecke, Musik und Verstehen.

2 Vgl. Reinecke, Vom musikalischen Hören zur musikalischen Kommunikation; vgl. auch in dieser Schrift S. 89.

3 Vgl. Motte-Haber, Musikpsychologie, S. 82 ff.

4 Vgl. dazu Borris, Aufbau, besonders S. 283 f.

5 Meyer gebraucht den Begriff Lernziel weniger im strengen Sinne wie zum Beispiel Mager, R. F.: Lernziele im Unterricht, Weinheim und Basel 1974, sondern mehr im Wortverstand. Allgemein lehnt er sich an amerikanische Untersuchungen an; vgl. zum Beispiel Krathwohl, D. R./Bloom, B. S./Maisa, B. B.: Taxonomie von Lernzielen im affektiven Bereich, Weinheim und Basel 1975, besonders S. 92 ff. Er deutet dort definierte Begriffe zum Teil um.

6 Vgl. dazu auch Antholz, Zum Geschichtsdenken gegenwärtiger Musikpädagogik.

7 Eggebrechts Gedanken kommen fast einer Neuinterpretation von Musikpädagogik gleich. Sie zeugen von Allgemeinvorstellungen zur Zeit ihrer Entstehung.

8 Die Abhängigkeiten des musikalischen Gedächtnisses scheinen nicht so eindeutig zu sein, wie Venus sie sieht; vgl. Duerksen, Eine Untersuchung über das Verhältnis zwischen musikalischen Wahrnehmungsprozessen und der Freude an Musik.

9 Weil Antholz unter Instruktion und Erfindung mehr versteht als eine Erziehung sensorischen Wahrnehmungsvermögens, wurde darüber nicht in dem entsprechenden Kapitel dieser Schrift gesprochen.

10 Der Begriff wird hier ähnlich gebraucht wie bei Meyer; vgl. in dieser Schrift S. 153.

11 Vgl. Borris, Klangbilder und Hörmodelle der Neuen Musik.

12 Bei den Schriften H. v. Hentigs, auf die sich Günther und andere berufen, handelt es sich um: Spielraum und Ernstfall, Stuttgart 1969, besonders S. 345 ff.; Systemzwang und Selbstbestimmung, Stuttgart [2]1969, besonders S. 93 ff.; Kritik an den Gedanken v. Hentigs und zugleich an den musikpädagogischen Konzepten, die sich an diese Gedanken anlehnen, üben unter anderem Eggebrecht, Wissenschaftsorientierte Schulmusik; Motte-Haber, „Erkennen Sie die Melodie?" Gedanken zur gewaltsamen Zerstörung von Kunstwerken; dies., Sozialisierungsprozesse im Musikunterricht?

13 Es handelt sich um eine kritische Stellungnahme des Verfassers aus dem Jahre 1974.

14 Schon hier sei darauf hingewiesen, daß die Begriffe Erziehung und Bildung in der sozialistischen pädagogischen Literatur teilweise anders definiert sind, als in der pädagogischen Literatur der Bundesrepublik. J. Niermann führt Definitionen von G. Neumann an, die besagen, daß Bildung auf die „,Ausbildung des Wissens- und Erfahrungssystems sowie des Systems der Fähigkeiten, also auf Wissen und Können der Persönlichkeit' bezogen ist" (Wörterbuch der DDR-Pädagogik, S. 48), Erziehung dagegen „die ‚Ausbildung von Grundüberzeugungen und komplexen Charakterqualitäten . . .' umfaßt" (ebd., S. 82). Bildung und Erziehung bedingen einander (vgl. ebd., S. 83).

15 Vgl. Klaus/Buhr, Philosophisches Wörterbuch, Bd. 1, S. 115 f.; Kagan, Vorlesungen, S. 9 ff.

16 Vgl. Kagans Äußerungen über die praktische Bedeutung der ästhetischen Wissenschaft, Vorlesungen, S. 28 ff.

17 Auch John/Lippold/Rammler gehen ausführlich auf Kagans Lehre ein. Sie weisen darauf hin, daß sie in der DDR „nicht selten . . . als repräsentativ für die sowjetische Ästhetik schlechthin angesehen werden" (S. 39).

18 Die grundlegenden Potentiale der Persönlichkeit entwickeln sich in den entsprechenden Tätigkeiten.

19 Zur Struktur der Persönlichkeit nach ihren Potentialen vgl. Kagan, Vorlesungen, S. 416.

20 „Die Fähigkeit ist . . . eine komplizierte synthetische Besonderheit der Persönlichkeit, die deren Eignung für eine Tätigkeit kennzeichnet." Sie hat „organische, erblich gefestigte Voraussetzungen für ihre Entwicklung in Form von *Anlagen*". Die Entwicklung vollzieht sich in der Tätigkeit. Die Fähigkeit festigt sich „in der Persönlichkeit als mehr oder weniger dauerhafter Besitz" (Rubinstein, Grundlagen, S. 790 ff.). „Die *Fertigkeit* ist eine *automatisierte* Komponente des *bewußten* Handelns des Menschen, die im Prozeß ihrer Durchführung erarbeitet wird." Sie bildet sich durch Übung im Sinne von Festigung und Vervollkommnung (ebd., S. 686 ff.); vgl. auch in dieser Schrift S. 127 ff.

21 Ausdrücklich wird darauf verwiesen, daß das Denken „mehr oder weniger von Gefühlsmomenten durchdrungen wird" und vielfach ein „zielstrebiger Willensakt" ist (Rubinstein, Grundlagen, S. 438 f.); vgl. Kagan, Vorlesungen, S. 433.

22 Im Erleben wird „ein Geschehnis, eine Erscheinung, eine Wirkung

mit dem eigenen persönlichen Leben" in Beziehung gebracht, zum „*Faktum der eigenen Biographie*" gemacht (vgl. Kagan, Vorlesungen, S. 521). Das Erleben als Erleben von etwas schließt immer Denken, wenn auch als etwas Untergeordnetes, ein (vgl. Rubinstein, Grundlagen, S. 17 ff.).

[23] Die Struktur der Tätigkeit ist der ihrer psychischen Grundlage isomorph, eine Bedingung des Systems; vgl. Kagan, Vorlesungen, S. 433 f.

[24] Vgl. auch Klaus/Buhr, Philosophisches Wörterbuch, Bd. 2, S. 828 ff., und Niermann, Wörterbuch der DDR-Pädagogik, S. 166 ff.

[25] „Spricht man . . . vom Thema des Werkes, so meint man das spezifische Lebens*problem*, das ethischer, politischer, religiöser, philosophischer, ästhetischer Art sein kann, das in dem betreffenden Werk erörtert wird . . ." „Um dieses Problem zu lösen, ‚schmilzt' der Künstler das Thema . . . in die *poetische Idee* um", das heißt er durchdringt es gedanklich, interpretiert es (vgl. Kagan, Vorlesungen, S. 467 ff.).

[26] „Der Inhalt eines Werkes ist der *Sinn seiner Form, ist die Bedeutung des ihn bildenden Zeichensystems, ist die geistige Information, die im ganzen bildnerischen Gewebe des Werks eingeschlossen liegt und von ihm ausgestrahlt wird*" (Kagan, Vorlesungen, S. 466).

[27] Die Form ist die „Existenz des Inhalts . . ., die Methode seiner Entwicklung, seine Verkörperung und sein Ausdruck" (Kagan, Vorlesungen, S. 480).

[28] Zur Auffassung des Wesens der Kunst als funktional vgl. auch Berger, Die Funktionsbestimmung der Musik in der Sowjetideologie.

[29] Kagan weist jedoch ausdrücklich darauf hin, daß er „durch ein ganzes Netz sozialer Faktoren vermittelt" ist (Vorlesungen, S. 406).

[30] Kagan beruft sich hier auf Arbeiten M. Markows. Diese Gedanken finden sich auch in der Spieltheorie der Kunst, wie sie von Huizinga, J.: Homo ludens, Hamburg 1956 (= rde 21), Fink, E.: Spiel als Weltsymbol, Stuttgart 1960, und anderen vertreten wird.

[31] Vgl. hierzu auch die Definition von Kunstrezeption in: John/Lippold/Rammler, S. 15: „*Ganz allgemein können wir unter Kunstrezeption den Prozeß einer Wechselwirkung zwischen Kunstwerken (als Objekten der Kunstrezeption) und ihren Lesern, Hörern, Betrachtern usw. (als Subjekten der Kunstrezeption) verstehen, in dessen Verlauf sich Leser, Hörer, Betrachter geistig mit Kunstwerken auseinandersetzen, ihre Aussagen verinnerlichen und dadurch zu eigenen, weiterführenden Gedanken und Gefühlen angeregt werden.* Dieser

Prozeß führt zu einem *Resultat in Gestalt von Veränderungen,* die die Begegnung mit Kunst in der inneren Welt des Lesers, Hörers usw. hervorgebracht hat. *Die Gesamtheit dieser Veränderungen bezeichnen wir als Kunstwirkung.*"

[32] Vgl. hierzu Rubinstein, Grundlagen, S. 772 f.

[33] Zu vergleichen sind die präzisen Angaben zur persönlichkeitsbildenden Wirkung von Kunst bei: John/Lippold/Rammler, S. 92 ff.

[34] Jede Kunst ist Mittel gesellschaftlicher beziehungsweise politischer Erziehung, weil das Bewußtsein des Künstlers, seine Einstellung zum Leben, durch die Gesellschaft geprägt ist. Sei auch das Thema des Werkes unpolitisch, die poetische Idee kann es nicht sein. Hierin sieht Kagan den Grund dafür, daß jede Gesellschaft ein so starkes Interesse an der Kunst hat. Es wird noch gestärkt durch die Einsicht, daß das gleichzeitige Erkennen und Erleben des Kunstwerkes dessen Information in die Tiefen des menschlichen Bewußtseins senkt und dadurch intensiv und nachhaltig wirksam sein läßt (Kagan, Vorlesungen, S. 520 ff.).

[35] Unter ästhetischem Genuß ist ein vielschichtiger psychologischer Prozeß zu verstehen, in dem Erkennen und Erleben des Kunstwerkes so weit bewußt werden, daß sie auf das Objekt zurückbezogen werden können, und so eine „Begeisterung über die hohe Meisterschaft des *Künstlers* und Befriedigung über die *eigene Fähigkeit,* das Rätsel seines Schaffens zu entschlüsseln", ausgelöst wird (Kagan, Vorlesungen, S. 500 f.).

[36] Vgl. auch John/Lippold/Rammler, S. 63 ff.

[37] Die Darstellung bezieht sich auf die Arbeiten Bimbergs, weil sie für die Musikerziehung in der DDR Modellcharakter haben. An anderen Veröffentlichungen sind diejenigen von Siegmund-Schultze, Fehske und Olias zu nennen. – Siegmund-Schultze ist Musikwissenschaftler und legt den Akzent auf musikästhetische Fragen. Seine vorwiegend stilkundlich orientierten Analysen sind weniger für die musikpädagogische Praxis, sondern mehr als Anregung für den Lehrer gedacht. – Fehske und Olias gehen auf bestimmte methodische Einzelfragen ein, ohne jedoch das grundlegende Modell Bimbergs anzutasten.

[38] Bimberg verwendet den Begriff Musikhören als Bezeichnung der Fähigkeit zum Hören von Musik und als Bezeichnung für den Prozeß selbst.

[39] Danach sind das Konkrete, das Abstrakte und das Anwenden in der Praxis als einheitlicher Prozeß zu verstehen.

[40] Im Hinblick auf die in dieser Schrift auf S. 186 genannten Leitlinien des Unterrichts erinnert dieser Komplex der Analyse an die „Erkenntnislinie“.

[41] Die gleichen Bezeichnungen finden sich im Lehrplan Musik.

LITERATURVERZEICHNIS

Dieses Literaturverzeichnis enthält nur die zitierte Literatur. Verwiesen sei auf die ausführlicheren Bibliographien in den Bänden ›Musikhören‹ und ›Hörerziehung‹ (siehe unten).

Abkürzungen

AfMw	Archiv für Musikwissenschaft
Beitr. z. Mw.	Beiträge zur Musikwissenschaft
FME	Forschung in der Musikerziehung. Beiheft der Zeitschrift Musik und Bildung
Hörerziehung	Dopheide, B. (Hrsg.): Hörerziehung, Darmstadt 1977 (= Wege der Forschung, Band CCCCLIX)
JbP	Jahrbücher der Musikbibliothek Peters
JRME	Journal of Research in Music Education
Kongreßbericht	Bericht über den Internationalen Musikwissenschaftlichen Kongreß
Mf	Die Musikforschung
MGG	Die Musik in Geschichte und Gegenwart, hrsg. von Fr. Blume, Kassel u. Basel 1949 ff.
Musikhören	Dopheide, B. (Hrsg.): Musikhören, Darmstadt 1975 (= Wege der Forschung, Band CCCCXXIX)
MiSch	Musik in der Schule
MiU	Musik im Unterricht
MuB	Musik und Bildung
SMZ	Schweizerische Musikzeitung
Wiss. Z. Univ. Halle, G	Wissenschaftliche Zeitschrift der Martin-Luther-Universität Halle-Wittenberg, Gesellschafts- und sprachwissenschaftliche Reihe

Abel-Struth, S.: Musikalische Sozialisation. Musikpädagogische Aspekte, in: Kraus, E. (Hrsg.): Musik und Individuum. Musikpädagogische Theorie und Unterrichtspraxis. Vorträge der zehnten Bundesschulmusikwoche München 1974, Mainz 1974, S. 60 ff. [= Sozialisation].

–: Über musikalische Sozialisation. Musikpädagogische Überlegung im Zusammenhang der Erforschung musikalischer Verhaltensweisen, in: FME 1974, S. 29 ff.

Adorno, Th. W.: Anweisungen zum Hören neuer Musik, in: Gesammelte Schriften, Bd. 15, Frankfurt 1976, S. 188 ff. [= Anweisungen].

–: Einleitung in die Musiksoziologie, in: Gesammelte Schriften, Bd. 14, Frankfurt 1973, S. 169 ff. [= Einleitung].

–: Ideen zu Musiksoziologie, in: Klangfiguren. Musikalische Schriften I, Frankfurt 1959, S. 9 ff. [= Ideen].

–: Philosophie der neuen Musik, Frankfurt 1975 (= Gesammelte Schriften, Bd. 12) [= Philosophie].

–: Schwierigkeiten in der Auffassung neuer Musik, in: Musikhören, S. 331 ff. [= Schwierigkeiten].

–: Soziologie und empirische Forschung, in: Gesammelte Schriften, Bd. 8, Frankfurt 1972, S. 196 ff. [= Soziologie].

–: Thesen zur Kunstsoziologie, in: Kölner Z. f. Soziologie und Sozialpsychologie 19, 1967, S. 87 ff. [= Thesen].

–: Tradition, in: Gesammelte Schriften, Bd. 14, Frankfurt 1973, S. 127 ff. [= Tradition].

–: Über den Fetischcharakter in der Musik und die Regression des Hörens, in: Musikhören, S. 74 ff. [= Fetischcharakter].

Alt, M.: Didaktik der Musik. Orientierung am Kunstwerk, Düsseldorf 1968.

Antholz, H.: Unterricht in Musik, Düsseldorf 1970 [= Unterricht].

–: Zum Geschichtsdenken gegenwärtiger Musikpädagogik im Horizont didaktischer Ansatzproblematik, in: Abel-Struth, S. (Hrsg.): Aktualität und Geschichtsbewußtsein in der Musikpädagogik, Mainz 1973 (= Musikpädagogik. Forschung und Lehre, Bd. 9), S. 31 ff. [= Geschichtsdenken].

Assafjew, B. W.: Die musikalische Form als Prozeß. Teil II: Intonation, Moskau 1947.

Baake, D.: Beat, die sprachlose Opposition, München ²1970 [= Beat].

Bauer, G.: „Geschichtlichkeit". Wege und Irrwege eines Begriffs, Berlin 1963.

Baumgartner, H. M.: Kontinuität und Geschichte. Zur Kritik und Metakritik der historischen Vernunft, Frankfurt 1972 [= Kontinuität].

Behne, K.-E.: Zur Erfassung musikalischer Verhaltensweisen im Vorschul- und Primarbereich, in: MuB 6, 1974, S. 103 ff. [= Erfassung].

Belaiew-Exemplarsky, S.: Das musikalische Empfinden im Vorschulalter, in: Z. f. angewandte Psychologie 27, 1926, S. 177 ff. [= Empfinden].

Berger, K.: Die Funktionsbestimmung der Musik in der Sowjetideologie, Berlin 1963 [= Funktionsbestimmung].

Besseler, H.: Ars antiqua, in: MGG I, Sp. 679 ff.

–: Ars nova, in: MGG I, Sp. 702 ff.

–: Das musikalische Hören der Neuzeit, Berlin 1959 (= Bericht über die Verhandlungen der sächsischen Akademie der Wissenschaften zu Leipzig, Philologisch-historische Klasse, Bd. 104, Heft 6) [= Musikal. Hören].

–: Die Musik des Mittelalters und der Renaissance, Potsdam 1931 (= Handbuch der Musikwissenschaft, hrsg. von E. Bücken) [= Musik des MA].

–: Grundfragen der Musikästhetik, in: JbP 33, 1926, S. 63 ff. [= Musikästhetik].

–: Grundfragen des musikalischen Hörens, in: Musikhören, S. 48 ff. [= Grundfragen].

–: Singstil und Instrumentalstil in der europäischen Musik, in: Kongreßbericht Bamberg 1953, Kassel 1954, S. 223 ff. [= Singstil].

–: Spielfiguren in der Instrumentalmusik, in: Deutsches Jahrbuch der Musikwissenschaft für 1956, Leipzig 1957, S. 12 ff. [= Spielfiguren].

–: Studien zur Musik des Mittelalters – II. Die Motette von Franko von Köln bis Philipp von Vitry, in: AfMw 8, 1926, S. 137 ff. [= Studien II].

–: Umgangsmusik und Darbietungsmusik im 16. Jahrhundert, in: AfMw 16, 1959, S. 21 ff. [= Umgangsmusik].

Bieri, P.: Zeit und Zeiterfahrung. Exposition eines Problembereichs, Frankfurt 1972 [= Zeit].

Bimberg, S.: Die Polarität bei der Rezeption der Tonalitäten, in: Kongreßbericht Wien 1956, Graz u. Köln 1958, S. 55 ff. [= Polarität].

–: Einige Grundlagen für die Methodik des Musikhörens, in: MiSch 13, 1962, S. 396 ff. u. 414 f. [= Grundlagen].

Bimberg, S.: Entwurf einer Rezeptionslehre für die Musik, in: Hörerziehung, S. 65 ff. [= Entwurf].
–: Methodisch-didaktische Grundlagen der Musikerziehung, Leipzig 1973 (= Handbuch der Musikerziehung, Tl. III) [= Musikerziehung].
–: Untersuchungen über das tonale Hören als eine Grundlage der Rezeption musikalischer Kunstwerke, in: Traditionen und Aufgaben der Hallischen Musikwissenschaft (= Sonderband der Wiss. Z. Univ. Halle 12 G. 1963), S. 135 ff. [= Tonales Hören].
–: Untersuchungen über die Hör- und Singfähigkeit in Dur und Moll, Phil. Diss. Halle 1953 [= Untersuchungen].
–: Werkbetrachtung im Dienste der Musikrezeption, in: Wiss. Z. Univ. Halle 19 G, 1970, S. 137 ff. [= Werkbetrachtung].
–/ Hoffmann, K./Kober, A.: Das Ziel-Stoff-System des Musikunterrichts II, in: MiSch 26, 1975, S. 375 ff.
–/ A. Kober: Hinweise zur Gestaltung des Musikhörens, in: MiSch 27, 1976, S. 195 ff. [= Hinweise].
Blaukopf, K.: Historische Typen des musikalischen Hörens, in: Akademie für Musik und darstellende Kunst in Wien. Jahresbericht für die Studienjahre 1955/56–1964/65, Wien 1966, S. 353 ff. [= Typen].
–: Neue musikalische Verhaltensweisen der Jugend, Wiesbaden 1974 (= Musikpädagogik, Forschung und Lehre, Bd. 5) [= Verhaltensweisen].
–: Probleme der klanglichen Erfahrung der jungen Generation, in: Kraus, E. (Hrsg.): Der Einfluß der technischen Mittler auf die Musikerziehung unserer Zeit. Vorträge der siebten Bundesschulmusikwoche Hannover 1968, Mainz 1968, S. 46 ff. [= Probleme].
Blücher, V. Graf: Die Generation der Unbefangenen. Zur Soziologie der jungen Menschen heute, Düsseldorf-Köln 1966 [= Generation].
Borris, S.: Klangbilder und Hörmodelle der Neuen Musik, in: Hörerziehung, S. 27 ff. [= Klangbilder].
–: Methodischer Aufbau einer ganzheitlichen Hörerziehung, in: MiU 47, 1956, S. 282 ff. [= Aufbau].
Breckoff, W.: Musikhören in der Grundstufe, in: Kraus, E. (Hrsg.): Bildungsziele und Bildungsinhalte des Faches Musik. Vorträge der achten Bundesschulmusikwoche Saarbrücken 1970, Mainz 1970, S. 129 ff.
Brömse, P./E. Kötter: Der Eindrucksspielraum beim Musikhören Jugendlicher, in: Hörerziehung, S. 168 ff. [= Eindrucksspielraum].

–: Experimentelle Untersuchungen zur Differenzierungsfähigkeit beim Musikhören zehnjähriger Schüler, in: FME 3/4, 1970, S. 37 ff. [= Untersuchungen].
–: Zur Musikrezeption Jugendlicher. Eine psychometrische Untersuchung, Mainz 1971 (= Musikpädagogik. Forschung und Lehre, Bd. 4) [= Musikrezeption].
Brunner, A.: Geschichtlichkeit, Bern u. München 1961.
Crickmore, L.: An approach to the measurement of music appreciation, in: JRME 16, 1968, S. 239 ff. u. 291 ff.
–: The musical *gestalt*, in: The Music Review 33, 1972, S. 285 ff.
Distler-Brendel, G.: Befähigung zum musikalischen Hören als zentrales Lernziel des Musikunterrichtes. Versuch einer Systematik der Hörerziehung, in: Hörerziehung, S. 225 ff. [= Befähigung].
Dollase, R./Rüsenberg, M./Stollenwerk, H. J.: Rock People oder die befragte Szene, Frankfurt 1974 [= Fischer TB 6255, Bücher des Wissens).
Dopheide, B.: Aus dem Protokoll eines Schulversuches im Fach Musik, in: paderborner studien 1976, H. 2/3, S. 82 ff. [= Protokoll].
–: Hörerziehung, Darmstadt 1977 (= Wege der Forschung, Band CCCCLIX).
–: Musikleben und Musikerziehung im geteilten Deutschland, in: MuB 61, 1970, S. 22 ff. [= Musikleben].
Drever, J./W. D. Fröhlich: dtv-Wörterbuch zur Psychologie, München [6]1972 (= dtv 3031).
Duerksen, G. I.: Eine Untersuchung über das Verhältnis zwischen musikalischen Wahrnehmungsprozessen und der Freude an Musik, in: Hörerziehung, S. 126 ff. [= Untersuchung].
Eberhard, F.: Der Rundfunkhörer und sein Programm. Ein Beitrag zur empirischen Sozialforschung, Berlin 1962 (= Abhandlungen und Materialien zur Publizistik, Bd. 1) [= Rundfunkhörer].
Eggebrecht, H. H.: Das Ausdrucks-Prinzip im musikalischen Sturm und Drang, in: Deutsche Vierteljahresschrift für Literatur und Geistesgeschichte 29, 1955, S. 323 ff. [= Ausdrucks-Prinzip].
–: Über Adornos „Zur Musikpädagogik“, in: MuB 3, 1971, S. 67 ff. [= Adorno].
–: Wissenschaftsorientierte Schulmusik, in: MuB 4, 1972, S. 29 ff. [= Schulmusik].
–: Zur Geschichte der Beethoven-Rezeption. Beethoven 1970, Mainz 1972 (= Akademie der Wiss. und der Literatur. Abhandlungen der geistes- und sozialwiss. Kl., Jg. 1972, Nr. 3) [= Geschichte].

Ehrenfels, Chr. v.: Über „Gestaltqualitäten“, in: Weinhandl, F. (Hrsg.): Gestalthaftes Sehen. Ergebnisse und Aufgaben der Morphologie, Darmstadt 1960, S. 11 ff.

–: Über Gestaltqualitäten (1932), in: Weinhandl, F. (Hrsg.): Gestalthaftes Sehen. Ergebnisse und Aufgaben der Morphologie, Darmstadt 1960, S. 61 ff.

Eimert, H.: Grundlagen der musikalischen Reihentechnik, Wien 1964 (= Bücher der Reihe) [= Grundlagen].

Engel, H.: Musik und Gesellschaft, Berlin 1960.

Ettl, H.: Musikhören im Musiklabor, in: Kraus, E. (Hrsg.): Der Einfluß der technischen Mittler auf die Musikerziehung unserer Zeit. Vorträge der siebten Bundesschulmusikwoche Hannover 1968, Mainz 1968, S. 213 ff. [= Musikhören].

Faber, K.-G.: Theorie der Geschichtswissenschaft, München 1971 (= Beck'sche Schwarze Reihe, Bd. 78) [= Theorie].

Faltin, P./H.-P. Reinecke (Hrsg.): Musik und Verstehen, Köln 1973.

Fehske, H.: Standpunkte zur methodischen Gestaltung des Musikhörens in der polytechnischen Oberschule, in: MiSch 26, 1975, S. 169 ff., 211 ff. u. 256 ff.

Fellerer, K. G.: Der Wandel des Musikhörens im 16. Jahrhundert, in: Der Wandel des musikalischen Hörens. Berlin 1962 (= Veröff. d. Inst. f. Neue Musik und Musikerziehung Darmstadt, Bd. 3), S. 7 ff.

Feurich, H. J.: James Lasts Bearbeitung des 2. Satzes von Beethovens „Pathétique“ (op. 13), in: MuB 5, 1973, S. 184 ff. [= James Last].

Fischer, K. v.: Das Zeitproblem in der Musik, in: Meyer, R. W. (Hrsg.): Das Zeitproblem im 20. Jahrhundert, Bern u. München 1964 (= Sammlung Dalp, Bd. 96), S. 296 ff. [= Zeitproblem].

Gröning, C.-H.: Der Käufer, in: Helms, S. (Hrsg.): Schlager in Deutschland, Wiesbaden 1972, S. 331 ff. [= Käufer].

Günter, S.: Die Musik in der pluralistischen Massengesellschaft, in: Kölner Z. f. Soziologie u. Sozialpsychologie 19, 1967, S. 64 ff. u. S. 283 ff.

Günther, U.: Das Thema „Schall“ im Musikunterricht – Didaktische Überlegungen und Unterrichtsversuche, in: MuB 4, 1972, S. 25 ff. [= Thema].

–: Der Einfluß der technischen Mittler auf die Musikdidaktik, in: Kraus, E. (Hrsg.): Der Einfluß der technischen Mittler auf die Musikerziehung unserer Zeit. Vorträge der siebten Bundesschulmusikwoche Hannover 1968, Mainz 1968, S. 191 ff. [= Einfluß].

–: Die Sprache in der Musikerziehung, in: Westermanns Päd. Beiträge 17, 1965, S. 498 ff. [= Sprache].
–: „Mikrophonie I“ von Karlheinz Stockhausen im Musikunterricht, in: MuB 4, 1972, S. 84 ff. [= Mikrophonie].
–: Musikalische Kommunikation, in: Schwencke, O. (Hrsg.): Ästhetische Erziehung und Kommunikation, Frankfurt 1972, S. 55 ff. [= Kommunikation].
–: Musikdidaktische Perspektiven als Folgerungen aus empirischen Untersuchungen zum Musikhören bei Kindern und Jugendlichen, in: Hörerziehung, S. 212 ff. [=Perspektiven].
–: Musikhören – das musikpädagogische Hauptproblem der Gegenwart?, in: MuB 2, 1970, S. 162 ff. [= Musikhören].
–: Untersuchungen zum Musikhören in der Schule, in: Hörerziehung, S. 189 ff. [= Untersuchungen].
Hartfiel, G.: Wörterbuch der Soziologie, Stuttgart 1972 (= Kröners Taschenausgabe, Bd. 410).
Hartmann, N.: Ästhetik, Berlin 1953.
Hartwich, D.: Noch einmal: Jugend und Pop-Musik, in: MuB 4, 1972, S. 180 ff. [= Noch einmal].
Hartwich – Wiechell, D.: Pop-Musik. Analysen und Interpretationen, Köln 1974 [= Pop-Musik].
Heidegger, M. (Hrsg.): Edmund Husserls Vorlesungen zur Phänomenologie des inneren Zeitbewußtseins, in: Jahrbuch für Philosophie und phänomenologische Forschung 9, 1928, S. 367 ff.
Heinemann, R.: Untersuchungen zur Rezeption der seriellen Musik, Regensburg 1966 (= Kölner Beiträge zur Musikforschung, Bd. 43) [= Untersuchungen].
Höchel, L.: Untersuchungen über die harmonische Hörfähigkeit des Kindes in den ersten drei Schuljahren, in: Hörerziehung, S. 43 ff. [= Untersuchungen].
Hörgewohnheiten im Sendegebiet des NDR 1970. EMNID-Institut GmbH. & Co. Bielefeld, 3 Bde., April 1970.
Hofstätter, P. R.: Psychologie, Neuausgabe, Frankfurt 1972 (= Fischer Lexikon 6) [= Psychologie].
Holm, K. (Hrsg.): Die Befragung, 6 Bde., Bern 1975 (= UTB 372, 373, 433–436).
Holz, H. H.: Vom Kunstwerk zur Ware. Studien zur Funktion des ästhetischen Gegenstands im Spätkapitalismus, Darmstadt u. Neuwied 1972 [= Kunstwerk].

Horkheimer, M./Th. W. Adorno: Dialektik der Aufklärung. Philosophische Fragmente, Frankfurt 1973 (= Fischer TB 6144) [= Horkheimer/Adorno].

Husserl, E.: s. Heidegger.

Irmer, G. v.: Jugend zwischen Volkslied, Schlager und Jazz, in: Kraus, E. (Hrsg.): Musik und Musikerziehung in der Reifezeit. Vorträge der dritten Bundesschulmusikwoche München 1959, Mainz o. J., S. 157 ff. [= Jugend].

Jahrbuch der öffentlichen Meinung 1965–1967, hrsg. v. E. Noelle und E. P. Neumann. Institut für Demoskopie Allensbach, Allensbach u. Bonn 1967.

Jahrbuch der öffentlichen Meinung 1968–1973, hrsg. v. E. Noelle und E. P. Neumann. Institut für Demoskopie Allensbach, Allensbach und Bonn 1974.

Jarustowski, B. M. (Hrsg.): Intonation und Gestalt in der Musik, Moskau 1965.

John, E./Lippold, E./Rammler, M.: Kunst und sozialistische Bewußtseinsbildung, Berlin 1974.

Kaden, W.: Werten von Musik – Urteilen über Musik, in: MiSch 24, 1973, S. 241 ff., 289 ff. u. 347 ff.

–: Anmerkungen zur ästhetischen Wertung (I), in: MiSch 27, 1976, S. 277 ff.

Kagan, M.: Künstlerische Tätigkeit und künstlerische Kultur, in: Weimarer Beiträge 18, 1972, S. 10 ff. [= Tätigkeit].

–: Vorlesungen zur marxistisch-leninistischen Ästhetik, München 1974 [= Vorlesungen].

Karbusicky, V.: Das „Verstehen der Musik“ in der soziologisch-ästhetischen Empirie, in: Faltin, P./H.-P. Reinecke (Hrsgg.): Musik und Verstehen, Köln 1973, S. 121 ff. [= Verstehen].

–: Die Musikerziehung zwischen Geschmack, Verhalten und Bedürfnis, in: FME 3/4 – 1970, S. 56 ff. [= Musikerziehung].

–: Elektronische Musik und Hörer, in: MuB 1, 1969, S. 215 ff.

–: Empirische Musiksoziologie, Wiesbaden 1975 [= Empirische Musiksoziologie].

–: Empirische Musiksoziologie in der Tschechoslowakei, in: Int. Rev. of Music Aesthetics and Sociology 1, 1970, S. 113 ff. [=Musiksoziologie].

–: Hörerziehung als musiksoziologisches Experiment, in: Hörerziehung, S. 385 ff. [= Hörerziehung].

–: Zur empirisch-soziologischen Musikforschung, in: Musikhören, S. 280 ff. [= Musikforschung].
–/J. Kasan: Výzkum Současné Hudebnosti I u. II, Svoboda 1969 [= Karbusicky/Kasan].
Keller, W.: Die Zeit des Bewußtseins, in: Meyer, R. W. (Hrsg.): Das Zeitproblem im 20. Jahrhundert, Bern u. München 1964 (= Sammlung Dalp, Bd. 96), S. 44 ff. [= Zeit].
Klaus, G./M. Buhr (Hrsg.): Philosophisches Wörterbuch, 2 Bde., Berlin 1972.
Klausmeier, F.: Der Einfluß sozialer Faktoren auf das musikalische Verhalten von Jugendlichen, in: Kraus, E. (Hrsg.): Musik und Musikerziehung in der Reifezeit. Vorträge der dritten Bundesschulmusikwoche München 1959, Mainz o. J., S. 152 ff. [= Einfluß].
–: Jugend und Musik im technischen Zeitalter. Eine repräsentative Befragung in einer westdeutschen Großstadt, Bonn 1963 [= Jugend].
Kleinen, G.: Die Musikbox, in: Helms, S. (Hrsg.): Schlager in Deutschland, Wiesbaden 1972, S. 307 ff. [= Musikbox].
–: Entwicklungspsychologische Grundlagen musikalischen Verhaltens, in: Segler, H. (Hrsg.): Musik und Musikunterricht in der Gesamtschule, Weinheim 1972, S. 53 ff. [= Grundlagen].
–: Zur Entwicklung des harmonischen Hörens beim Kinde, in: MuB 2, 1970, S. 131 ff. [= Entwicklung].
–: Zur Psychologie musikalischen Verhaltens, Frankfurt 1975 (= Schriften zur Musikpädagogik) [= Psychologie].
Klugmann, F.: Die Kategorie der Zeit in der Musik, Phil. Diss. Bonn 1961 [= Kategorie].
Kneif, T.: Bedeutung, Struktur, Gegenfigur – Zur Theorie des musikalischen „Meinens", in: Int. Rev. of the Aesthetics and Sociology of Music 2, 1971, S. 213 ff. [= Bedeutung].
König, R. (Hrsg.): Das Interview, Köln [7]1972.
Kötter, E.: Musikalische Anlagen des kleinen Kindes. Zum Stand der Forschung, in: Hörerziehung, S. 240 ff. [= Anlagen].
–: Musikpsychologische Aspekte zur Lehrplanrevision für den Musikunterricht auf der Sekundarstufe, in: Kraus, E. (Hrsg.): Bildungsziele und Bildungsinhalte des Faches Musik. Vorträge der achten Bundesschulmusikwoche Saarbrücken 1970, Mainz 1970, S. 155 ff. [= Aspekte].
Kohn, S.: Untersuchungen des Phänomens der Geschichtlichkeit auf der

Grundlage der Forschungen E. Husserls, Phil. Diss. Freiburg 1956 [= Untersuchungen].
Krähenbühl, P.: Der Jazz und seine Menschen. Eine soziologische Studie, Bern 1968 [= Jazz].
Kral, W./Rudlof, K.-H./Teiner, M.: Rezeptionsfähigkeit und Hörpräferenzen von Kindern der ersten und zweiten Schulstufe, Wien 1973.
Krenek, E.: Bemerkungen zur Rundfunkmusik, in: Prokop, D. (Hrsg.): Kritische Kommunikationsforschung. Aus der Zeitschrift für Sozialforschung, München 1973 (= Reihe Hanser 141), S. 47 ff. [= Bemerkungen].
–: Komponist und Hörer. Ein Vortrag, Kassel 1964 (= Musikalische Zeitfragen, Bd. 12) [= Komponist].
Kreutz, H.: Soziologie der empirischen Sozialforschung. Theoretische Analyse von Befragungstechniken und Ansätze zur Entwicklung neuer Verfahren, Stuttgart 1972 (= Soziologische Gegenwartsfragen, Neue Folge Nr. 38) [= Soziologie].
Küntzel, G.: Musik heute und das Problem der Musikpädagogik, in: Musica 23, 1969, S. 241 ff. [= Musik].
Kunz, G.: Experiment, in: Bernsdorf, W. (Hrsg.): Wörterbuch der Soziologie, Stuttgart ²1969, S. 238 ff.
–: Interview, in: Bernsdorf, W. (Hrsg.): Wörterbuch der Soziologie, Stuttgart ²1969, S. 498 ff.
Lange, Chr.: Das mehrstimmige Hören als eine wichtige Grundlage der musikalischen Rezeption bei Schülern und werktätigen Hörern, Phil. Diss. Halle 1967 [= Hören].
Lehrplan Musik, Klassen 5–10, Berlin 1971.
Lehrplanwerk und Unterrichtsgestaltung, Berlin ³1970.
Liechtenstein, Chr. R. v.: Ontologische Probleme der Zeit und der Zeitgestalten, in: Weinhandl, F. (Hrsg.): Gestalthaftes Sehen. Ergebnisse und Aufgaben der Morphologie, Darmstadt 1960, S. 225 ff. [= Probleme].
Ligeti, G.: Fragen und Antworten von mir selbst, in: Melos 38, 1971, S. 509 ff. [= Fragen].
–: Gustav Mahler und die musikalische Utopie. I. Musik und Raum – Ein Gespräch zwischen György Ligeti und Clytus Gottwald, in: Neue Zeitschrift für Musik 135, 1974, S. 7 ff. [= Gustav Mahler].
–: „Meine Musik ist eine elitäre Kunst". György Ligeti antwortet Lutz Lesle, in: Musica 28, 1974, S. 39 ff. [= Meine Musik].

–: Wandlungen der musikalischen Form, in: die Reihe, Bd. 7, Wien-Zürich-London 1960, S. 5 ff. [= Wandlungen].
–: Zustände, Ereignisse, Wandlungen, in: Melos 34, 1967, S. 165 ff. [= Zustände].
Linke, N.: Der Kontakt zwischen Hörer und Massenmedien, in: Helms, S. (Hrsg.): Schlager in Deutschland, Wiesbaden 1972, S. 295 ff. [= Kontakt].
Lissa, Z.: Die Prozessualität der Musik, in: dies.: Aufsätze zur Musikästhetik, Berlin 1969, S. 37 ff. [= Prozessualität].
–: Die Relativität ästhetischer Kategorien, in: Beitr. z. Mw. 6, 1964, S. 151 ff. [= Relativität].
–: Einige kritische Bemerkungen zur Ingardenschen Theorie des musikalischen Werkes, in: Int. Rev. of the Aesthetics and Sociology of Music 3, 1972, S. 75 ff. [= Bemerkungen].
–: Musikalisches Geschichtsbewußtsein – Segen oder Fluch, in: Stephan, R. (Hrsg.): Zwischen Tradition und Fortschritt. Über das musikalische Geschichtsbewußtsein, Mainz 1973 (= Veröff. d. Inst. f. Neue Musik u. Musikerziehung Darmstadt, Bd. 13), S. 9 ff. [= Geschichtsbewußtsein].
–: Prolegomena zur Theorie der Tradition in der Musik, in: AfMw 27, 1970, S. 153 ff. [= Prolegomena].
–: The temporal nature of a musical work, in: The Journal of Aesthetics and Art Criticism 26, 1968, S. 529 ff.
–: Über das Wesen des Musikwerkes, in: dies.: Aufsätze zur Musikästhetik, Berlin 1969, S. 7 ff. [= Wesen].
–: Zeitstruktur und Zeiterlebnis im Musikwerk, in: dies.: Aufsätze zur Musikästhetik, Berlin 1969, S. 49 ff. [= Zeitstruktur].
–: Zur historischen Veränderlichkeit der musikalischen Apperzeption, in: Musikhören, S. 198 ff. [= Veränderlichkeit].
–: Zur Theorie der musikalischen Rezeption, in: AfMw 31, 1974, S. 157 ff. [= Theorie].
Maertens, W.: Über das Verhältnis Jugendlicher der Reifezeit zur Musik, in: Wiss. Z. Univ. Halle 10 G, 1961, S. 95 ff. [= Verhältnis].
Meyer, H.: „Aufmerksamkeit" als Lernziel der Hörerziehung, in: Hörerziehung, S. 346 ff. [= Aufmerksamkeit].
–: Transferprobleme in der Musikerziehung, in: Musica 25, 1971, S. 570 ff. [= Transferprobleme].
Meyer-Denkmann, G.: Klangexperimente und Gestaltungsversuche im

Kindesalter. Neue Wege einer musikalischen Grundausbildung, Wien 1970 (= rote reihe 11) [= Klangexperimente].
–: Struktur und Praxis neuer Musik im Unterricht, Wien 1972 (= rote reihe 43) [= Struktur].
Michel, P.: Das musikalische Erleben Jugendlicher in der Reifezeit, in: Hörerziehung, S. 1 ff. [= Erleben].
–: Musikalische Fertigkeiten und ihre Entwicklung im Übungsprozeß, in: Beitr. z. Mw. 1, 1959, S. 38 ff. [= Fertigkeiten].
–: Musikalische Interessen Jugendlicher, in: MiSch 11, 1960, S. 303 ff. [= Interessen].
–: Musikpsychologische Untersuchungen über die optimale Entwicklung musikalischer Fähigkeiten in den ersten Lebensjahren, in: Hörerziehung, S. 53 ff. [= Untersuchungen].
–: Psychologische Grundlagen der Musikerziehung, Leipzig 1968 (= Handbuch der Musikerziehung, Tl. II) [= Grundlagen].
Motte-Haber, H. de la: Der Einfluß psychologischer Variablen auf das ästhetische Urteil, in: Jahrb. d. Staatl. Instituts f. Musikforschung Preuß. Kulturbesitz, Berlin 1972, S. 163 ff. [= Einfluß].
–: „Erkennen Sie die Melodie?" Gedanken zur gewaltsamen Zerstörung von Kunstwerken, in: MuB 5, 1973, S. 178 ff.
–: Musikpsychologie, Köln 1972 (= Musik-Taschen-Bücher, Theoretica Bd. 14).
–: Rhythmische Fähigkeiten von Kindern im vorschulischen Alter, in: Abel-Struth, S. (Hrsg.): Musikalischer Beginn in Kindergarten und Vorschule, Bd. I, Kassel 1970, S. 40 ff. [= Fähigkeiten].
–: Sozialisierungsprozesse im Musikunterricht?, in: MuB 6, 1974, S. 84 ff. [= Sozialisierungsprozesse].
Müller-Taube, E.: Das Verhältnis der Lehrerstudenten zur Musik. Untersuchungen am Institut für Lehrerbildung Weißenfels, in: Wiss. Z. Univ. Halle 11 G, 1962, S. 27 ff. [= Verhältnis].
Murdock, G.: Struktur, Kultur und Protestpotential, in: Hörerziehung, S. 360 ff. [= Struktur].
Niemann, K.: Experimentelle und soziologische Methoden zur Ermittlung des Musikniveaus. Ein Beitrag zur Methodik empirischer Musiksoziologie, Phil. Diss. Berlin (Humb.-Univ.) 1968 [= Methoden].
–: Soziologische Analyse der Musikgespräche 1966, in: Sammelbände zur Musikgeschichte der Deutschen Demokratischen Republik, Bd. 1, Berlin 1969, S. 263 ff. [= Analyse].

Niermann, J.: Wörterbuch der DDR-Pädagogik, Heidelberg 1974 (= UTB 380).
Nordwall, O. (Hrsg.): Zwei Interviews mit György Ligeti, in: ders.: György Ligeti. Eine Monographie, Mainz 1971, S. 114 ff. [= Ligeti].
Olias, G.: Methodische Aspekte der Vermittlung kulturpolitischer Einsichten im Rahmen musikalischer Werkbetrachtung, in: MiSch 25, 1974, S. 380 ff. u. 434 ff.
Pape, W.: Befragung zum Musikinteresse 13- bis 15jähriger Schüler, in: MuB 5, 1973, S. 194 ff. [= Befragung].
–: Musikkonsum und Musikunterricht. Ergebnisse, Analysen und Konsequenzen einer Befragung von Hauptschülern, Düsseldorf 1974 [= Musikkonsum].
Petzold, R. G.: Auditory perception by children, in: JRME 17, 1969, S. 82 ff.
Platte, H. K.: Die Beeinflussung der Leistung bei Schulkindern in der Gleichzeitigkeit von Arbeit und Hörfunksendung, in: ders. (Hrsg.): Soziologie der Massenkommunikationsmittel. Analysen und Berichte, München u. Basel 1965, S. 160 ff. [= Beeinflussung].
Rauhe, H.: Individuation und Sozialisation durch Wahrnehmungs- und Verhaltensweisen im musikalischen Bereich, in: Kraus, E. (Hrsg.): Musik und Individuum. Musikpädagogische Theorie und Unterrichtspraxis. Vorträge der zehnten Bundesschulmusikwoche München 1974, Mainz 1974, S. 75 ff. [= Individuation].
–: Kulturindustrielle Sozialisierung durch Musik und ihre pädagogischen Konsequenzen, aufgezeigt am Beispiel kollektiver Identifikationsvorgänge, in: Rectanus, H. (Hrsg.): Neue Ansätze im Musikunterricht, Stuttgart 1972, S. 5 ff. [= Sozialisierung].
–: Schlager und Beat im Unterricht, in: Hörerziehung, S. 253 ff. [= Schlager].
–: Zur Funktion des Schlagers im Leben Jugendlicher und Erwachsener, in: Helms, S. (Hrsg.): Schlager in Deutschland, Wiesbaden 1972, S. 343 ff. [= Funktion].
Reinecke, H.-P.: Der Vorrang musikalischer Hörhilfen vor der musikalischen Grammatik, in: MuB 1, 1969, S. 61 ff. [= Vorrang].
–: Nutzen und Gefahren der elektrischen Musikübertragung für die Hörerziehung von Kindern und Jugendlichen, in: Hörerziehung, S. 154 ff. [= Nutzen].
–: Vom musikalischen Hören zur musikalischen Kommunikation. Zur

Entwicklung der musikalischen Rezeptionsforschung in den letzten Jahrzehnten, in: Musikhören, S. 404 ff. [= Hören].
Reinold, H.: Musik im Rundfunk – Ein kultursoziologisches Problem unserer Zeit, in: Kölner Z. f. Soziologie u. Sozialpsychologie 7, 1955, S. 55 ff. u. 233 ff. [= Musik].
Riemann, H.: Neue Beiträge zu einer Lehre von den Tonvorstellungen, in: JbP 23, 1916, S. 1 ff. [= Beiträge].
Rochberg, G.: Der Begriff der Dauer in der Musik, in: Melos 29, 1962, S. 7 ff. [Begriff].
Rosenmayr, L./Köckeis, E./Kreutz, H.: Kulturelle Interessen von Jugendlichen, Wien u. München 1966.
Rothärmel, M.: Der musikalische Zeitbegriff seit Moritz Hauptmann, Regensburg 1963 (= Kölner Beiträge zur Musikforschung, Bd. 25) [= Zeitbegriff].
Rubinstein, S. L.: Grundlagen der allgemeinen Psychologie, Berlin ^{7}1971 [= Grundlagen].
Ruwet, N.: Von den Widersprüchen der seriellen Sprache, in: die Reihe 6, Wien 1960, S. 59 ff. [= Widersprüche].
Salmenhaara, E.: Das musikalische Material und seine Behandlung in den Werken „Apparitions", „Atmosphères", „Aventures", und „Requiem" von György Ligeti, Regensburg 1969 (= Forschungsbeiträge zur Musikwissenschaft, Bd. 19).
Schäfke, R.: Geschichte der Musikästhetik, Tutzing ^{2}1964.
Schallplatteninteresse – ein Altersproblem, in: EMNID-Informationen 19, 1967, Nr. 11, S. 12 ff.
Schering, A.: Historische und nationale Klangstile, in: JbP 34, 1927, S. 31 ff. [= Klangstile].
–: Über Musikhören und Musikempfinden im Mittelalter, in: JbP 28, 1922, 2. Teil, S. 41 ff. [= Musikhören].
Scheuch, E. K.: Auswahlverfahren in der Sozialforschung, in: König, R. (Hrsg.): Handbuch der empirischen Sozialforschung, Bd. 3 a: Grundlegende Methoden und Techniken. Zweiter Teil, Stuttgart ^{3}1974 (= dtv WR 4237), S. 1 ff. [= Auswahlverfahren].
–: Das Interview in der Sozialforschung, in: König, R. (Hrsg.): Handbuch der empirischen Sozialforschung, Bd. 2: Grundlegende Methoden und Techniken. Erster Teil, Stuttgart ^{3}1973 (= dtv WR 4236), S. 66 ff. [= Interview].
–: Methoden, in: König, R. (Hrsg.): Soziologie, Neuausgabe, Frankfurt 1967 (= Fischer Lexikon 10), S. 194 ff. [= Methoden].

Schünemann, G.: Die Musikerziehung, Tl. I, Leipzig 1930.
Segler, H.: Geräusche – Klänge – Töne. Ein Lehr- und Lernmodell für den musikalischen Anfangsunterricht, in: Krützfeld, W. (Hrsg.): Didaktik der Musik 1969, Hamburg 1970, S. 124 ff. [= Geräusche].
–: Musikhören in einem 1. Schuljahr – „Klänge, gehört und geschrieben" – wiedergegeben durch Videorecorder, in: Sydow, K. (Hrsg.): Musikhören und Werkbetrachtung in der Schule. Musikpädagogisches Forum Gießen 1968, Wolfenbüttel 1970, S. 103 ff. [= Musikhören].
Seibold, W.: Beat und Kunstmusik, in: MuB 4, 1972, S. 172 ff.
Siegmund-Schultze, W.: Historische Grundlagen der Rezeptionsuntersuchungen, in: Wiss. Z. Univ. Halle 12 G, 1963, S. 654 f. [= Grundlagen].
–: Ziele und Aufgaben der sozialistischen Musikerziehung, Leipzig 1969 (= Handbuch der Musikerziehung, Tl. I) [= Ziele].
Silbermann, A.: Anmerkungen zur Musiksoziologie. Eine Antwort auf Th. W. Adornos „Thesen zur Kunstsoziologie", in: Kölner Z. f. Soziologie u. Sozialpsychologie 19, 1967, S. 538 ff. [= Anmerkungen].
–: Die Pole der Musiksoziologie, in: Kölner Z. f. Soziologie u. Sozialpsychologie 15, 1963, S. 425 ff. [= Pole].
–: Individualisierung und Sozialisierung im Unterricht, in: Kraus, E. (Hrsg.): Musik und Individuum. Musikpädagogische Theorie und Unterrichtspraxis. Vorträge der zehnten Bundesschulmusikwoche München 1974, Mainz 1974, S. 53 ff. [= Individualisierung].
–: Musik, Rundfunk und Hörer, Köln u. Opladen 1959 (= Kunst und Kommunikation, Bd. 1) [= Musik].
–: Th. W. Adornos kunstsoziologisches Vermächtnis, in: Kölner Z. f. Soziologie und Sozialpsychologie 21, 1969, S. 712 ff. [= Adorno].
–: Wovon lebt die Musik. Die Prinzipien der Musiksoziologie, Regensburg 1957.
Sønstvold, G./K. Blaukopf: Musik der „einsamen Masse", Karlsruhe 1968 (= Musik und Gesellschaft, H. 4) [= Musik].
Statistisches Jahrbuch für die Bundesrepublik Deutschland, hrsg. vom Statistischen Bundesamt Wiesbaden, Frankfurt 1960 ff.
Stephan, R.: Hörprobleme serieller Musik, in: Der Wandel des musikalischen Hörens, Berlin 1962 (= Veröff. d. Inst. f. Neue Musik und Musikerziehung Darmstadt, Bd. 3), S. 30 ff. [= Hörprobleme].
Stockhausen, K.: Erfindung und Entdeckung. Ein Beitrag zur Form-

Genese, in: ders.: Texte zur elektronischen und instrumentalen Musik, Bd. I, Köln 1963, S. 222 ff. [= Erfindung].
–: Gruppenkomposition: Klavierstück I (Anleitung zum Hören), in: ders.: Texte zur elektronischen und instrumentalen Musik, Bd. I, Köln 1963, S. 63 ff. [= Gruppenkomposition].
–: Interview über *Telemusik*, in: ders.: Texte zur Musik, 1963–1970, Bd. III, Köln 1971, S. 79 ff. [= Interview].
–: Momentform. Neue Zusammenhänge zwischen Aufführungsdauer, Werkdauer und Moment, in: ders.: Texte zur elektronischen und instrumentalen Musik, Bd. I, Köln 1963, S. 189 ff. [= Momentform].
–: Musik im Raum, in: ders.: Texte zur elektronischen und instrumentalen Musik, Bd. I, Köln 1963, S. 152 ff. [= Musik].
Stuckenschmidt, H. H.: Das neue Hören, in: SMZ 100, 1960, S. 342 ff.
Venus, D.: Didaktische und methodische Überlegungen zum Musikhören in der Vorschule, in: Hörerziehung, S. 290 ff. [= Überlegungen].
–: Unterweisung im Musikhören, Wuppertal 1969 (= Beiträge zur Fachdidaktik) [= Unterweisung].
Vogt, H.: DDR. Theorie und Praxis der Lehrplanrevision in der Deutschen Demokratischen Republik, München 1972 (= Zur Sache Bildung).
Wagner, R.: Die Fähigkeit des Musikhörens bei Jugendlichen zu Beginn der Pubertät, in: MiU 56, 1965, S. 319 ff.
Wellek, A.: Sammelreferat: Der gegenwärtige Stand der Musikpsychologie und ihre Bedeutung für die historische Musikforschung, in: Archiv f. die gesamte Psychologie 113, 1961, S. 73 ff. [= Sammelreferat].
–: Typologie der Musikbegabung im deutschen Volke. Grundlegung einer psychologischen Theorie der Musik und Musikgeschichte, München 1939 [= Typologie].
Wellek, R./A. Warren: Theorie der Literatur, Frankfurt ²1972 (= FAT 2005) [= Theorie].
Wiora, W.: Musik als Zeitkunst, in: Mf 10, 1957, S. 15 ff. [= Musik].
Worringer, W.: Abstraktion und Einfühlung, München 1911.
Zimmerschied, D.: Beat – Background – Beethoven, Frankfurt 1971 (= Schriftenreihe zur Musikpädagogik) [= Beat].
–: Musik als Manipulationsfaktor – Bericht über ein Unterrichtsmodell, in: MuB 4, 1972, S. 80 ff. [= Musik].

REGISTER

Wilhelm Seidel

Rhythmus

Eine Begriffsbestimmung

1976. VIII, 143 S., kart. (EdF, Bd. 46) **Nr. 6490-9**

Sie bemüht sich eingangs, Ursachen und Umstände der Krise zu beschreiben, in die die systematisch orientierte Rhythmik nach Hugo Riemann geraten ist. Und sie versucht im wesentlichen, die Bestimmungen darzulegen, die der Begriff Rhythmus und die ihn umgebenden Termini von Aristoxenos bis Riemann erfahren haben. Dieser Teil beabsichtigt u. a., dem historisch Interessierten, vor allem dem Analytiker, die Kategorien der traditionellen Rhythmik anzubieten. Das Ziel der Reihe, die Erträge der Forschung in Form einer Einführung darzustellen, bedingt ein enges Verhältnis von Begriffs- und Sachgeschichte. Die Darstellung wird durch eine ausführliche Bibliographie ergänzt.

Walter Wiora

Ergebnisse und Aufgaben Vergleichender Musikforschung

1975. IX, 108 S., kart. (EdF, Bd. 44) **Nr. 6158-6**

Diese Schrift sieht die Musik im Kontext der Kultur und die Musik des Abendlandes in überkontinentalen Zusammenhängen. Als „Vergleichende Musikforschung“ wird hier nicht dasselbe verstanden wie „Musikethnologie“, sondern ein Gegenstück zu anderen Wissenschaften, die in pointiertem Sinn vergleichen, wie die Vergleichende Sprachwissenschaft. Mit einer kurzen methodischen Grundlegung dieses Forschungszweiges ist ein umfassender Überblick über seine Resultate und Aufgaben verbunden.